지금 여기, 사도행전

지금 여기, 사도행전

지은이 | 이재훈
초판 발행 | 2025. 8. 27
5쇄 발행 | 2025. 9. 1
등록번호 | 제1988-000080호
등록된 곳 | 서울특별시 용산구 서빙고로65길 38 두란노빌딩
발행처 | 사단법인 두란노서원
영업부 | 2078-3333   FAX | 080-749-3705
출판부 | 2078-3331

책 값은 뒤표지에 있습니다.
ISBN 978-89-531-5164-2 03230

독자의 의견을 기다립니다.
tpress@duranno.com   www.duranno.com

ⓒ 이 출판물은 저작권법에 의해 보호를 받는 저작물이므로
무단 전재와 무단 복제, 무단 사용을 할 수 없습니다.

두란노서원은 바울 사도가 3차 전도여행 때 에베소에서 성령 받은 제자들을 따로 세워 하나님의 말씀으로 양육하던 장소입니다. 사도행전 19장 8-20절의 정신에 따라 첫째 목회자를 돕는 사역과 평신도를 훈련시키는 사역, 둘째 세계선교(TIM)와 문서선교(단행본·잡지) 사역, 셋째 예수문화 및 경배와 찬양 사역, 그리고 가정·상담 사역 등을 감당하고 있습니다. 1980년 12월 22일에 창립된 두란노서원은 주님 오실 때까지 이 사역들을 계속할 것입니다.

온누리교회 40년, 담대한 실험

지금 여기, 사도행전

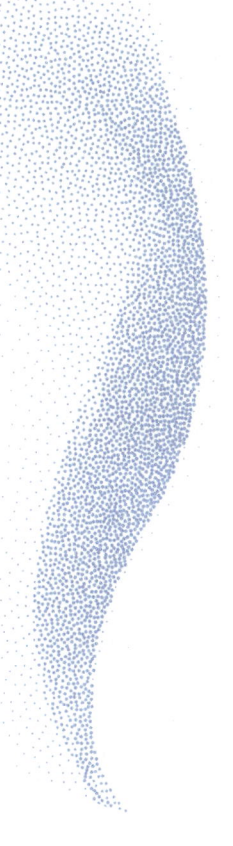

두란노

목차

이 책을 내며 … 8

1 교회는 공동체이다

1. 사도행전적 공동체를 꿈꾸다 … 12
지금도 사도행전적 교회가 가능할까?
온누리 공동체의 영성

2. 부흥의 시작, 순과 공동체 … 36
온누리교회 부흥의 씨앗, '순(筍)'
제자입니까, 교인입니까?
교회 안의 작은 교회

3. 하나님이 찾으시는 바로 그 예배 … 52
시대는 변해도 예배는 변하지 않는다
서 있는 곳이 예배의 자리이다
전통과 현대를 아우르다

4. 전인적 양육 공동체 … 74
성경적 가정을 세우다
아버지가 살아야 가정이 산다, '두란노아버지학교'
Ministry for Women, '여성 사역'
기쁨의 사역이 되다, '회복사역'
한 알의 씨앗이 나무가 되어, '장애인사역'

2 교회는 실험 공동체이다

1. 배우든지 가르치든지 … 120
온누리교회 양육 모토, '배우든지 가르치든지'
온누리교회 양육 DNA, '큐티와 일대일'
새가족에서 제자로

2. 건강한 리더십을 세우다 … 150
목사보다 성도가 유명한 교회
리더십 양성의 산실, '순장학교'
성도를 제자로, 제자를 리더로
남성리더십을 세우다

3. 변화하는 시대가 낳은 실험적 공동체들 … 172
싱글 청장년들을 위한 공동체, '브릿지 33+, S브릿지'
코리안 디아스포라를 위한 'POINT 5'
영성과 섬김의 리더, '실업인 공동체 OCC'
젊은 부부를 위한 프로젝트 공동체
안개도 모인다, '온라인커뮤니티'
쪽방촌에 부는 희망의 바람, '남대문 희망공동체'

4. 다음 세대를 위한 공동체 … 198
차세대사역도 선교사역이다

청년 부흥의 힘, '화요성령집회와 홀리스타'
선교하는 청년 프로젝트
교회 밖으로 나간 청년 공동체

5. 교회가 교회를 낳는다 … 226
Acts29의 행진, '온누리 캠퍼스교회'
땅끝까지 복음을, '해외 비전교회'

3부 교회는 선교적 실험 공동체이다

1. 사도행전적 실험 공동체를 꿈꾸다 … 250
사도행전적 바로 그 교회, '2천/1만 비전'
사도행전은 계속되어야 한다, 'Acts29 비전'
예수를 위한 바보가 되다, '예수바보행전'

2. 온누리 '열린예배'와 '맞춤전도' … 264
모두에게 열린 '열린예배'
여러 사람에게 여러 모양으로 '맞춤전도'
일본을 향한 맞춤전도, '러브소나타'
어디든 전도의 현장이다
훈련으로 되는 제자
시대를 읽는 미래 전도

3. 세상의 소금과 빛이 되고자 ⋯ 302

떠남으로 시작된 선교

섬김은 섬김을 낳고

세상 한복판으로 들어가는 교회

하나님의 마음이 있는 곳에 '온누리복지재단'

세상에 결혼을 외치다

기독교 교육의 회복을 위하여 '사학법인 미션네트워크'

4. 선교를 위한 '따로 또 같이' ⋯ 344

선교를 위한 '따로 또 같이'

더 멋진 세상을 위해 하나가 되다

모든 성도를 선교사로 세우다, '선교스쿨'

선교는 혼자 하는 일이 아니다

모자이크 교회, '온누리M미션'

세계 선교의 사명에 답하다

미주 ⋯ 406

이 책을 내며

하용조 목사님께서 하나님으로부터 받은 온누리교회 개척의 비전은 '이 시대에도 사도행전적 교회가 가능한가?'라는 물음과 함께 시작되었습니다. 하나님의 비전을 잉태한 하 목사님의 순종과 헌신을 통해 시작된 온누리교회는 2025년에 40주년을 맞이하였습니다. 40년의 역사를 지나오면서 한국교회의 역동적인 부흥의 한 물줄기를 경험하는 통로가 되었고, 하 목사님의 비전과 열정을 이어받은 성도들에 의해 사도행전적 교회의 역사는 지금도 계속 씌어지고 있습니다.

2011년에 2대 위임목사로 취임한 이후 경험한 것은 하 목사님께서 선포하신 비전과 헌신이 열매 맺는 것을 목격하는 일이었습니다. 대표적인 예로, 하 목사님께서 2천 명 선교사 파송의 비전을 선포하셨을 때 모두가 놀라고 받아들이기 어려워했지만, 2018년 누적 선교사 파송 숫자가 2천 명을 넘어섰을 때는 하나님의 비전은 반드시 성취된다는 것을 체험했습니다. 성령님의 감동에 이끌림을 받은 말씀 선포와 성도들의 순종으로 이어진 온누리교회 40년의 역사는 이러한 전율을 느끼는 사건들의 연속이었습니다. '지금 여기에서도 사도행전의 역사는 가능하다'는 고백을 할 수밖에 없었습니다.

40주년을 맞이하면서 사진과 연표로 구성된 평범한 40년사를 편찬하고 싶지 않았습니다. 하나님께서 온누리교회를 통해 지금까지 행하신 일들을 정리하여 다음 세대에 남겨 주는 기념비적인 책을 만들고 싶었습니다. 하나님께서 주신 아이디어는 성도들과 함께 책을 만드는 것이었습니다. 한두 사람이 쓰는 역사가 아니라 각 캠퍼스와 사역 팀에서 열심히 헌신해 온 성도님들이 체험한 하나님의 역사와 그들이 순종했던 말씀 그리고 헌신의 열매들을 함께 정리하는 것이었습니다. 결코 쉽지 않은 일이었습니다. 2024년 1월부터 14개 사역본부 170여 명이 발간위원으로 참여했고, 사역본부별로 별도 조직을 만들어 자료를 모으고 인터뷰를 하고 집필에 참여하면서 전체 참여 인원이 300여 명이 되었습니다.

각 사역 팀의 사역 원리를 담은 14권의 책은 웹진(Webzine)으로 만들어 공유하고, 한 권의 책에는 핵심적인 사역 원리와 열매들을 담아 출판하기로 했습니다. 《지금 여기, 사도행전》은 바로 그 열매입니다. 사도행전적 꿈을 품고 달려온 온누리교회 40년의 담대한 실험의 역사입니다. 우리의 성공을 자랑하는 역사가 아니라 하나님께서 행하신 일들을 기억하고 감사하며 나누는 역사입니다. 온누리교회의 다음 세대에게 소중한 유산이 되어 사도행전적인 교회의 꿈을 이어 가는 영적기념비입니다. 이 책이 한국교회만이 아니라 전 세계 교회 성도들과 함께 나누는 세계 복음주의 역사에 소중한 '길갈의 열두 돌'이 되기를 기도합니다.

이 일에 앞장서 수고해 주신 홍성호 장로님(발간위원장), 김명현 장로님(편집위원장)과 이기원 목사님을 비롯한 TF팀과 헌신적으로 함께 참여해 주신 모든 성도님께 진심으로 감사드립니다. 그리고 온누리교회 모든 성도가 그리워하는 천국에 계신 하용조 목사님께 이 책을 헌정합니다.

2025년 8월
온누리교회 위임목사 이재훈

1

교회는 공동체이다

1.
사도행전적
공동체를
꿈꾸다

지금도 사도행전적 교회가 가능할까?

1983년, 지병으로 인해 요양 차 영국에 머무르고 있던 하용조 목사는 귀국을 앞둔 어느 날 생각지도 못한 연락을 받았다. 당시 신동아그룹 회장이던 최순영 장로에게서 온 전화였다. 동부이촌동에 아파트를 건축하는데 700평 정도의 종교 부지가 있으니 그곳에서 목회를 해보는 게 어떻겠냐는 것이었다.

뜻밖의 제안에 감사했지만, 그보다 서울에서 목회할 생각이 전혀 없던 그는 하나님의 뜻이 무엇인지 궁금했다. 교회와 목회자가 넘쳐 나는 서울 한복판에서 굳이 자신이 목회를 해야 할 이유가 있을까? 게다가 서빙고 인근에는 이미 교회가 있는데, 그곳에 또 하나의 교회를 개척하는 것이 맞는지 고민이 되었다. 복음을 전하는 일은 어디든 가릴 것이 없겠으나, 그래도 이왕이면 더 어려운 곳을 찾아가야 마땅하다고 여겼기 때문이다.

그는 이 문제를 놓고 깊이 기도하기 시작했다. 하나님이 말씀하시면 언제든 순종할 준비는 되어 있었다. 맡기신 일이라면 능히 해낼 힘도 주실 거라 믿었다. 사실 건강 악화로 인해 연예인교회를 사임하고 영국으로 떠났을 때만 해도 다시는 목회를 못할 줄 알았다. 앞으로 무슨 일을 해야 할지 미래에 대한 계획조차 세울 수 없는 상황이었다. 그런데 하나님은 영국에서 새로운 부르심을 위한 준비를 하고 계셨다.

그는 3년간 영국에 머물면서 목회를 위한 다양한 세계를 경험했다. 그 시간은 훗날 온누리교회가 걸어가야 할 목회적 방향을 정립하는 귀한 통로가 되었다. 런던현대기독교연구소(London Institute for Contemporary Christianity, LICC)를 다녔는데, 그곳은 사회적 이슈들에 대해 기독교적인 관점을 제시하는 기관이었다. 그때 복음주의 신학자 존 스토트(John Stott) 목사를 만나면서 현대 사회를 변화시키는 복음의 영향력에 대해 깊이 생각해 보는 기회를 가졌다. 무엇보다 사회가 직면한 문제들을 교회가 외면하지 않고 사회적 책임을 함께 고민하는 법을 배우게 되었다.

특히 하 목사 부부는 런던 시외에 있던 선교단체 WEC(Worldwide Evangelization for Christ)에서 훈련을 받으며 선교에 대한 뜨거운 비전을 품게 되었다. 한번은 훈련생들과 함께 WEC 건물의 지하실에 간 적이 있었다. 그곳에는 세월의 흔적인지 먼지가 수북하게 쌓인 짐들로 가득했다. 1년 된 것부터 해서 어떤 것은 20년이 넘은 짐들도 있었다. 이 짐들은 복음을 위해 선교지로 떠난 분들이 맡겨 둔 것이었다. 그리고 건물 강당 벽면에는 젊은 나이에 순교한 선교사들의 사진이 걸려 있었다.

'이들은 왜 스스로 이런 삶을 선택했을까? 왜 그 척박하고 낯선 선교지에서 자신의 꽃다운 청춘을 다 바쳤던 것일까?'

그들이 열방을 향해 떠난 이유를 생각해 보았다. 그들은 주님의 마음을 알았고, 이 세상에서 자신이 해야 할 일이 무엇인지 분명하게 깨달았기 때문일 것이다. 이 경험은 하 목사의 인생에서 자신이 앞으로 달려갈 길이 무엇인지를 결심하게 된 계기가 되었고, 목회를 위한 큰 결단을 내리는 순간이었다.

또다시 목회를 할 수 있을까 두려웠던 그때, 하나님은 그가 다시 시작할 이유를 보여 주신 것이다.

　선교 훈련을 받는 동안 그는 무엇보다 동역에 대해서 배웠다. 하나님의 일을 할 때는 혼자서 짐을 다 지는 것이 아니라는 것을 알게 되었고, 그 일을 위해 함께하는 공동체에 대해 깨닫게 되었다. 선교단체에서는 소위 단짝이라는 것을 만들지 못하도록 했다. 둘만 단짝이 되면 다른 사람은 그와 친해질 기회가 없어 상처를 받기 때문이라고 말이다. 하나님의 일을 하기 위해서는 단짝이 아닌 좋은 동역자가 되어야 하며, 모두와의 팀워크가 중요하다는 것을 배웠다.

　신앙은 개인적인 부분도 중요하지만 공동체적으로 표현되는 것이 진짜 신앙이며, 나는 감추고 그리스도만 나타나는 것이 공동체라는 사실을 알게 되었다.

　그 무렵, 짐 그래함(Jim Graham) 목사의 교회에서 경험한 예배는 그에게 매우 신선한 충격으로 다가왔다. 기존에 자신이 한국에서 드리던 예배와는 사뭇 달랐다. 작은 예배당 안은 그야말로 뜨거웠다. 말씀 선포가 끝난 후에는 성도들이 자유롭게 손뼉을 치며 춤을 추었고, 찬양과 기도 가운데 치유가 일어났다. 예수 그리스도의 살과 피를 나누는 성찬식은 너나 할 것 없이 눈물바다를 이루었다. 살아 있는 예배란 바로 이런 것임을 보게 된 것이다. 이날의 경험은 예배에 대한 새로운 소망 곧 성령님과 함께하는 교회를 품게 되는 소중한 경험이 되었다.

　교회를 두고 기도하던 어느 날, 하나님은 그에게 사도행전의 초대교회 모습을 보여 주셨다. 교파나 제도가 중심이 된 교회가 아니라 하나님이 원하시는 교회, '사도행전에서 보여 준 바로 그 교회'를 세우라고 말씀하셨다.

그 교회는 성령님의 임재로 시작된 교회였다. 변화된 성도들이 복음을 들고 거침없이 세상으로 나아갔고, 가난한 자들을 도우며 교회가 마땅히 해야 할 일을 알던 교회였다. 복음의 주인인 예수님이 세우시고 성령님이 운행하시는 바로 그 교회였다.

그 순간, 그는 교회에 대한 하나님의 마음이 무엇인지 분명하게 알게 되었다. 훗날 이날에 대해 고백하기를, 며칠 동안이나 잠을 이룰 수 없을 만큼 흥분과 감동으로 가득했으며 수십 년이 지나도 그때의 감격을 결코 잊을 수 없다고 했다.

그는 하나님께 다시 물었다.

"그렇다면 2천 년이 지난 지금도 사도행전에서 보여 주신 그 교회가 가능할까요?"

그런데 그 질문 가운데 이런 확신이 들었다. 사도행전에 그런 교회가 있었다면 당연히 지금도 가능하다고. 하나님은 어제나 오늘이나 영원토록 동일하시니 분명 가능하다고 말이다. 그동안 교회가 없었던 것도 아니다. 목회자가 부족했던 것도 아니다. 그런데도 세상이 변하지 않는 이유는 사도행전적 교회가 아니기 때문이었다고.

사도행전적 교회는 제도와 관습의 틀을 벗어나서 목회자가 주도하기보다 성령으로 충만한 성도들이 자발적으로 헌신하는 교회이다. 자기 성장보다 세상으로 나아가 복음을 증거하기 위해 함께하는 공동체이다. 하나님이 위임한 그 일을 이루기 위해 꿈꾸는 교회라면, 지금 이 시대에도 가능하게 하시지 않겠는가.

사람들이 원하는 교회보다 하나님이 원하시는 교회에 대한 꿈. 껍데기만 있는 교회가 아니라 살아서 꿈틀대는 교회. 이 땅에도 '사도행전에 기록된 바로 그 교회'의 모델을 실현해 보고 싶었다. 그 기도의 확신과 성령님의 감동으로 시작된 교회가 바로 온누리교회이다.

12 가정으로 세워진 교회

1984년 하용조 목사는 귀국하자마자 우선 자신이 해오던 일을 계속 이어 나갔다. 그동안에도 대학 캠퍼스와 지역 전도를 쉬지 않고 해온 그였다. 평소 "복음을 전하지 않고는 죽을 틈도 없다"라고 말할 정도로 복음에 대한 열정을 가지고 살던 사람이었다.

그는 캠퍼스 전도를 나갔다가 만난 카이스트(KAIST, 한국과학기술원) 교수들을 중심으로 성경을 가르치기 시작했다. 어떤 이들은 하 목사에게 "전에는 연예인들을 전도하더니 이번에는 또 과학자들을 만나는가?" 하고 이상한 눈으로 바라보기도 했지만, 그는 아랑곳하지 않고 복음을 전했다. 카이스트 교수들이 머물던 과학원아파트를 오가며 틈만 나면 말씀을 전하고 성경공부를 했다. 미국에서 온 김영길 박사(한동대 초대 총장) 부부는 하 목사를 만나 성경공부에 참여하게 되었고, 창조과학회를 맡으며 과학자들에게 복음을 전하는 일에 함께했다.

그 무렵, 한 부인이 하 목사를 찾아왔다. 죽음을 눈앞에 둔 남편이 구원을 받지 못한 것이 너무도 안타깝다며 눈물로 하소연했다. "그렇다면 3개월 동안 성경공부를 같이해 보는 게 어떻겠습니까?"라는 하 목사의 제안에 따라 남편의 친구들과 몇몇 부인들이 함께 모여 성경공부를 시작했다. 하루 10장씩 성경을 통독하고 주제에 따라 리포트를 썼다. 또 일주일에 3권씩 책을 읽고 독후감도 썼다. 쉽지 않은 훈련이었지만 생명력 있는 말씀은 참여한 이들의 마음을 움직였고, 모두 예수 그리스도를 영접하는 놀라운 역사가 일어났다. 이렇게 한남동 횃불회관에서 12가정이 모여 성경공부를 하게 되었는데, 그것이 온누리교회의 태동이 되었다.

이후 자연스럽게 사람들이 모이기 시작했고, 성경공부 모임은 2기, 3기로 계속 이어졌다. 1기 성경공부를 마친 사람들은 2기 멤버들을 가르치고 도왔다. 말씀으로 양육하고 강론하는 동안, 모인 자들 가운데 회심의 바람이 불었고, 그들은 나가서 복음을 전했다. 한 사람 한 사람이 제자로 성장해서 바울과 디모데 같은 사역자들로 세워져 갔다. 이것이 바로 사도행전 교회가 아니고 무엇인가.

하 목사는 이들과 함께하면서 영국에서 그려 온 꿈의 조각들을 하나씩 맞춰 가기 시작했다. 하나님이 말씀하셨던 사도행전의 바로 그 교회에 대한 꿈이 정말로 현실화될 수 있을 거란 기대와 확신은 조금씩 명확해져 갔다.

교회를 세우기 전, 그 비전을 함께 품은 사람들과 1년 동안 훈련하며 기도로 준비했다. 가정을 돌며 예배를 드렸고, 서로 기도 제목을 나누며 친밀한 공동체로서 식사를 나누고 사랑의 교제를 했다. 교회를 어떤 모습으로 만들어 갈지 함께 머리를 맞대고 고민하며 기도했다.

신앙적 배경도 연차도 다 다른 사람들이 모였으니 지금까지의 직분이 무엇이었든 하나님 앞에서 새롭게 신앙생활을 시작하자는 의미에서 장로와 권사라는 호칭 대신 형제와 자매로 불렀다. 그렇게 모인 78명과 함께 1985년 10월 6일에 온누리교회 창립예배를 드렸다.

'바로 그 교회'의 꿈을 함께 꾸다

창립예배에 참석한 성도들 모두 새로운 교회에 대한 기대감으로 설렜다. 그저 또 하나의 교회가 아니라 사도행전적 교회에 대한 소망 때문이었다.

온누리교회로 모였지만 예배당이 건축되고 있는 동안은 예배를 드릴 변변한 공간도 없었다. 당시 신동아건설이 아파트 분양을 끝내고 비워 둔 모델하우스가 있었는데 그곳을 임시 예배당으로 삼았고, 그 옆에 마련된 설계사무실에서 건물이 완공될 때까지 제자훈련과 성경공부 모임이 이루어졌다.

예배당이 따로 없으니 성도가 모인 곳이 교회였다. 공사 현장이라 늘 어수선하고 번잡했지만 모델하우스 안은 사람들로 꽉꽉 들어찼고, 언제나 뜨거웠다. 가건물 마당도 아랑곳하지 않고 성도들은 둘러서서 찬양과 기도를 올려드렸다. 좁고 열악한 환경이었어도 성도들에겐 모일 수 있다는 것이 기쁨이었고, 예배할 수 있다는 것이 행복이었다.

성도들은 교제를 나누고도 다음 날이면 또 만나고 싶어 했다. 교회에 오는 것이 이토록 신나고 재미있을 수 있을까? 그때의 가건물 시절을 지낸 성도들은 지금도 그 시절을 회상하면 힘들었던 기억이 아닌 자신들의 신앙생활 중에서 가장 재미있었던 날들로 고백한다. 교회를 생각하면 언제나 가고 싶은 곳, 기대가 되는 곳이었다고 말이다.

예배당 사정상 종종 외부에 나가서도 예배를 드렸는데 수유동에 있는 영락기도원에서 주일예배를 드리기도 했다. 당시만 해도 주일예배를 본교회가 아닌 다른 곳에서 드리는 것은 파격적이었다. 하 목사는 복음의 핵심은 바꿀 수 없지만, 그 외에는 유연하고 자유롭게 변화시키며 교회가 성장하도록 했다.

건물이 완공되지 않았는데도 창립예배를 드린 후부터는 매주 새신자들이 두 배씩 늘어났다. 동네 아파트 주민이나 주변 사람들을 성경공부에 초대했는데, 창세기반, 사도행전반, 로마서반 등 점점 반이 많아지면서 그것을 가르칠 사람들을 세우게 되었다. 이때 연예인교회 시절에 전도했던 분들이 목회자가 되어 부목사로 동역해 주었다.

설교는 주일 하루치의 은혜가 아니라 일주일을 움직이게 하는 힘이 되었다. 가슴에 파동을 일으킨 말씀은 성도들 스스로가 어떻게 살아야 할까를 묻게 했다.

훈련된 성도들 중 사역자로 세워진 경우도 많은데 온누리교회 첫 세례자인 이동훈 성도는 훗날 목회자가 되어 온누리교회에서 가정사역본부장을 맡으며 은퇴할 때까지 사역했다. 물이 주님을 만나 포도주가 된 경험을 한 첫 성도였다. 첫 안수집사로는 김영길, 김진국 집사가 임명되었고, 이후 김영길 장로가 온누리교회 1호 장로로, 6개월 뒤 김진국 장로가 2호 장로로 장립되어 각각 교육과 행정 관리를 맡아 주었다.

주일예배가 끝나면 버스를 대절해 경기도 시흥 오이도와 안산 탄도, 불도라는 섬 등지로 성도들과 함께 전도하러 갔다가 저녁에 돌아오곤

했다. 동네 작은 교회에 가서 함께 예배도 드리고 집집마다 방문하며 복음을 전하기도 했다.

한번은 처음 교회에 출석한 분이 있었는데, 뭐 하러 가는지도 모른 채 사람들에 휩쓸려 얼떨결에 버스에 올라탔다가 난생 처음 전도까지 하게 된 사람도 있다. 그분은 십일조 헌금을 하려고 들고 갔다가 그대로 주머니에 넣은 채 버스에 탄 것이다. 언제 목사님에게 드려야 하나 생각만 하다가 더 늦기 전에 내야겠다 싶어 "목사님 받으시죠" 하며 헌금을 내밀었다. 그러자 하 목사는 그 돈을 받지 않고 전도하러 간 동네 교회에 헌금을 하라고 했다. 새신자였던 그분이 헌금을 남의 교회에 해도 되냐고 물었더니, "남의 교회란 것이 어디 있습니까? 하나님 교회는 다 똑같으니 오늘은 시골 교회에 하시면 됩니다"라고 말해 주었다. 그 말씀에 감동을 받은 새신자는 제법 큰 액수의 헌금을 그 마을의 작은 교회에 드리고 돌아와서는 다음 날 곧바로 교회에 등록했다고 한다. 교회가 한창 건축 중이라 재정이 필요한 상황이었지만 하 목사는 자신이 갖고 있는 교회에 대한 생각을 이렇게 알려 주었고, 이 일은 성도들의 마음에도 큰 울림을 주었다.

하 목사는 바쁜 일정에도 불구하고 건축에도 많은 관심을 기울이며 하나하나 꼼꼼하게 챙겼다. 당시 1980년대만 해도 엘리베이터가 있는 교회가 별로 없었는데, 온누리교회는 엘리베이터를 설치하도록 설계했다. 전기가 많이 든다는 이유로 반대하는 사람들도 있었지만, 노약자와 장애인들을 위해서는 꼭 필요하다고 여겼다. 지금은 엘리베이터가 있으니 얼마나 도움이 되는지 모른다. 교인들은 교회 건축 비용을 조금이라도 절감해 보겠다고 이리저리 발로 뛰어다니며 힘을 보탰다. 빨간 벽돌 한 장이 올라갈 때마다 성도들의 이야기도 함께 차곡차곡 쌓여 갔다.

남대문 시장에서 사업을 하던 이두송 장로는 믿음이 없던 시절 아내의 권유로 하 목사의 운전을 맡게 되었다. 성경공부 모임이 있는 목요일은 한남동 횃불회관에 모셔다 드려야 하니 차에 밴 담배 냄새를 빼느라 난리법석이었고, 밤새 상인들과 화투를 치다가 교회로 왔다. 그러면서도 목사님을 태워다 드리겠다는 약속은 꼭 지켰고, 새벽예배를 마친 하 목사와 청진동 해장국집에서 같이 아침식사를 하러 다니기도 했다. 그러던 어느 날 예배당에 물이 새서 다들 어쩔 줄 모르고 서 있는데, 그가 얼른 비닐을 사다가 시장에서 이곳저곳 수리하던 실력으로 물 새는 곳을 뚝딱뚝딱 고쳤다. 가건물이라 예배당 곳곳에 손볼 곳이 많았는데, 유심히 지켜본 하 목사는 그에게 앞으로 교회 수리를 다 맡아서 하라고 임무를 맡겼다. 일할 책임이 생기니 믿음도 생겼다. 교회에 필요한 장의자며 식당 가구며 직거래 업체를 알아보러 먼 곳도 마다하지 않고 다니면서, 재정과 건축을 담당했던 황재규 장로와 조성록 장로를 성실히 도왔다. 이후 그는 교회 관리와 주차 관리를 10년 넘게 맡아서 해오다 장로가 되었다. 하나님이 한 사람을 어떻게 변화시키고 세워 가시는지를 온 성도가 함께 지켜본 것이다.

이처럼 수많은 성도의 기도와 헌신으로 예배당이 건축되었고, 1987년 7월 19일 드디어 입당예배를 드렸다. 그리고 부지와 공사비를 10년 만에 모두 상환했다. 이날 예배는 하 목사의 영적 스승인 한경직 목사가 참석해 새로운 출발을 축복해 주었다. 가건물에서부터 시작했던 성도들의 감격은 이루 말할 수 없었다. 무엇보다 이곳에서 성령님과 함께 써 내려갈 온누리교회의 사도행전적 이야기가 궁금해졌다.

예배를 드리러 올라가는 계단에서부터 눈물이 난다는 성도가 많았다. 그때는 장의자를 놓고 예배를 드렸는데, 본당 장의자 밑에는 눈물을 닦기 위한 휴지가 곳곳에 놓여 있었다. 예배가 끝나면 여자 성도들뿐 아니라 남자 성도들까지도 눈물범벅이 되어 나왔다. 서로 얼굴을 쳐다보기 민망할 정도로 눈이 벌겋게 되어 내려왔을 정도였다고 한다.

무엇이 이들을 이토록 순전하게, 간절하게, 뜨겁게 만들었던가. 성령님이 임재하는 예배를 경험한 것이다. 예배가 끝난 후에도 성도들은 서로 손을 잡고 은혜 가운데 깊이 잠겼다.

이렇게 교회에서 영적 공급을 받고 나니 성도들의 가정과 직장이 달라지기 시작했다. 교회를 다닌다고 가정이나 직장에서 왜 갈등이 없겠는가? 그런데 교회를 다녀 보니 가정에서, 직장에서 자신이 어떻게 행동해야 하는지를 깨닫게 된 것이다. 온누리교회는 영성을 강조하지만 일상생활에서도 어떻게 행복의 정원을 총체적으로 잘 가꾸어 나갈지를 가르쳤다.

특히 전 교인을 대상으로 가정생활, 부부생활 세미나를 갖는 등 가정을 돌아보는 시도를 많이 했다. 지금은 성도의 신앙과 삶에 대해 잘 양육하고 있는 교회들이 많지만 당시만 해도 교회가 나서서 이런 세미나를 하는 경우가 흔치 않았기에 매우 신선한 도전들이었다. 교회에 나온다는 이유로 집 안에 설거지가 쌓이거나 자녀들의 밥도 챙기지 않고 나오는 일은 절대 없어야 한다고 강조했다. 예배와 기도만큼 가정도 소중하며, 교회가 건강하려면 가정도 건강해야 한다는 가치를 분명히 했다. 신앙과 삶은 결코 둘로 구분될 수 없기 때문이다. 성도들은 따랐고, 새로워졌다.

온누리교회의 시작은 신실함이었다. 신실은 믿음이고 헌신이며 충성이다. '사도행전의 바로 그 교회'를 함께 꿈꾼 더없이 뜨거운 공동체였다. 그때 그들은 예수님으로 하나였다.

온누리 공동체의 영성

온누리교회의 성장 동력, '온누리 DNA'

온누리교회의 성장 동력은 무엇일까? 많은 사람이 묻곤 한다. 그것은 성도들 안에 내재되어 있는 영성에서 답을 찾을 수 있다. 그것은 온누리교회의 DNA라고 할 수 있는 순예배와 큐티(Quiet Time), 일대일 제자양육에서 비롯된다. 온누리교회의 핵심 영성인 이 세 가지를 두고 이재훈 목사는 제도로서가 아닌 정신으로서 계승되어야 한다고 강조했다. 큐티는 하나님과 나의 만남이요, 일대일은 너와 나의 만남이며, 순예배는 우리라는 공동체와의 만남이다. 이것은 온누리교회가 40년간 이어온 오랜 영성이자 건강한 교회로 자랄 수 있는 초석이었다.

온누리교회는 초창기부터 모든 성도가 매일 일상 가운데 큐티의 삶을 살도록 가르쳤고, 두란노서원에서 〈생명의 삶〉을 매월 발간해 모든 순에서 이 책을 따라 큐티를 나누도록 했다. 성도들은 하루하루를 말씀으로 살아가는 동안 자발적으로 말씀을 연구하고 자신의 삶에서 어떻게 말씀을 따라 살아 내야 할지를 적용했다.

또 하나의 DNA인 일대일 제자양육은 온누리교회만의 독특한 양육체계이기도 하다. 비록 집사나 권사, 장로로 안수받지 않았더라도 일대일로 만나《일대일 제자양육 성경공부》교재를 통해 공부하며, 서로가 서로를 권면하고 양육하게 했다. 가르치는 자를 양육자로, 받는 자를 동반자로 부르고 있지만, 일대일은 두 사람 모두의 신앙을 함께 성장하도록 만들었다. 이런 시도는 당시 한국교회에서는 찾아보기 어려운 사례였다. 비록 먼저 온 성도가 새신자를 가르치게 했지만 양육자가 사명감으로 임할 때, 오히려 동반자보다 더 큰 은혜를 받는 양육 방식이었다.

이 모든 것의 시작은 바로 순이다. 처음에는 구역으로 불렀지만, 스스로 자라도록 한다는 의미에서 '순(筍)'이라고 이름 붙였다. 순예배를 통해 함께 큐티를 나누고, 삶을 나누며, 기도하는 가운데 성도들은 그리스도의 제자로 자라났다. 순장에는 신앙의 연륜이 부족하더라도 남성 성도를 세우게 했는데 이로 인해 가정 안에서도 영적 질서가 세워졌다. 당시 대부분의 교회에서 여성 성도가 많았고 남성들은 교회 안으로 들어오지 못하거나 소외되어 있었다. 가정에서도 돌봄을 제대로 받지 못한 남성들을 교회로 초대했고 의도적으로 이들에게 섬김의 자리를 맡겼다. 여기에는 아내들의 순종이 귀한 밑거름이 되어 주었다. 남편들의 신앙이 자라는 모습은 아내들에게도 큰 기쁨이 되었고, 가정에도 놀라운 변화를 가져왔다. 순예배는 어느덧 남성과 여성이 비슷한 수로 모이게 되었는데, 이는 온누리교회의 중요한 성장 동력이 되었다.

하용조 목사는 좋은 교회의 표징이 담임목사여서는 안 되며, 오히려 그 교회에 좋은 성도가 많다는 것이어야 한다고 말했다. 언제나 '목사가 유명한 교회보다 성도가 유명한 교회'를 외쳤다. 그런 목회 철학을 따라 온누리교회는 성도들이 교회사역에 능동적으로 참여했다. 또한 순예배, 일대일 양육 등이 성도 중심으로 운영되고 있는데, 성령님의 인도하심을 믿고 과감하게 성도들에게 맡겼을 때, 더욱 많은 일꾼들이 세워졌고 다양한 사역의 확장이 일어났다. 이렇게 성령님과 목회자 그리고 성도가 하나가 되어 한 발 한 발 걸어온 믿음과 헌신이 온누리교회를 이끌어

가는 크나큰 동력이라고 할 수 있다.

교회에 대한 답을 찾아간 여정

온누리교회는 교회 창립 때부터 그려 온 청사진이 있다. 그것은 성경적 교회, 곧 말씀과 성령으로 충만한 예배 공동체이자, 선교하는 공동체, 성령 공동체가 되는 것이다.

목회 철학은 교회나 목회자마다 다를 수는 있어도 성경적 교회는 다를 수 없다는 것이 하용조 목사의 지론이었다. 교회는 모두 예수님의 교회이기 때문이다. 그 예수님의 교회가 이 땅에 이루어진 것이 사도행전 교회이다.

사도행전 속 초대교회는 완벽한 교회가 아니었다. 실수도 많았고 허물도 많았다. 그러나 사람이 아닌 예수님이 주인인 교회요, 건물과 제도로 사역한 것이 아니라 성령님과 함께 세상으로 나아간 교회였다. 하 목사는 바로 이것에 주목했다.

교회가 가진 생명력이란 어떤 것일까? 교회를 교회 되게 하는 것은 과연 무엇일까? 그 해답을 찾아가는 여정이 바로 온누리교회가 지난 40년간 걸어온 길이었다.

온누리교회는 이러한 성경적 교회론과 사도행전적 목회 철학을 가지고 세워졌다. 이것이 온누리교회가 가진 건강한 교회에 대한 기준이다. 오늘날 교회들이 이러한 가치를 추구하며 존재한다면 초대교회처럼 놀라운 일이 일어날 것이라고 믿었다. 분명 꿈이 아닌 현실이 될 수 있다고 말이다. 교회가 살아 있다면 그래도 세상에 아직 희망은 남아 있다고.

사도행전은 2천 년 전의 이야기가 아니다. 지금도 여전히 뜨겁고도 신실하게 기록되고 있는 중이다. 온누리교회는 실제로 사도행전적 교회가 성취될 수 있음을 여실히 경험했고, 놀라운 부흥의 역사는 순종하는 성도들을 통해 지금도 전 세계 가운데 나타나고 있다. 우리가 모르는 사이에도 성령님은 일하고 계시기 때문이다.

성령님이 이끄시는 교회

성령사역을 시작한 1990년대부터 교회는 폭발적인 부흥을 이루었다. 하용조 목사는 평생 목회사역 가운데 깨달은 진리 중 하나가, 교회는 사람이 아닌 성령님께서 이끌어 가셔야 한다는 사실이었다고 고백한 바 있다. 목회자들이 이 비밀을 모르지 않겠지만, 그럼에도 교회에서 누수가 생기는 이유는 목회에서 성령님의 능력을 제한하기 때문이라고 생각했다. 그 제한은 딱 자신의 생각만큼이다. 자신이 못하면 하나님도 못하시는 걸로 생각하며, 자신이 믿을 수 없는 일은 일어나지도 않을 거라고 믿기 때문이라고 말이다.

온누리교회는 모든 사역 가운데 성령님의 일하심을 인정하고, 기도보다 성령님보다 앞서지 않겠다는 데서 출발했다. 때문에 모든 사역에서 철저하게 인간적인 생각을 내려놓고 성령님의 이끄심을 구하는 연습을 수없이 반복해 왔다.

분명한 것은, 사도행전의 교회는 성령님의 임재로부터 시작되었다는 사실이다. 그러니 사도행전적 교회를 꿈꾸는 온누리교회가 성령님의 이끄심을 따라가는 것은 너무도 당연한 일이다.

성령님으로 충만하면 생각이 달라지고, 언어와 행동이 달라진다. 우리의 심장을 뛰게 하고 가슴을 감동으로 젖게 하는 분은 바로 성령님이시다. 이 세상에서 가장 아름다운 사역이 있다면 그건 성령님의 사역이라고 외쳤던 하용조 목사의 메시지처럼, 지금의 온누리교회를 만든 것은 바로 성령님이었다는 것을 성도들은 그 누구보다 잘 알고 있다.

하 목사가 장기 입원했던 병원에 치과 과장으로 근무하던 손한기 장로는 어느 날 이런 질문을 했다.

"목사님, 하나님이 말씀하셨다고 하는데 하나님이 어떻게 말씀하십니까? 소리가 들립니까?"

하 목사의 대답은 이랬다.

"하나님께서 강력하게 마음을 주시면 하나님의 명령이라고 생각하고 일을 추진하는 거지요. 처음에는 모호하지만 시간이 지날수록 확실해집니다. 하나님의 일이면 돕는 자를 붙이시고, 생각지도 못한 성취가 있고, 일이 확장됩니다. 그런데 하나님의 생각과 다르면 일에 진전이 없고, 길도 좁아지고, 흐리멍덩하며 열매가 없습니다. 그렇다면 그건 하나님의 뜻이 아닌 거지요. 그래서 그만둔 것도 많습니다."

온누리교회가 해온 수많은 사역은 이렇게 하나님의 뜻을 묻고 확인하는 여정이었다. 실패하면 다시 묻고, 다시 시도하고, 다시 확인했다.

이렇게 걸어온 길에서 하나님께 배운 통찰들을 다른 교회들과 소통하며 나누고 있다. 온누리교회뿐만 아니라 더 많은 교회들이 사도행전적 교회로 함께 세워져 가기를 소망하기 때문이다.

무엇보다 온누리교회가 지난 40년 동안 추구해 온 사도행전적 교회의 모습은, '성령님이 움직이는 교회'이자, '비전이 이끄는 교회'이며, 그 비전을 준행하고 순종하는 '성도들이 능동적으로 사역하는 교회'이다.

교회 창립 때부터 매진해 온 말씀사역과 제자훈련은 성도들의 인격적 신앙 성숙을 이루며 온누리교회의 영성을 든든하게 지원해 왔다. 세워진 성도들은 스스로 교회가 해야 할 일을 찾아 움직였다. 목사든 성도든 하나님을 섬기는 사람들로서 같은 비전을 품으며 나아갔다.

온누리교회 초창기 교인들의 상당수는 소위 지식인들이었다. 그러나 교회는 다양한 사람들이 필요하며, 각자의 역할이 있고, 쓰임 받아야 하기에, 교회 안에서 하나님의 일하심에 모두 동역할 수 있도록 했다. 성도의 영성은 하나님의 마음을 많이 품는 것이다. 그분의 뜻을 분별하는 것이다. 하나님의 심정을 알면 그 뜻대로 살고자 하는 소망이 생긴다. 예수 그리스도를 나타내고자 하는 열정과 헌신이 솟아난다. 이것이 영성이다.

온누리교회의 정체성은 '선교하는 교회'

사도행전적 교회란 다름 아닌 선교적 사명을 다하는 것이다. 이것은 시작부터 지금까지 온누리교회의 변함없는 비전이었다. 하용조 목사는 "선교하는 교회는 망하는 법이 없으며, 선교하는 교회는 부흥하지 않을 수 없다"고 강조했다. 온누리교회는 공동체가 세워지기도 전에 목사 사례비보다 선교비를 먼저 생각했고, 오늘날까지도 매년 1월 첫째와 둘째 주에 온 성도가 참여하는 선교헌금 작정 시간을 가짐으로써 선교적 교회로서 그 사명을 다하는 데 온힘을 쏟아 왔다.

창립예배 후 두 달이 채 안 되어서 교회는 첫 선교사로 김의정 선교사(인도네시아)를 파송했다. 이듬해에는 변재창 선교사(일본), 정민영 선교사(파푸아뉴기니), 김창환 선교사(영국)를 연이어 파송했다. 선교지에서 온 편지는 주보에 실어 모든 성도에게 알리고 기도 제목을 놓고 함께 기도했다. 또한 이때부터 매월 둘째 주일을 전도선교주일로 지키게 되었다. 이렇게 선교는 한 사람의 헌신이 아닌, 공동체가 함께 감당해야 할 사역임을 강력하게 선포한 것이다.

1994년에는 2천 명의 선교사를 파송하고 1만 명의 사역자를 세우겠다는 '2천/1만 비전'을 발표하면서 온 성도가 선교에 뜨겁게 헌신했다. 특히 1990년대 후반까지 총 11개국 15개 미전도 종족을 입양해 각 지역 공동체와 연결하여 책임 선교지를 정했다. '1다락방 1책임 선교사 제도'를 통해 공동체별로 맡은 선교사를 지원하고 장기 프로젝트로 아웃리치를 지속적으로 떠나는 등 모든 공동체가 온누리교회의 선교 DNA를 공유하며 선교에 동참했다.

그중에서도 중종로공동체와 연결된 선교지는 인따족이 사는 인레 지역으로, 미얀마에서도 대표적인 미전도 지역으로 알려진 곳이었다. 처음엔 현지인 복음화가 어려운 지역이라 미얀마 차세대를 교육해 복음 전도자로 세워 전도하게 하는 방법을 선택했다. 이 공동체에서는 그동안 6명의 아이들을 후원해 고등학교를 졸업시켰다. 그러는 동안 학생들의 부모들이 예수님을 믿게 되는 역사가 일어났다.

뿐만 아니라 의료사역을 시작하면서 드디어 마을에 들어갈 수 있게 되었고, 사람들을 진료하며 중환자 수술도 지원할 수 있었다. 한번은 심장병 환자인 마을 사람을 한국에 데려와 수술받게 해주었는데, 그를 통해 온 가족이 예수님을 영접하는 일이 일어났다. 또한 심한 간경화로 희망이 보이지 않던 그 마을 촌장을 위해 모두가 하나님 앞에 간절히 기도하며 가져온 약을 전하자 촌장이 기적처럼 병이 나았다.

마을 지도자가 변하자 그 마을은 본격적으로 복음의 문이 열리게 되었고, 마을 사람들은 자발적으로 예배 장소를 제공하기 시작했다. 훗날 '크리스천 Way'라고 불리는 뱃길을 내주어 크리스천 형제자매들이 예배를 드리러 올 수 있도록 도왔다. 현재 그곳에 50여 명의 성도들이 함께 모여 예배를 드리며 신앙생활을 하고 있다.

특히 초창기 많은 리더가 선교에 헌신했다는 점은 온누리교회 역사에 있어서 큰 귀감이 될 만한 일이다. 교회 장로들이 초기 선교사로 파송되었는데 그중에 한 사람이 '은발의 소명자'라고 불리는 조성록 장로이다. 육군 소장으로 예편하고 은퇴 후 아내 유은필 권사와 함께 일본으로 건너가 선교사의 길을 걸었다. 군 장성 출신으로 얼마든지 편안한 노후를 보낼 수 있었음에도 불구하고 모든 것을 내려놓고 떠났다. 특히 과거 자신이 가장 사랑하기 힘든 민족이 일본이라고 했는데, 하나님께서 주신 사명을 따라 그들을 향한 사랑과 긍휼의 마음을 품고 일본 선교를 결정한 것이다. 그곳에서 복음을 전하며 수많은 거절감을 겪으면서도, 포기하지 않고 눈물의 시간을 견디며 나아갔다. 오직 하나님의 기쁘신 뜻을 이루기 위한 마음 하나로 노부부가 자신들의 남은 인생을 선교에 바친 것이다. 이 부부의 헌신에 의해 이후에 많은 선교사가 일본에 들어가 사역할 수 있게 되었다. 또한 치과의사였던 최선수 장로 역시 잘되고 있던 병원을 그만두고 중국 선교사로 떠났다. 자신이 붙들고 있던 수많은 세상적 미련을 뿌리치고 부르심에 순종하며 기꺼이 그 척박한 땅으로 들어간 것이다. 그곳에서 농장을 경영하며 비즈니스사역을 했는데 그때 그를 도와 함께 선교한 이가 박종길 목사이다.

이들은 직분에는 은퇴가 있지만 사명에는 은퇴가 없다는 것을 보여 주었다. 하나님의 부르심이 있다면 그리스도인에게는 은퇴란 없는 것이다. 안락한 삶을 포기하고 선교의 사명을 다하기 위해 험지를 마다않고 떠난 이들의 감동적인 선교 이야기는 지금까지도 많은 성도에게 큰 울림과 도전을 주고 있다.

성도는 교회 안의 은혜로만 머물러서는 안 된다. 세상을 향한 선교로, 지역과 대한민국을 향한 사회참여로 나아가야 한다. 복음을 전한다는 것은 단순히 전도의 차원을 넘어 구제와 사회적 책임의 영역까지도 포함되는 것이다. 뿐만 아니라 가정과 일터는 물론, 자신이 서 있는 모든 곳에서 선교사의 역할을 감당하는 성도로 훈련되어야 한다. 교회는 예수님의 공동체이며 예수님의 삶을 사는 공동체이기 때문이다.

이런 '사도행전적 바로 그 교회'의 비전과 목회 철학은 하용조 목사에 이어 2011년 이재훈 목사가 취임한 이후에도 그대로 이어지고 있다.

온누리교회 머릿돌에는 교회를 향한 예수님의 뜻이 새겨져 있다.

> 그러므로 너희는 가서 모든 민족을 제자로 삼아 아버지와 아들과 성령의 이름으로 세례를 베풀고 내가 너희에게 분부한 모든 것을 가르쳐 지키게 하라 … (마 28:19-20)

이것은 예수님의 지상명령이다. 땅끝까지 복음을 전하라는 것이다. 그 일에 우리는 함께 부르심을 받았다. 이재훈 목사는 예수님의 이 지상명령이 온누리교회의 존재 목적이자 비전이며, 목회 철학이요, 모든 것이라고 선포했다.

이 일을 위해 거창한 무엇이 있어야 하는 것이 아니다. 예수님의 명령에 순종하면 되는 것이다. 우리가 순종할수록 그리스도의 임재는 더욱 강력하게 드러날 것이기 때문이다.

온누리교회는 결코 교회의 성장을 위해 달려온 것이 아니었다. 한 번도 대형 교회를 꿈꾼 적이 없다. 모이면 흩어질 것을 권했고, 머물면 떠나라고 했다. 무엇을 바꾸려고 한 것도 아니었다. 그저 한 가지 꿈을 꾸었을 뿐이다. 그 꿈은 하나님 나라를 이 땅에 이루어 드리는 것이다. 바로 온 세상에 그리스도의 복음을 전파하는 것이다. 이것이 온누리교회가 세워진 단 하나의 이유였다. 온누리교회의 현재는 지난 40년간 주님의 명령에 순종하며 헌신해 온 결과일 뿐이다. 이재훈 목사는 이것을 '순종의 역설'이라고 설명했다.

　온누리교회의 정체성은 그때나 지금이나 분명하다. 선교하는 교회, 이것이 온누리교회라는 이름에 주신 소명이자 온누리교회가 존재하는 한 걸어가야 할 길이다.

2.
부흥의 시작, 순과 공동체

온누리교회 부흥의 씨앗, '순(筍)'

온누리 공동체의 시작, '순'

온누리교회의 시작은 순이었다. 교회 창립 전부터 함께하던 여섯 개의 작은 순이 모여 교회를 세웠고, 지금까지 순은 사도행전적 교회의 꿈을 함께 이루어 가는 온누리 공동체의 기초이다.

성경에서 '순'은 메시아이신 예수 그리스도를 의미한다(사 53:2; 슥 3:8). 하용조 목사는 온누리교회를 창립하면서 예수님을 중심으로 모이는 영적인 생명력을 가진 모임으로서 순을 시작했다. 말씀을 배우고 함께 기도하며 성도의 교제와 은혜를 나누는 신앙 공동체이자 전도와 선교에 앞장서는 선교 공동체로서 출발하고자 한 것이다. 하 목사는 자신이 훈련받은 선교단체인 CCC(한국대학생선교회)에서 사용하는 순 개념을 도입해 온누리교회의 양육 체계로 삼았다. 이는 교회가 선교를 위해 목숨을 거는 선교단체와 같아야 한다는 그의 목회 철학에서 비롯되었다.

순은 기본적으로 5~6가정으로 구성되어 있는데, 일주일에 한 번씩 모임을 갖는다. 온누리교회는 이 순 모임을 '순예배'로 부르고 있다. 그 이유는 순이 단순히 교제와 친목을 도모하는 모임이 아니라 예배 공동체임을 분명하게 하기 위해서이다. 즉 하나님을 예배하는 토대 위에 교제가 있으며, 교제를 위해 예배를 동원하는 것이 아님을 견지하고자 한 것이다.

성령의 역사를 경험하는 예배 공동체

온누리교회 순예배는 일반적인 소그룹 모임과는 개념을 조금 달리한다. 순예배가 갖는 몇 가지 특징이 있는데, 우선 예배와 기도를 통해 성령의 역사를 경험하는 공동체라는 점이다. 한남동 횃불회관 시절부터 함께했던 김민자 권사는 그 시절의 순예배를 이렇게 기억했다.

> "잠실, 가락동, 명일동 등지에 떨어져 살던 순원들을 집집마다 찾아가 데려왔는데, 좁은 승용차에 12명이 탄 적도 있습니다. 초창기 순은 성도들의 가정을 오픈해서 이루어졌는데, 집 안이 꽉 차도록 순원들이 앉으면 은혜의 열기가 마치 마가의 다락방과도 같았어요."

하용조 목사는 순예배를 집에서 하도록 강조했다. 집이 좁으면 서서라도 예배를 드리라고 했다. 그 집에 가 봐야 그 집의 진짜 기도 제목이 나온다고 말이다. 그리고 기도가 이루어질 때까지 함께 기도하라고 권면했다. 한 사람의 기도가 모두의 기도가 되었고, 기도 응답을 받았을 때는 혼자만의 응답이 아니라 모두의 응답이 되어 함께 기뻐했다.

누군가 어려움을 겪으면 순 식구들은 누구보다 먼저 위로의 손길이 되어 주었다. 기꺼이 서로의 짐을 나누어 지고 사랑의 수고를 아끼지 않는 동안 성령님의 치유하심과 회복이 일어났다.

날마다 마음을 같이하여 모이기를 힘쓰고, 집에서 떡을 떼며 기쁨과 순전한 마음으로 하나님을 찬미했던 (행 2:42) 사도행전의 공동체와 다르지 않았다. 순예배는 말씀을 배워 가는 통로이자, 함께 기도하며 신앙의 기초를 다지는 자리였다.

하용조 목사와 젊은 시절부터 함께했던 윤형주 장로는 초창기 교회가 든든히 세워져 가는 데 순예배가 큰 역할을 했다고 말한다.

"하 목사님은 순예배가 건강해야 교회가 건강해진다고 순예배를 굉장히 중요하게 여기셨어요. 저는 순장을 맡았을 때 순예배에 나오는 즐거움이 있어야 한다고 생각했어요. 안 믿는 가족들도 참여하게 하기 위해서는 재미가 있어야 하니까 봉사도 함께하고 찬양 음반도 낼 정도로 다양한 활동을 했어요. 그런데 순은 이러한 즐거움과 기쁨도 있지만 어려움이 있을 때 영적으로 강해지는 것 같아요. 순 식구들 중에 누가 아프거나 경제적 문제, 자녀 문제 등으로 힘들어하면 같이 기도하고 이겨 내면서 순이 더욱 성숙해졌어요. 그러고 나니 부흥이 되어 우리 순에서 갈라져 나간 순만도 40~50개나 됩니다."

믿음의 가정을 세우는 전도 공동체

또한 순예배는 믿는 사람들끼리의 만남의 자리가 아닌 전도 공동체라는 점에서 소그룹 모임과 다르다. 순은 부부나 가정 단위로 구성해서 온 가족이 다 같이 참여하는 것을 원칙으로 하고 있다. 주로 가족 구성원이 함께 참여할 수 있는 저녁 시간대에 모였으며, 믿지 않는 가족이 있으면 순원들이 함께 전도에 힘썼다. 특히 온누리교회가 초창기 외부의 주목을 받은 것은 순예배를 밤에 한다는 것 때문이었다. 당시에는 교회마다 여성 성도가 많았기 때문에 대부분 낮에 모임을 가졌다. 그런데 온누리교회는 남편들이 참여하도록 저녁에, 그것도 일부러 회식이 많은 금요일에 순예배를 가졌다. 다른 요일에 모이는 순도 더러 있지만 대부분 금요일로 정착하게 되었다. 당시로서는 상당히 획기적인 시도였다. 교회 안에 남성 리더십을 세우고자 하는 교회의 목회 철학이 반영된 것이었는데, 이것이 온누리교회의 특징으로 자리 잡게 되었고, 이는 여성들로 하여금 계속해서 남성들을 전도하게 만드는 계기가 되었다.

신앙이 없던 남편들은 순예배가 끝날 때까지 밖에 있다가 들어오기도 했는데, 윤형주 장로는 "남편이 안 믿고 아내만 교회에 나오는 걸 외짝 믿음이라고 불렀는데, 믿지 않는 남편을 전도하려고 밤 11시 넘어서까지 순예배를 드리기도 했어요. 추운 겨울에 집 주변을 맴돌다가 이쯤이면 끝났겠거니 하고 들어왔는데, 여전히 사람들이 있으니 처음엔 왜 집에 안 가냐고 화를 내던 사람이 나중에는 장로가 되었답니다"라고 그때를 기억했다.

이런 일은 여러 순예배에서 일어났다. 하상진 장로가 순장으로 있는 순에서도 그 집의 남편이 늦게 들어오면 그를 위한 모임을 다시 가졌다고 한다. 처음엔 양복을 입은 채로 붙잡혀 뻘쭘하게 앉아 있던 그 남편이 한두 마디씩 자신의 이야기를 털어놓기 시작했다. 순원들은 그의 이야기 하나하나에 귀 기울여 주었다. 하 장로는 하나님이 그를 얼마나 사랑하고 있는지를 전했다.

> "하나님은 선생님을 위한 계획이 있고, 선생님을 통해서 이 가정이 많은 복을 받길 원하십니다. 하나님은 사랑으로 선생님을 쓰기 원하십니다. 우리는 다 그런 사람입니다. 그것이 우리를 향한 하나님의 계획이니까요."

그는 더 이상 문 밖에서 배회하지 않고 집으로 들어오기 시작했다. 순예배 가운데 점차 변화되어 갔고, 결국 순장이 되었다. 그는 온누리교회 훈련 과정 중에서도 쉽지 않은 프로그램으로 알려진 예수제자학교(JDS)의 총무로 섬기고 있는 윤홍식 집사이다.

그리고 부부만이 아니라 어린 자녀들까지도 같이 순예배를 드리는데, 어린아이들이 예배 중에 돌아다녀도 아무도 불편해하지 않는다. 가족이 예배의 주체이며, 함께하는 것이 순예배의 본질이기 때문이다. 아이들은 순예배에 따라오면서 자연스럽게 어른들의 모습을 보고 배운다. 자녀들은 부모와 더불어 예수님이 무엇을 원하시는지, 삶의 우선순위를 어디에 두어야 하는지를 체득하게 되는 것이다. 이렇게 순예배를 통해 가족이 함께 성장한다.

하나님이 원하시는 공동체

교회는 공동체에서 출발한다. 성도는 그 공동체의 모습으로 하나님의 뜻을 이루어 간다. 이는 처음부터 성부·성자·성령의 공동체로 존재하신 하나님과도 닮았다. 예수님도 제자들과 공동체로 지내셨고, 초대교회 성령님도 오순절에 모인 공동체에 임하셨다.

하나님의 꿈은 공동체이다. 그래서 우리를 혼자가 아닌 공동체로 살아가는 존재로 만드셨다. 그렇다면 예수님을 따르는 우리는 어떻게 공동체를 이루어 갈 것인가? 그 과제가 주어진 것이다.

예수님이 말씀하신 공동체는 두세 사람에게서 시작한다. 예수님은

"너희 중의 두 사람이 땅에서 합심하여 무엇이든지 구하면 하늘에 계신 내 아버지께서 그들을 위하여 이루게 하시리라 두세 사람이 내 이름으로 모인 곳에는 나도 그들 중에 있느니라"(마 18:19-20)고 하셨다. 하용조 목사는 교회는 형태에 있지 않다고 강조했다. 적은 수가 모였어도 잊지 말아야 할 것은 바로 교회의 본질이라고 했다.

하나님이 원하시는 공동체는 온전히 하나님을 바라보는 신앙 공동체이다. 성도의 삶을 나누는 나눔 공동체이며, 서로에게 치유를 선물하는 치유 공동체이다. 받은 은혜를 통해 이웃의 필요를 채우는 섬김의 공동체요, 어려운 이를 구제하는 봉사 공동체이다. 또한 이 세상 끝날까지 전도와 선교에 목숨을 거는 선교 공동체이다.

순은 바로 이 성경적 공동체의 시작이다.

제자입니까, 교인입니까?

순예배로 자라나는 제자들

새신자가 교회에 오면 하용조 목사가 늘 하던 말이 있다.

"우리 교회는 선택을 해야 합니다. 교인이 될 것인가, 제자가 될 것인가. 교인이 될 사람은 가까운 교회에 나가세요. 여기서는 제자가 되기 위해서 훈련을 해야 합니다. 고난도 함께해야 하고, 자기를 내려놓아야 합니다."

성도가 교인으로만 살아서는 안 된다는 뜻이었다. 배로 비유하자면, 유람선과 군함이 있는데 유람선에 탄 사람은 즐기기 위해 탄 것이고, 군함에 탄 사람은 군인으로서 사명을 다하기 위해 탄 것이다. 배라는 것은 같지만 완전히 다른 성격을 띤다. 제자는 하나님께 받은 사명을 감당하는 사람들이다. 자신의 시간과 재정, 삶을 드리는 것이 제자의 삶이다.

온누리교회 성도는 순예배에서부터 제자로 자라난다. 성장한다는 것은 내가 변화되어 가는 과정이다. 내가 원하는 삶에서 예수님이 원하시는 삶의 방향으로 전환하는 것이다. 이 땅을 향한 예수님의 비전을 함께 꿈꾸는 것이다. 그 걸음걸음이 고스란히 담기는 자리가 바로 순이다.

생명이 있는 것은 기본적으로 자라게 마련이다. 그것은 사람도, 교회도 마찬가지이다. 예수님을 품고 있는 곳은 반드시 움직이고, 성장한다. 그것이 하나님 나라의 특징이다.

순은 우리말로 싹이다. 싹은 자라서 꽃을 피우고 열매를 맺는다. 교회의 순은 자라고 성장해 그리스도의 제자로 살아가도록 만든다. 그런 의미에서 순은 제자를 키우는 가장 작은 단위이자 성도의 신앙을 성장시키는 인큐베이터 역할을 한다.

순은 일반 성도들에게 생소했던 프로그램이 교회 안에 정착할 수 있도록 일종의 파일럿 역할을 해주었다. 특히 매주 순예배를 통해 나눈 큐티 훈련은 과거 한국교회에 묵상이라는 개념이 익숙하지 않던 시기에 성도들에게 새로운 도전을 주었고, 순을 바탕으로 자연스럽게 전 교회적인 훈련으로 정착하게 되었다. 그래서 온누리교회의 양육의 특징인 일대일 제자양육과 큐티 훈련이 뿌리내릴 수 있는 데 큰 역할을 했다고 볼 수 있다. 결국 순은 성도들의 영적 성장이 제자의 삶으로까지 이어지도록 돕고, 나아가 예수 그리스도께서 명령하신 소금과 빛의 삶을 살도록 이끄는 통로가 되었다.

이렇게 순이 자라면서 구성과 조직에도 변화를 가져왔다. 초창기에는 다른 교회에서 사용하는 구역과 교구의 개념을 따라 운용했지만, 정적인 면에 머물러 뭔가 새로운 변화가 필요했다. 어떻게 하면 성도들이 사역의 주체가 되어 역동적으로 살아갈 수 있을까를 계속해서 고민하게 되었고, 그 실마리를 선교단체의 조직 개념을 가져와 사역의 단위를 바꾸는 것으로 풀어 갔다.

온누리교회의 공동체는 순, 다락방, 공동체, 이렇게 세 가지로 구분된다. 순은 기본적으로 5~6개 가정(또는 10~12명)으로 구성된다. 그리고 5~6개의 순을 묶어서 하나의 다락방으로 편성하고, 다시 4~6개 다락방을 모아 하나의 공동체를 형성한다.

순이 증가하면서 보다 체계적인 운영을 위해 규모에 따라 다락방(초창기 교구)과 공동체라는 조직으로 재편되었는데, 1992년 순의 연합체인 다락방이 도입되었고, 1997년엔 하나의 지역 교회로서의 역할을 하는 공동체 개념이 만들어졌다. 그리고 2016년 무렵 온누리교회의 모든 공동체가 작은 교회로서 역할을 하는 운영 조직이 갖춰지면서 현재의 순〈다락방〈공동체의 모습으로 정착하게 되었다(순 2,381개, 다락방 459개, 공동체 87개/전체 캠퍼스 포함, 2025년 성인 기준).

다락방은 조금 더 큰 단위로서 소속된 순들이 다양한 영역에서 활동할 수 있도록 돕고, 조금 더 큰 단위인 공동체는 하나의 지역 교회로서 사역을 해 나가고 있다. 그러나 단위만 다를 뿐 순, 다락방, 공동체는 온누리교회의 비전과 선교사역에 동참하는 하나의 공동체로서 나아가고 있다.

순은 계속해서 자라야 한다

온누리교회 공동체의 특징 중 하나는 바로 재생산이 된다는 점이다. 순의 규모가 커질 경우, 분순(分筍)을 한다. 이것은 다락방과 공동체 조직 역시 마찬가지이다.

건강한 순은 멈추지 않고 계속 성장해 하나의 순에서 여러 개의 순으로 분순되었다. 분순은 기존의 순에서 잘려 나간다는 뜻보다는 새로운 순이 싹트는 것을 의미한다. 어느 순간, 한 집에 다 모이기 힘들 정도로 부흥이 일어나면 새로운 순을 만들었다. 마치 자녀가 성장하면 결혼해서 새로운 가정을 이루듯 말이다.

이렇게 순이 확장되면 새로운 다락방이 만들어지고, 다락방 역시 부흥이 일어나면 여러 개의 공동체로 나누어 성장을 이어 갔다. 이렇게 순은 순을 낳고, 다락방은 다락방을 낳고, 공동체는 공동체를 낳았다.

물론 오랜 시간 깊은 교제를 나누다 보면 끈끈한 관계가 형성되어 헤어지기가 쉽지 않다. 게다가 5년, 10년이 넘어가면 우여곡절을 함께 겪어 온 순 식구들이 정말 내 가족 같은 관계가 된다. 하지만 오래 머무르면 역동성이 떨어지게 마련이다. 이것이 40년을 이어 온 순의 장점이자 위기이기도 했다.

사람들은 익숙하고 편한 것을 찾는 관성이 있다. 때문에 처음엔 성도들의 반대도 있었고, 오래 맺어 온 관계성을 바꾸는 것에 서운함도 있었다. 그러나 아픈 만큼 성숙해진다는 말처럼, 잠시의 아픔을 견디면 공동체는 건강해진다. 성도들도 건강한 싹을 틔우기 위해서 필요한 과정이라는 것과, 맡겨진 사명을 다하기 위해서는 수용해야 한다는 것에 공감하고 있다. 친밀함을 넘어 하나님의 사역을 위한 동역자로서 공동체를 이루어 가는 훈련이 필요하다는 것을 성도들 스스로가 깨달은 것이다.

가지치기를 하지 않은 나무는 위로나 옆으로 뻗어 나갈지 몰라도 열매를 더 많이 맺지도 아름답지도 못하다. 그래서 공동체마다 순 개편을 요구하고 시행을 권장하고 있다.

순의 부흥은 자연스럽게 온누리교회의 부흥으로 이어졌다. 순을 통해 제자를 기르고, 미래의 목회자와 선교사를 배출했다. 이제 초창기에 30~40대였던 성도들이 은퇴하고 그분들의 자녀가 부모의 나이가 되었다. 이 세대들과 새롭게 달려가야 할 시점에서 다시 한번 되새길 것은, 순은 자라야 한다는 것이다.

나무에 새순이 돋아나지 않으면 그 나무는 죽은 나무이다. 그러므로 생명을 가진 순은 새순이 계속해서 돋아나야 한다.

교회 안의 작은 교회

자율적이면서 창의적인 사역을 하는 작은 교회

2004년, 온누리교회에서는 '순이 가정교회이다'라는 선언이 있었다. 이러한 가치는 이전부터 있어 왔지만 온누리교회가 20주년을 앞두고 보다 분명하게 이에 대한 목회 철학을 강조한 것이다.

순은 예수 그리스도를 품은 교회라는 것, 이것이 온누리교회가 갖고 있는 공동체에 대한 정체성이다. 그 안에는 예배와 선교, 전도와 사회 돌봄이 모두 들어 있다. 교회란 이것을 위해 존재한다. 때문에 그 의미를 따라 순예배라는 이름으로 모이는 것이다.

함께 밥을 먹고 삶을 나누는 것은 성도의 신앙생활에 있어서 너무나 중요한 부분이다. 그러나 교회라는 정체성을 잃는다면 동호회 활동과 다를 바 없다. 결국은 교회들이 모여 다락방을 구성하고, 좀 더 많은 교회들이 모여 공동체를 구성하는 것이다. 순과 다락방, 공동체는 단위를 나눈 것일 뿐 모두 교회라는 점에서 동일한 개념이다.

그런 의미에서 순은 가장 작은 단위의 교회라고 할 수 있으며, 예수 그리스도의 비전을 함께 공유하고 실천해 나가는 장이다. 특히 온누리교회의 순과 공동체가 가진 특징 중 하나는, 각각의 자율성과 개별성을 인정하면서 성도의 달란트에 따라 다양한 사역을 마음껏 펼쳐 나갈 수 있는 제도적 기반이 뒷받침되어 있다는 점이다. 목회적 범위를 벗어나지 않는 선에서 순에 자율권을 주고 성도가 사역자로서 열정을 가지고 일할 수 있도록 허용하고 있다. 이에 따라 순장이 부순장을 세울 수 있는 인사권도 주어지고, 순에서 재정을 사용할 수 있는 권한도 주어진다. 현재 순 헌금의 40퍼센트 정도를 순이 추진하는 사역을 위해 사용하고 필요에 따라 교회가 지원하기도 한다. 교회가 사회선교본부를 조직하여 긍휼사역을 표방하면서 순마다 하나의 사역을 감당하는 의미도 더해졌다. 순이 어려운 이웃을 돌아보고 섬김의 자리에 더욱 적극적으로 나설 수 있게 된 것이다.

이것은 순이 양육과 친교의 자리에 머물지 않고 생명력을 갖고 움직이는 사역의 기초 단위로 자리 잡게 되었다는 의미이다. 이것이 일반적인 소그룹이나 구역예배의 개념을 넘어서는 온누리교회 순의 특징이라고 할 수 있다.

87개의 공동체, 87개의 교회

일반적으로 많은 교회가 담임목사를 중심으로 움직이는 목회 체제라면, 온누리교회는 담임목사가 결정권의 일정 부분을 공동체에 위임하는 성도 중심의 목회가 시도되고 있다고 할 수 있다.

이러한 목회 개념이 적극 추진되면서 새로운 사역 단위인 '공동체'가 도입된 것이다. 이 공동체는 하나의 지역 교회에 해당한다고 볼 수 있다. 현재까지 87개의 공동체가 구성되어 있는데, 말하자면 온누리교회 안에 87개의 지역 교회가 세워져 있는 셈이다.

지역별로 공동체를 구성하면서 공동체마다 담당 목회자와 성도들을 중심으로 한 운영위원회가 독립적으로 구성되어 있어 일종의 작은 당회와 같은 역할을 하고 있다. 자율적으로 운영 계획과 예산 집행 등을 진행하도록 맡기면서 공동체마다 자체 행사를 개최하는 등 교회사역의 범위가 더욱 다양하고 풍성해졌다. 무엇보다 공동체가 사역의 주체로 성장하면서 보다 유연하고 역동성 있게 움직일 수 있는 생명력을 갖게 되었다. 이는 성도들이 공동체 안에서 저마다의 역량과 특성을 가지고 창의적으로 사역할 수 있는 길이 열려 있음을 의미한다.

하용조 목사가 전통적 교구 개념을 자율적인 공동체로 전환했다면, 이재훈 목사는 제도적 기틀을 마련함과 동시에 선교적 공동체로 발전하도록 이끌고 있다. 이를 토대로 시대의 변화에 맞춰 더욱 다양한 공동체들이 만들어졌고, 리더들에게 일부 목양을 위임하면서 지역적 환경에 맞게 빠르게 대응할 수 있었다.

공동체는 거주하는 지역별로 구성되어 있지만 은사 중심으로 구성된 특별사역 공동체도 있다. 교회는 공동체의 유형과는 무관하게 등록된 모든 성도가 자신의 지역 공동체나 특별사역 공동체에 들어가 함께 훈련받으며 동참하도록 권장하고 있다.

포장지만 보고는 그 맛을 제대로 알 수 없는 것처럼, 공동체 안에 들어가 경험해 보지 않고는 온누리교회의 참맛을 알 수 없다. 주일예배를 통해 얻는 감동도 크지만 그것만으로는 하나님의 소소하고 세밀한 사랑을 다 경험해 볼 수는 없지 않은가. 성도는 공동체 안에서 하나님이 말씀하시는 교회의 진정한 의미를 맛보아 알며 느껴야 한다. 교회를 향한 하나님의 마음을 깨달아야 한다.

온누리교회가 추구하는 비전의 중심에는 공동체(순, 다락방, 공동체)

가 있다. 공동체가 건강하게 세워지지 않는다면 비전은 흔들리고 흩어질 수밖에 없다. 때문에 온누리교회는 공동체의 자율성을 인정함과 동시에 성령님의 인도하심을 따르는 성경적 공동체라는 하나 됨의 기본 원칙을 지킨다.

교회를 이룬다는 것은 예수 그리스도 안에서 한 몸을 이루는 것이다. 그것은 이 세상 모든 교회가 꿈꾸는 것이다. 외형적으로 커졌다고 달라지는 것은 없다. 같은 비전을 품는다면 하나가 될 수 있다.

온누리교회 역시 공동체 속에서 늘 고민은 있었다. 그래서 매 순간 연약함을 인정하며 익숙해진 습관대로 머물지 않기 위해 노력해 왔다. 지금 하나님이 바라보시는 것은 무엇인지 그 시선을 놓치지 않고자 했다. 이는 담임목사 혼자서는 불가능한 일이다. 새로운 시도는 한 사람의 주장으로 되는 것이 아니라 많은 사람의 헌신이 필요하다. 공동체라는 아름다운 동역자들이 일어나야 한다.

예수님은 하나님 나라가 겨자씨 한 알과 같다고 하셨다(막 4:30-32). 땅에 심길 때는 모든 씨보다 작지만 자라서는 모든 풀보다 커진다. 공중의 새들이 그 가지에 깃들 만큼 말이다. 이처럼 살아 있는 순은 하나님 나라를 담을 수 있다.

순과 다락방과 공동체는 바로 그 하나님 나라를 꿈꾸는, 사도행전적 교회를 향한 부흥의 씨앗이다.

3.
하나님이 찾으시는
바로 그 예배

시대는 변해도 예배는 변하지 않는다

일주일 내내 예배가 드려지는 교회

온누리교회 주일예배에는 당시 한국교회의 예배 문화의 시각에서는 낯선 풍경이 많았다. 손을 들고 찬양을 드리고, 기타와 드럼을 사용하는 밴드가 활용되었다. 한국교회에 큰 반향을 일으켰던 '경배와 찬양' 사역이 주일예배에서도 동일하게 적용된 것이다.

1991년 무렵, 하용조 목사가 하와이 코나에서 YWAM DTS(Youth With A Mission Discipleship Training School) 훈련을 받고 성령님을 깊이 체험한 이후 온누리교회 안에 성령사역을 선포했다. 이를 통해 하나님의 임재가 있는 예배, 기쁨과 감격이 흘러넘치는 예배를 소망했다. 그동안 해온 양육과 성경공부의 훈련을 토대로 온누리교회는 말씀과 성령의 두 날개 아래 뜨거운 부흥이 시작되었다.

온누리교회에 등록하는 성도들은 대부분 교회를 찾아온 이유로 예배를 꼽았다. 누군가는 잃어버린 예수님에 대한 첫사랑을 회복했다고 고백했다. 하나님과의 만남이 다시 시작된 것이다. 하 목사는 "성도들이 교회 마당을 밟을 때부터 눈물을 흘리고, 교회에 뛰어오면서 찬송을 불러야 합니다. 모인 성도들이 손을 들고 찬송을 부르면 설교를 듣기 전에 이미 하나님을 만난 것입니다. 이것이 살아 있는 예배입니다"라고 말했다.

실제로 예배당에 들어오는 순간, 눈물이 난다고 고백하는 성도들이 많았다. 아내를 따라 들어온 남성들은 어깨가 들썩일 정도로 뜨거운 눈물을 흘렸고, 예배가 다 끝났는데도 한동안 자리를 떠나지 못했다. 성도들은 고개를 들지 못한 채 한참을 그렇게 성령님의 임재 가운데 머물러 있었다. 예배 후에는 함께 밥을 먹고, 오후 늦게까지 성경공부와 나눔을 했다. 이 모든 것이 일종의 예배였다. 이렇게 모든 성도가 온종일 주일예배를 드렸는데, 이것이 온누리교회 1세대들의 주일예배 문화였다.

성도 수가 많아지면서 한자리에 모일 수 없게 되자, 성도들은 예배가 끝나면 일대일 양육이나 삼삼오오로 모여 성경공부 모임을 가졌다. 1985년 1부 예배를 시작으로 점차 늘어난 예배는 코로나19가 있기 전 밤 9시까지 예배를 드렸고, 지금도 월요일부터 주일까지 매일 예배가 드려지고 있다.

사도행전적 교회를 꿈꾸며 창립한 온누리교회는 처음부터 예배에 집중했다. 거기엔 '하나님이 찾으시는 바로 그 예배'라는 꿈이 있었다. 이것이 온누리교회가 갖고 있는 예배 철학이다.

하용조 목사가 예배에 있어서 영향을 받은 여러 교회 중 하나는 영국에서 머물던 시절 참석했던 골드힐침례교회(Gold Hill Baptist Church)였다. 자유롭게 춤을 추며 예배하고, 성찬을 나누며 뜨겁게 감격해하는 예배의 모습에서 그는 매우 깊은 인상을 받았다. 그것이 계기가 되어 온누리교회 안에서도 그 예배의 감격을 경험할 수 있기를 끊임없이 사모해 왔다. 당시 골드힐침례교회의 담임목사였던 짐 그래함 목사를 여러 차례 한국에 초청해 예배 세미나를 개최했다. 말씀 중심이면서도 성령님의 치유와 변화가 일어나는 살아 있는 예배를 추구한 것이다. 이런 예배가 드려지자 일주일 내내 교회 안에 사람들로 넘쳐 났다. 그만큼 영적 갈급함이 있었다는 반증이기도 했다.

형식은 변해도 예배의 본질은 변할 수 없다

예배는 살아 계신 하나님의 임재 안에 머무는 것이다. 그런 의미에서 하용조 목사는 "예배는 지성소이다"라고 말했다. 시대는 변해도 이러한 예배의 본질은 변하지 않는다. 형식은 변할 수 있어도 본질은 변할 수 없다. 그 하나님을 만나는 참된 예배를 위해 온누리교회가 중요하게 여기는 몇 가지 핵심 가치가 있다.

먼저, 우리가 드리고 있는 예배가 하나님 중심인가 하는 것이다. 자칫 형식에 치우치지는 않았는지, 세상의 가치관을 따라 변질되지는 않았는지 늘 점검한다. 왜냐하면 오직 하나님만이 예배의 중심이 되며, 예배의 모든 순서는 주님을 만나는 경험에 집중되어야 하기 때문이다.

또 하나는, 다양한 필요를 가진 성도들이 하나님을 깊이 만날 수 있도록 그들의 특성을 파악하고 눈높이에 맞추는 노력을 기울이는 것이다. 우리의 눈높이를 맞추기 위해 오신 예수 그리스도처럼 말이다. 예배에 대한 철학은 매뉴얼이 되어야 하지만, 세부적 사항은 각 예배별로 참여자의 연령과 문화에 따라 유연하게 접근하고자 했다. 그중 하나가 믿지 않는 사람들, 구도자를 위한 맞춤 예배인 열린새신자예배라고 할 수 있다.

마지막으로, 예배가 예배당 안에서만 머무는 것이 아니라 세상으로 나아가도록 하는 것이다. 하용조 목사가 예배의 감격에 대해서 강조했다만, 이재훈 목사는 그 감격을 가지고 성도가 세상에 나가서 어떻게 살아 내야 하는가로 확장시켰다. 나라와 민족에 대한 시대적 고민을 갖고 기도하며, 교회가 감당해야 할 사회적 선교와 하나님의 창조 질서에 어긋나는 풍토를 바로잡고자 했다. 무엇보다 오늘의 예배가 일상에서 삶의 예배가 되기 위해 주일에 드리는 한 시간의 예배가 아닌 내 삶의 모든 영역에서 소금과 빛으로 살아 내기를 강조했다. 맑은 물도 고여 있으면 썩게 마련이다. 물이 흐를 때 주변의 생물들이 살아나는 것처럼, 예배는 살아 움직여야 한다.

"예배는 교회의 심장과 같습니다. 예배가 잘 드려질 때 그리스도인의 몸인 교회의 심장이 제대로 뜁니다. 심장이 잘 뛰면 피가 잘 공급되고, 혈액순환이 잘되면 다 회복됩니다. 예배가 잘 드려지면 교회의 구석구석이 살아납니다."

하 목사는 모든 사역은 예배에서 흘러나와야 한다고 강조했다. 위로부터의 공급이 없다면 열정은 금방 사그라들 것이다. 예배가 살아야 교회가 힘을 얻고 양육과 선교와 구제가 살 수 있다.

많은 교회가 온누리교회의 예배 형식과 운영 시스템에 관심을 갖는다. 그러나 이런 것들은 예배에 있어서 하나의 도구일 뿐이다. 모든 것은 하나님께 집중하기 위한 통로이지 그것이 결코 관심사가 되거나 중심이 되어서는 안 된다.

예배가 살아야 교회가 산다

온누리교회는 지난 40년간 예배의 형식과 시스템 등에서 많은 변화가 있었다. 그런데 변하지 않은 한 가지는 바로 하나님이 찾으시는 예배를 향한 자세였다. 그러기 위해서 기도보다 앞서지 않는다. 매 주일예배를 앞두고 교역자들이 모여 기도의 시간을 갖고, 권사회는 예배 시간마다 중보기도를 한다. 대표기도를 맡은 장로를 위해서는 장로들이 다 같이 모여 기도로 준비한다.

이렇게 설교자와 기도자 등을 위해 모여서 중보기도하게 된 데에는 사연이 있다. 하용조 목사가 어느 날 선교 세미나 강사로 초청받은 적이 있는데, 그때 학생들이 하 목사를 붙잡고 중보기도를 했다. 그런데 설교할 때만이 아니라 모든 순서마다 중보기도 팀이 계속해서 기도하는 것이었다. 하 목사는 그 모습에 깊은 인상을 받았고, 그 뒤로 온누리교회에서도 예배를 위한 중보기도자를 모아 한 시간 전에 강단에 올라와 기도하게 했다. 그러자 놀랍게도 예배가 달라지기 시작했고, 더욱 강력한 성령님의 역사가 일어나는 예배가 되었다.

어느 날은 예배에서 설교 대신 끝날 때까지 기도만 한 적도 있다. 그때 하 목사는 예배의 형식과 고정관념으로 하나님이 하시는 일을 제한하지 말아야 한다는 걸 깨달았다고 고백했다. 예배의 형식은 중요한 게 아니었다. 예배가 살지 않으면 오래가지 못한다는 진리를 깨닫게 된 것이다.

예배는 하나님을 만나고 경험하는 것이기에 하나님께 나아가는 것을 방해하는 요소들, 예배의 장애물을 제거하는 것에 노력했다. 온누리교회 예배는 예배자들이 모든 순간을 하나님께 집중할 수 있도록 돕는 것에 초점이 맞춰져 있다.

> 아버지께 참되게 예배하는 자들은 영과 진리로 예배할 때가 오나니 곧 이때라 아버지께서는 자기에게 이렇게 예배하는 자들을 찾으시느니라
> (요 4:23)

온누리교회 예배는 이 참된 예배자가 되기 위한 몸부림의 여정이다. 참된 예배란 형식과 시스템을 떠나 중심으로 하나님을 찾는 것이다. 하나님과 깊은 관계로 들어가는 것이다.

예배는 하나님이 높임을 받으시는 동시에 역사하시는 자리가 되어야 한다. 시대와 문화의 흐름을 읽어 내는 것도 예배사역에 있어 매우 중요한 요소이다. 그럼에도 이러한 노력이 하나님을 향해 있지 않으면 소용없는 일이다.

예배가 살아야 교회가 산다. 그리고 하나님은 그 생명의 우물을 퍼올릴 수 있는 마중물 같은 예배자를 찾으신다. 형식이 아닌 참된 예배자의 마음을 말이다.

서 있는 곳이 예배의 자리이다

땀 흘리지 않는 예배는 없다

온누리교회 안에는 보이지 않는 곳에서 예배를 섬기는 숨은 예배자들이 있다. 성도들이 집을 나서는 순간부터 예배의 시작이듯, 예배를 준비하고 진행하는 모든 과정도 하나님께 드리는 예배로 여기고 있는 사람들이다.

하나님을 예배함에 있어 어느 것 하나 소홀하지 않기 위해 예배를 돕는 많은 팀이 세분화되어 있다. 예배사역은 강단 위의 진행 순서만 해당되는 것이 아니라 참석한 예배자들이 아무런 방해 없이 하나님께 나아갈 수 있도록 돕는 강단 아래의 모든 영역이 포함된다고 할 수 있다.

이 사역에는 담당 목회자들만이 아니라 각 분야의 은사를 가진 성도들이 함께하는데, 이는 예배사역이 목회자들만의 고유 영역이 아니라 성도들도 예배자로서 능동적으로 동참하는 것이 마땅함을 의미한다.

이런 가치에 따라서 2003년부터 예배 봉사에 헌신하는 성도들을 중심으로 예배지원 팀이 조직되었고, 훈련을 통해 사역자들이 세워지게 되었다. 성찬, 세례, 봉헌 등과 같은 예전(禮典)에서부터 안내와 좌석 배치, 동선에 이르기까지, 또한 예배당 안에 그날의 날씨에 따라 적절한 온도와 습도를 조절하고, 질서 유지와 응급 상황 대처 등 소소한 부분까지 예배를 위한 헌신자들의 손길이 닿는다. 예배지원 팀은 이러한 예배 섬김이들이 잘 섬길 수 있도록 돕고 유기적으로 움직이도록 점검하는 역할을 한다.

온누리교회의 특징 중 하나는 성도가 자발적으로 필요한 팀을 조직해 교회의 구조 안으로 들어온다는 점이다. 교회 안에서 조직이 구성될 때 목회적 필요에 의해 만들어지는 경우도 있지만 성도들이 자발적으로 조직한 경우도 있다. 바로 예배지원 팀이 그렇다. 예배를 안내하는 팀은 이전부터도 있었다. 새벽에 나와서 밤 10시까지 주일 내내 예배를 지원하고 안내하는 것을 자처했던 사람들이다. 그런데 예배 인원이 많아지다 보니 좀 더 조직적으로 안내하는 방법이 필요하다는 생각에 그들이 뜻을 모아 스스로 예배지원 팀을 만들게 된 것이다. 이것이야말로 더없이 예배에 합당한 것이 아니고 무엇이겠는가.

표정과 걸음걸이, 복장까지 연구하고 고민했다. 아무도 모를지라도 의자의 줄도 정성스럽게 각을 맞추고, 구석구석을 청소하며 성도를 맞이할 준비를 한다. 이것이 숨은 예배자들의 신앙 고백이자 주님을 향한 사랑이다.

온누리교회는 예배마다 섬기는 공동체가 배정된다. 분기마다 순과 다락방, 공동체는 제비를 뽑아서 예배 안내와 주차 봉사를 돌아가며 섬긴다. 모든 성도가 함께 참여하는 예배라는 의미에서이다. 온누리교회는 땀 흘리지 않는 예배, 곧 헌신하지 않는 예배는 없다고 본다. 예배는 자신의 물질과 시간과 섬김을 드리는 것이다.

성도들은 예배의 섬김에 동참하면서 예배에 임하는 자세가 달라졌다. "예배 보러 간다"고 하던 관람자의 자세에서 예수님을 깊이 만나는 예배자가 된 것이다. 온누리교회는 이러한 예배자로서의 중요한 가치를 전 교인을 대상으로 예배학교를 통해 장기간에 걸쳐 훈련하고 있다.

성도가 있는 모든 곳이 예배의 자리이다

2007년 40일 특별새벽기도회의 마지막 날을 올림픽체조경기장에서 열었는데 이날을 기억하는 성도들이 많다. 이때를 두고 흔히 온누리스러웠다고 말하는 이유가 있다. 매일 새벽 하나님을 대면하는 즐거움이 가득하던 그때, 5시 반에 시작되는 예배에 사람들로 가득해 본당에 자리가 없었다. 그래서 사람들이 점점 더 일찍 나오기 시작하더니 급기야 3시 반에 나오는 사람들이 생겼다. 두 시간을 뜨겁게 기도하다가 새벽예배가 시작되니 예배에 불이 붙을 수밖에 없었다.

이런 은혜가 지속되자 한번은 하용조 목사가 체육관 집회를 하자고 제안했다. 체육관 대관은 보통 1년 전에 예약을 해야 하는 상황인데 갑자기 어떻게 되겠는가. 갑작스러운 지침을 수행해야 하는 예배지원 팀은 그야말로 한바탕 난리가 났다. 무작정 체육관 시설공단에 찾아가 사정이라도 해보려고 갔는데, 갑자기 한 외국 유명 가수의 내한공연이 취소된 것이다. 놀란 것은 교회도 공단 측도 마찬가지였다. 기적처럼 대관이 된 후, 예배지원 팀은 찜질방에서 자면서 주차와 좌석, 동선 등을 체크했다. 대규모 체육관 집회는 처음인지라 퇴근하면 경기장에 모였다. 이틀 만에 기적처럼 세팅을 끝낸 일은 지금까지도 두고두고 간증으로 내려오는 이야기이다.

그때는 1907년 평양대부흥이 일어난 지 100주년이 되던 해였다. 이 집회에 3만 5천여 명이 모여 경기장을 가득 메웠다. 오직 예배를 위해 새벽을 가르며 달려온 사람들의 열정, 그 예배 정신이 지금까지도 소중하게 이어지고 있다.

하나님을 향한 자발적 헌신에서 시작된 또 다른 예배의 자리가 있다. 온누리교회 예배는 주차사역에서부터 시작된다는 말이 있다. 성도들이 교회에 들어설 때 경광봉을 들고 안내하는 주차사역 팀을 제일 먼저 만나기 때문이다.

오늘날 많은 도심 교회가 겪는 일이지만, 성도가 늘어나면서 교회 주차 문제는 그야말로 큰일이었다. 주차로 인해 민원이 발생하자 이것을 두고 볼 수 없어서 당시 송일섭, 강찬석 두 집사(현재 장로)가 자발적으로 나서서 주차 안내를 하기 시작했다. 인근 상가와 주민들의 불편을 초래하게 되면 복음전도에 걸림돌이 될까 봐서였다. 이를 계기로 1992년에 주차위원회가 세워지게 되었다. 예배의 자리로 달려오는 성도를 하나님이 따뜻하게 환대해 주시는 경험을 맛볼 수 있도록, 섬김의 매뉴얼을 구체화시키고 팀을 구성했다. 그 후로 지금까지 주차 봉사도 예배가 되었다.

성도들을 맞이하기 전, 주차장 한편에 서서 기도로 준비한다. 온누리교회의 첫인상이 될 수 있는 자리가 바로 주차장이기 때문이다. 지금도 주차가 공간적 한계로 어려움이 많지만 한 영혼 한 영혼을 주님의 마음으로 맞이하고자 하는 그 섬김의 순간이 예배임을 잊지 않고 있다. 때문에 이들의 환한 미소에 주차 팀인 줄도 모르고 팁을 주던 사람들도 있었고, 봉사하는 주차위원에 감동받아 교회에 등록한 사람들도 있었다.

이밖에도 보이지 않는 곳곳에서 예배를 섬기는 손길이 있다. 매 예배 음향과 영상, 동선에 따른 큐시트를 작성하고 함께 움직이는 사람들이 있다. 순서마다 정성을 담되 물 흐르듯 진행되기 위해 집중한다. 이제훈 목사는 "신속하게 하되 분주하게 해서는 안 된다"고 늘 강조한다. 최대한 성도들이 하나님을 깊이 만나는 것에만 집중할 수 있도록 진행 요원들의 일이 노출되지 않게 모든 노력을 기울이는 것이다.

일흔이 넘은 나이에도 성가대를 섬기고, 새벽기도에 목사님들의 물을 챙겨 드리는 것을 사명으로 여기는 분도 있다. 그 자리를 한결같이 지키며 나름대로 하나님께 충성하고자 하는 모습이 곳곳에 있다. 온누리교회 예배의 부흥은 이러한 성도들의 자발적인 열심이 한몫을 담당하고 있다.

보이는 곳, 보이지 않는 곳, 섬김의 크고 작음과 상관없이 맡겨진 역할에 최선을 다하는 것. 각자 부르심을 받은 그곳이 예배의 자리이다. 우리의 예배는 예배당이 아닌 삶에서 완성된다. 예배는 삶의 모든 태도까지도 포함되는 것이기 때문이다. 그래서 성도가 서 있는 모든 곳이 바로 예배의 자리이다.

전통과 현대를 아우르다

본질에 중점을 둔 새로운 시도들

온누리교회 예배의 초점은 처음부터 지금까지 하나였다. 하나님이 찾으시는 예배이다. 그 가치를 따라 도전하고, 지키며, 발전해 왔다. 다소 낯설게 보일 순 있어도 본질에 모든 우선순위를 두었기에 여러 시행착오를 거치며 한 발 한 발 나아갈 수 있었다.

온누리교회에 예배가 정착하기까지 그 본질에 중점을 둔 몇 가지 시도가 있었다. 먼저, 하나님을 높이기 위해 사람의 권위를 낮추고자 했다. 강단에는 사회자나 설교자를 위한 자리가 없다. 설교자의 좌석을 회중석 속에 배치하고 성도들과 같은 방향을 보도록 했다. 설교자도 한 사람의 예배자임을 고백하기 위해서이다. 또한 목회자 가운을 입지 않는다. 자유로운 복장이 거룩하지 않다는 편견도 있었지만 특권 의식을 갖지 않고자 한 의지였다. 앞에 선 자나 회중이나 같은 예배자라는 개념은 중요한 가치가 되었다. 그리고 교회마다 강대상을 어디에 놓느냐에 따라 의견이 분분하기도 한데, 온누리교회는 필요에 따라서 강대상을 들고 날 수 있게 했다. 본질이 우선이었기 때문이다.

예배 시간에는 헌금 바구니를 돌리지 않기로 했다. 예배의 중심이 흩트러지지 않도록 하기 위해 예배당 입구에 헌금함을 놓았다. 대표기도문은 영상에 자막으로 띄운다. 기도자에게 책임감을 갖게 하는 한편, 예배자들 중에서 언어나 신체적으로 한계가 있는 분들과 함께 기도하기 위해서이다. 장의자에서 접이식 의자로 바꾼 것은 예배당을 한 가지 기능에만 집중시키지 않고 여러 용도로 사용하기 위해서이기도 하다. 또한 춤을 추면서 예배할 수도 있고, 때로는 엎드려 기도할 수 있고, 휠체어가 들어올 수도 있다. 성도들이 보다 자유롭게 은혜 속에 잠길 수 있도록 만들어 주기 위한 노력이었다.

매월 셋째 주 주일에는 비전헌금이라는 이름으로 일종의 목적헌금을 하고 있다. 이 헌금은 하나님 나라와 그 의를 위해 힘쓰는 사역과 단체들을 돕기 위한 헌금이다. 교회를 향한 시대의 요청에 적극적으로 응답하기 위해 구별하여 드리는 것이다.

한국교회에 예배적 도전을 준 경배와찬양예배

특히 온누리교회의 특징을 가장 두드러지게 나타내는 것 중 하나가 바로 '경배와찬양'의 도입이라고 할 수 있다. 온누리교회 이름이 알려진 계기가 매주 목요일에 드린 경배와찬양예배 때문이기도 했다. 당시 하용인(하스데반) 선교사가 대학부를 맡으면서 이런 예배의 움직임이 일어나고 있었고, 교회의 예배 회복과 영적 부흥을 위해 1987년 '두란노 경배와찬양'이라는 이름으로 찬양예배가 시작되었다. 현재 독립적인 선교단체로 활동하고 있는 '올네이션스 경배와찬양'은 20세기 말 한국교회에 큰 관심을 불러모았고 예배적 도전을 주는 데 귀하게 쓰임 받았다.

이 목요찬양예배에는 전국 각지의 젊은이들이 서빙고 본당에 모여 찬양으로 예배를 드렸다. 당시 온누리교회에 천여 명의 사람들이 모일 때, 경배와찬양예배에는 4천여 명의 젊은이들이 모일 정도였다. 청년들은 집회가 끝나고도 그 뜨거움이 가시지 않아 집으로 돌아가는 길거리에서도 찬양과 기도를 멈추지 않았다고 한다. 그 무렵 한국교회에는 찬양집회라는 새로운 용어가 생겼고, 강단에 악기를 세팅하거나 교회마다 청년들을 중심으로 워십 찬양예배가 일어났다. 그 후에도 한국교회뿐 아니라 아시아를 비롯한 전 세계를 향한 복음운동으로 나아가고 있다.

지금은 많은 교회가 워십 찬양을 하는 문화로 자리 잡았지만, 새로운 예배가 정착하기까지는 시간이 필요했다. 청년들은 뜨겁게 반응했지만 어른들은 처음엔 낯선 예배 형식에 적응하기 어려워했다. 주일예배에 밴드가 들어왔을 때 장년층은 과연 이것이 맞는지 당황해하기도 했다. 예배에서 손을 들고 찬양을 부르는 것조차 쑥스러워하는 성도들도 많았다.

그렇다면 어떻게 할 것인가? 속도를 조절했다. 성도들이 불편하다고 여기는 것은 오후예배부터 점차적으로 시도해 보았다. 핵심은 청년만이 아니라 교회에 오는 모든 이가 하나님을 만나고 예배의 감격을 누리는 것이기 때문이다. 그 본질이 훼손되어서는 안 되기에 때론 조심스럽게, 때론 과감하게 추진해 나갔다. 그렇게 수년이 흘러서야 어른 세대들도 함께 찬양을 부르며 눈물로 경배하게 되었다. 이것이 가능했던 이유는 성도들이 다 함께 성령이 역사하시는 사도행전적 교회를 꿈꾸었고, 예배의 기쁨을 누리길 바라는 마음이 같았기 때문이다.

전통도 변화도 교회의 본질을 위해 필요한 것

시대적 상황에 따른 변화도 있었다. 코로나19의 시기를 겪으면서 예배당이 닫히게 되었을 때 많은 교회가 당황스러워했다. 온라인예배가 매우 생소했던 시기였는데 온누리교회는 오래전부터 CGN(Christian Global Network, 358쪽 참조) 방송을 통해 예배를 드리던 것이 중요한 인프라로 작용했다. 또한 예배를 멈출 수 없기에 많은 아이디어들이 동원되었고, 자동차로 드라이브인(Drive-In) 예배를 드리는 등 예배를 이어 가기 위한 여러 가지 방법이 구사되었다.

특히 그 무렵 토요주일예배를 신설했다. 소수가 마스크를 쓴 채 거리두기를 하며 예배를 드린 것인데, 예배로 모이고자 하는 성도들을 돌려보낼 수 없어 고민을 거듭한 결과, 예배를 분산해서 드리기로 한 것이다. 일요일을 주일로 지키는 전통이 매우 오랜 역사를 가지지만 반드시 일요일만 주일로 모일 수 있는 것은 아니다. 이슬람 사회에서 교회는 사회의 상황에 맞추어 금요일이나 목요일에 주일예배로 모이고 있다.

이재훈 목사는 토요주일예배에 대한 확신을 장 칼뱅의《기독교강요》에서 얻었다.* 칼뱅은 십계명의 제4계명에 대한 해설에서 "7일 중 하루, 휴일로서 성도들이 함께 모일 수 있는 날을 정하여 주일로 지키는 것이 가능하다"는 해설을 통하여 일요일만을 주일로 지킬 수 있는 것이 아니라, 시대와 문화적 상황에 따라 휴일로 지정된 요일에는 함께 주일예배로 모일 수 있는 길을 제시했다.

한국도 미국처럼 주 5일 근무제가 정착된 사회가 되었으므로 가능하다고 판단하고 토요주일예배를 시작한 것이다. 코로나19 시대가 끝났지만 다양한 목회적 필요를 채우는 예배로서 잘 시행되고 있다. 이에 전 캠퍼스에서 추진되도록 했고, 몸이 아픈 환자나 일요일에 불가피하게 출근해야 하는 사람들과 자영업을 하는 성도들에게는 매우 소중하게 여겨지고 있다. 또한 교사를 비롯한 주일사역을 담당하는 성도들이 토요예배에서 영적 공급을 받고 평안과 안식을 누리는 유익을 얻게 되었다.

온누리교회의 예배가 역동적일 수 있는 원인 중 하나는 변화를 두려워하지 않는다는 것이다. 그 변화의 원천은 하나님께 영광이라는 기본에 충실하려는 열정에 있다. 그런데 다른 교회에서 쉽게 보기 힘든 여러 실험적 요소로 인해서 온누리교회 예배가 전통은 등한시하고 유행과 재미를 추구하는 것으로 오해하는 분들이 있다. 그렇지 않다. 온누리교회가 추구하는 것은 전통과 현대를 아우르는 균형 감각이다. 교계의 전통적인 예배 문화를 존중하며, 말씀과 성령의 균형을 따라 하나님의 임재를 추구하는 본질적인 면을 지키고자 노력한다. 이와 더불어 현대인들을 복음으로 인도하는 통로를 만들고자 고민하는 것이 온누리교회의 예배라고 설명할 수 있다.

온누리교회의 좋은 전통 중 하나는 매월 성례가 있다는 점이다. 초창기부터 두 가지 성례를 자주해 왔는데, 현재도 첫째 주에 성찬을 하고 마지막 주에는 세례식을 한다. 성만찬은 구원과 회복, 복음으로 살아가겠다는 결단의 의미를 되새기는 예전이다. 마지막 주에 세례를 받은 성도는 바로 다음 주에 자신의 인생에서 첫 성찬을 받게 된다. 한 사람의 세례와 성찬이 역사적인 순간이 되도록 배치한 것이다.

한 사람이 세례를 통해 교회 공동체의 일원이 되는 걸 환영하며, 소속 공동체 지체들이 세례의 순간을 함께 지켜보며 축복해 준다. 이 순간이 세례받은 이에게는 주님과 동행하기 시작한 첫걸음으로 평생 기억되길 바라면서 말이다.

성찬은 현재 떡과 잔을 돌리는 것으로 형식이 간소화되었지만 신앙의 전통인 성찬을 매월 거행하면서 온 성도가 예수 그리스도의 몸 된 교회이며, 하나의 예배 공동체임을 고백하도록 한다.

특히 매년 성찬용 포도주를 직접 담근다. 1986년부터 성찬 포도주를 자체 제작하여 사용하고 있는데, 이렇게 직접 포도주를 준비하는 데에는 중요한 이유가 있다. 포도주를 짜내는 과정 속에서 예수님의 보혈의 고귀함을 묵상할 수 있기 때문이다. 이 사역을 시작한 류석인 권사는 "포도알 하나가 마치 하늘 보좌를 버리고 이 땅에 오신 주님의 아픔 같습니다. 우리를 위해 십자가를 짊어지셨던 주님의 고통을 포도즙이 끓는 모습에서 발견하게 됩니다. 이 작업을 하면서 많은 분들이 눈물을 쏟으셨습니다"라고 했다.

가을 무렵 교회 식당에서 1년치 포도주를 담그는데 1천 병 이상이 된다. 모든 임직자가 예수님을 생각하며 동참하고 있는데, 이것이 온누리교회의 전통이 되어 계승되고 있다.

또 다른 전통 중 하나는 지금까지 강해 설교의 방식을 택하고 있다는 점이다. 여러 형태의 좋은 설교들이 있겠으나 분명한 것은 설교는 이성적으로 설득하는 것이 아니라, 살았고 운동력 있는 하나님의 말씀이 우리 안으로 들어와 삶이 되어야 하는 것이다. 윤리적 설교가 아닌 복음적 설교여야 한다는 것, 시작도 끝도 언제나 구원의 예수님이어야 한다는 것이다.

이러한 가치에 따라 주일예배만큼은 강해 설교로 하자는 뜻을 이재훈 목사도 계승하고 있다. 하용조 목사의 마지막 설교 본문은 마가복음 9장 2-13절 '변화산에서 생긴 일'이었다. 후임으로 온 이재훈 목사는 하 목사가 마치지 못한 마가복음을 이어서 전했다. 그는 "순전한 복음을 순전하게 전하는 일이야말로 복음을 전하는 자들의 책임"이라고 설명하며 설교는 복음이어야 함을 강조했다. 온누리교회의 모든 캠퍼스가 설교자는 달라도 같은 본문으로 설교를 하고 있으며 말씀으로부터 무엇을 해야 할지를 찾아가도록 하고 있다.

한편, 새벽예배는 큐티 가이드인 〈생명의 삶〉 본문 말씀에 맞춰 진행되는데, 큐티를 중요하게 여기는 온누리교회의 스타일이자 더 깊은 묵상을 돕기 위한 것이다. 새벽예배가 끝난 후에는 카페에서 함께 아침식사를 하며 큐티를 나누는데 이는 온누리교회의 오랜 전통 중 하나이다.

이외에도 은혜를 사모해 찾아온 외국인들을 위한 예배가 신설되었다. 1988년 서울 올림픽을 계기로 국내에 거주하는 외국인이 늘어나면서 그들을 위한 사역의 필요성이 대두되었다. 이에 온누리교회는 시대적 요구에 맞춰 영어예배를 시작했으며, 1990년에는 서빙고 지역에 거주하는 일본 주재원 가족을 중심으로 전도가 이루어지면서 일본어예배도 드렸다. 현재는 중국어, 일본어, 스페인어, 프랑스어, 페르시아어 등 9개 언어권별 예배가 드려지고 있다. 이와 더불어 온누리M미션 산하에 15개의 외국어예배 공동체가 운영되면서 이주민 선교를 위한 예배가 더욱 풍성해졌다.

외국인예배는 단순히 외국인을 위한 예배 공간을 제공하는 것을 넘어, 다양한 문화권의 사람들이 함께 모여 예배하고 교제하는 공동체를 형성하는 역할을 한다. 이는 한국교회가 외국인예배를 시작하는 데 적잖은 영향을 주었고, 외국인사역의 새로운 장을 여는 계기가 되었다.

온누리교회 예배는 이렇게 전통을 소중히 여기면서도 한편으로는 시대적 변화에 따른 요청에 적극적으로 응답하려는 노력을 지속해 왔다. 이재훈 목사는 "하나님의 꿈은 새것처럼 좋은 교회가 아니라 오래된 것처럼 좋은 교회"라고 설명한 바 있다. 오늘날의 교회들이 전통에 대한 고정된 해석을 갖고 있는데 그것을 참된 새로움으로 바꿀 수 있어야 한다고 말이다. 즉 전통은 좋지 않다는 고정된 시각에서 벗어나, 전혀 새로운 형태의 교회가 아니라 오래된 것의 토대 위에 새롭게 나아가야 한다는 것이다. 그런 점에서 온누리교회는 사도행전적 교회 역사가 전통 속에 충분히 있고, 그 안에서 도전하고 실험하는 교회로 나아가는 것을 추구하고 있다.

이것이 온누리교회의 특징으로 자리 잡게 된 데에는 성도들의 성숙한 인내가 중요한 요인이 되었다. 하용조 목사는 끊임없이 도전하고 수정하며 발전시키는 걸 좋아했다. 그는 주님을 위해서라면 천 번도 바꿀 수 있다고 했다. 하나님을 더 깊이 만날 수 있다면 그것을 찾고 두드리며 연구했다.

성도들은 시도 자체를 반대하기보다는 그 결과에서 맺히는 열매를 보고 판단했다. 말씀과 성령 속에서 고뇌하는 목회자를 보며 신뢰감을 가졌고, 자신의 생각과 다를지라도 교회의 방향성과 가치를 따르고자 했다. 따라서 비록 시행착오가 있을지라도 힘을 실어 주었다. 이러한 성숙한 순종이 있었기에 새로운 시도들이 가능했다.

온누리교회가 변화해 온 과정에는 이러한 성도들의 신앙과 리더들의 예배에 대한 뚜렷한 가치관이 있었다. 취향의 문제가 아니라 명확한 목표를 가진 변화였다. 어떤 면에서 성도들의 영적인 갈망을 보았고, 그 마음을 헤아려 보고자 한 도전이었다. 그것을 알기에 자연스럽게 일어난 변화의 물결이었다고 할 수 있다. 왜냐하면 모든 것이 하나님과 성도들을 위해서 시작되었다는 것을 알기 때문이다.

변화 자체를 위한 변화는 유통기한이 짧다. 온누리교회가 40년을 이어 갈 수 있었던 것은 결국 교회가 하나님이 찾으시는 예배에 대한 본질에 집중해서일 것이다. 예배의 변함없는 목표는 예수님이 드러나는 것이며, 예배 안에 하나님과의 깊은 만남이 있어야 한다는 것이다.

모든 것은 그 하나의 목적을 위해서였다. 예배에 방해가 되는 것은 아무리 좋아 보이는 것도 과감히 내려놓을 수 있어야 한다. 특정 세대가 아닌, 모든 세대가 함께 하나님의 임재와 영광을 누리는 예배, 그것이 바로 하나님이 찾으시는 예배이다.

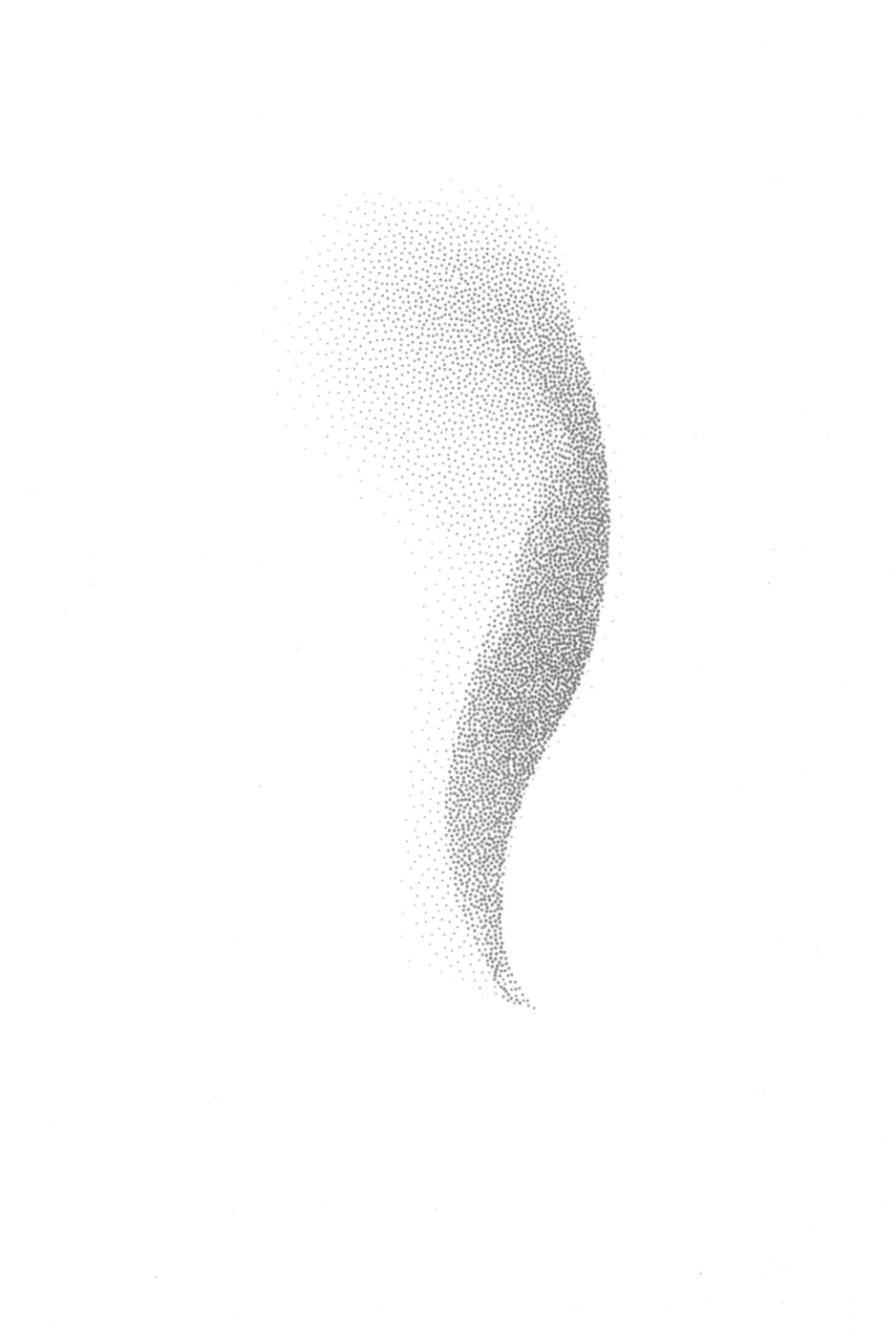

4.
전인적 양육
공동체

성경적 가정을 세우다

이름도 생소한 가정사역이 성공하기까지

"가정이 살아야 교회가 산다."
"가정이 살아야 사회가 산다."

온누리교회는 40년간 이 비전을 두고 가정사역에 많은 노력을 기울여 왔다. 너무도 당연해 보이는 이 슬로건 안에는 더없이 간절한 이유들이 들어 있다.

하용조 목사는 가정사역에 큰 관심을 두었다. 한국교회가 성장과 부흥을 맛보았지만, 어려움을 겪고 있는 이유가 가정이 흔들리고 있기 때문이라고 여겼다. 건강한 가정이 없으면 건강한 교회의 미래도 없다고 보았다. 누군가 이 가정을 지켜야 한다면 그 일에 교회가 나서야 한다고 여겼다.

한국교회 안에 가정사역이라는 개념조차 생소하던 시기부터 두란노서원을 통해 가정생활, 부부생활 세미나 등을 시도하며 성도들이 가정을 배우고, 세우도록 이끌었다. 초창기 성도들은 행복한 가정생활이 무엇인지를 교회에서 처음 배웠다고 고백한다. 전 교인 가정생활 세미나를 들은 김영애 권사는 그제야 결혼생활과 부부에 대해 알아 가는 기회를 얻었다고 했다.

"그동안 말하지 않아서 몰랐어요. 그래서 남편(김영길 장로, 전 한동대 총장)은 나에게 불만이 없는 줄 알았는데 뒤돌아서 한참을 적어 내더라고요. 충격을 받았습니다. 손님이 오면 이것저것 챙겨 주면서 자기랑 밥 먹을 때는 그냥 대충 먹고 때우자고 했던 게 서운했다, 아내는 집에서 맨날 똑같은 잠옷 같은 옷만 입는다고 썼더라고요. 저는 편해서 입었던 것뿐인데…. 그때 부부가 서로의 필요가 무엇인지 알아야 서로의 행복을 만들어 갈 수 있다는 걸 배웠습니다. 그것을 모른 채 자기 마음대로 사는 것도 직무유기라고 하더라고요. 그때서야 정신이 들었습니다. 행복하기 위해 내가 바뀌더라구요."

배운 만큼 성도들의 가정도 달라져 갔고, 하나님이 만드신 가정을 회복하고자 하는 움직임이 시작되었다. 본격적인 가정사역을 하기 위해 16가정이 모였다. 의욕적으로 첫발을 내딛었지만 당시 참고할 만한 자료도 거의 없는 상황이어서 생각처럼 쉽지 않았다. 나름대로의 경험과 지식을 동원해 프로그램을 만들었지만 연기와 취소를 거듭해야만 했다. 이 사역이 제대로 진행될 수 있을지 우려의 목소리도 있었다.

사역 팀은 모든 것을 내려놓고 하나님의 뜻이 무엇인지 다시 물었다. 그때 하나님은 프로그램 이전에 각자 자신의 가정을 먼저 바라보게 하셨다. 사역 팀은 그제야 가정이 회복되지 않은 상태에서 사역을 진행하려 했다는 것을 깨닫게 되었다. 각 가정이 회개하기 시작했고, 자신들이 겪고 있는 가정의 문제를 돌아보며 서로의 상처와 아픔을 나누었다. 초기부터 가정사역을 맡아 온 김성묵 장로와 한은경 권사 부부는 당시 부부관계에서 다툼과 위기를 겪고 있던 상태에서 사역을 하려 했던 것을 고백했다. 서로의 탓만 하던 자신들을 돌아보게 되었고, 가정사역을 준비하는 과정 속에서 이혼의 위기를 극복할 수 있었다고 했다.

이렇게 가정이 회복되자 사역이 앞으로 나아갔다. 이 사역은 성령님의 만지심에서 시작되었고, 그 치유와 회복의 경험이 가정사역의 중요한 토대가 되었다. 그리고 온누리교회 가정사역이 프로그램을 넘어 가정과 교회의 영적 부흥으로 나아가는 길을 열어 주었다.

가정의 회복이 신앙의 성숙으로

이런 과정 속에서 1993년 온누리교회 가정사역을 대표하는 '하나님의 가정훈련학교(하가훈)' 1기가 탄생했다.

하가훈의 핵심은 성경에서 말씀하는 아름다운 가정, 창조의 원리에서 시작된 부부의 역할로 회복되는 것이다. 처음에는 익숙하지 않은 프로그램이라 강의 도중에 밖으로 나가 버리거나, 부부간에 다투는 일도 일어났다. 하지만 일은 성령님이 하셨다. 한 주 두 주 진행되면서 참가자들의 태도와 관계가 변화되어 갔고, 조금씩 서로에 대한 이해와 용서의 마음을 갖게 되면서 갈등도 해소되어 갔다. 특히 매주 진행된 세족식에서는 부부가 서로의 발을 씻겨 주며 뜨거운 눈물과 회개가 쏟아졌다. 그토록 어렵던 용서와 화해가 일어나는 역사를 경험하는 자리였다. 하나님 앞에서 했던 새로운 결단은 성도들의 가정에 큰 변화를 가져왔다.

하가훈의 장점은 부부 대화, 자녀 양육, 재정 관리 등 부부생활 중에 겪는 다양한 문제들을 성경적 관점으로 바라보며 하나님이 세운 가정의 본질을 이해하고 배울 수 있다는 것이다.

한 부부는 자녀교육 문제로 늘 다투었고, 심각한 갈등을 겪고 있었다. 대화는 항상 다툼으로 끝났고, 부부 사이의 갈등은 자녀에게도 그대로 전해졌다. 자녀를 위한다고 했던 일들이 오히려 자녀를 불안으로 내몰았다. 희망이 보이지 않던 부부는 하가훈을 통해 자녀 양육에 대한 성경적 가르침을 들은 뒤, 처음으로 자신들의 생각을 내려놓고 자녀를 어떻게 양육할 것인지에 대해 함께 기도했다. 프로그램이 끝날 즈음엔 놀랍게도 자녀와의 관계도 완전히 회복되었다. 하가훈은 이렇게 영적 회복에 초점을 맞추고 신앙의 토대 위에서 가정을 어떻게 세워 갈지를 알게 해준다. 단순히 부부 갈등을 해결하는 차원이 아니라 하나님의 다스림 아래서 살아가겠다는 결단으로 이어진다.

무엇보다 서로의 감정을 솔직하게 나누고 상대의 이야기를 경청하는 훈련을 받는다. '내가 아닌 너의 입장에서 생각해 보기'이다. 대화의 기술을 넘어 상대의 고통을 이해하고 상대의 시각에서 상황을 다시 이해하는 훈련이다. 어느 부부는 서로에게 준 상처의 무게를 알았을 때, 눈물로 용서를 구하고 하나님 앞에서 회개의 시간을 가졌다. 나아가 잃어버렸던 신앙을 회복하고, 선교사로까지 헌신하게 되었다. 오랜 시간 쌓아 온 마음의 응어리들이 풀리는 순간, 하나님이 주신 사랑을 통해 신앙도, 관계도 새로워짐을 경험한 것이다.

이처럼 가정사역을 통해 부부 갈등과 이혼 위기에서 벗어나는 수많은 이야기가 켜켜이 쌓였고, 지금도 성령님 안에서 기적과 같은 회복의 역사가 일어나고 있다. 특히 온누리교회 가정사역이 성공적으로 정착할 수 있었던 것은 참여한 부부들이 서로 공감대를 형성하며 공동체로 나아갔다는 점이다. 배운 교훈과 감동을 실제 생활에서 지속적으로 적용하고 이어 가기 위해 프로그램을 수료한 가정들이 함께 모여 성장할 수 있는 가정사역 공동체를 탄생시켰다. 공동체는 수료 이후에도 연결되어 서로 격려하며 신앙적 여정을 함께 걸어갈 수 있도록 돕는 장이 되었다.

치유는 곧 부르심으로

이러한 온누리교회 가정사역은 여러 방면으로 확대되어 갔다. 그중 하나가 '젊은부부학교'이다. 결혼 5년 미만의 부부들의 이혼율이 가장 높다고 한다. 교회와 사회의 근간이 되어야 할 젊은층의 가정이 무너지고 있다는 사실은 매우 안타까운 일이다. '젊은부부학교'는 가정생활과 사회생활을 동시에 시작하는 젊은 부부들을 돌보고 이들이 아름다운 가정생활을 맛볼 수 있도록 돕고자 시작됐다. 처음에는 신혼부부를 위한 소규모 모임으로 시작했지만 시간이 흐르면서 아이가 있는 젊은 부부도 참여했다.

현실적인 어려움과 갈등을 솔직하게 나누며 공감대가 형성되자 자연스럽게 치유로도 이어졌다. 이후 결혼한 지 12년 이하의 좀 더 넓은 연령대까지 아우르며 다양한 부부 문제를 나누는 공동체가 되었다.

특히 어린 자녀를 돌보느라 프로그램에 온전히 집중하기 어려운 경우가 많은데, 이를 고려해 자녀들을 위한 신앙교육 프로그램을 함께 제공하고 있다. 부모와 함께 온 자녀들에게 말씀 암송과 신앙생활에 대해 가르치는 것인데, 이를 통해 그들 안에 신앙의 씨앗을 심고 있다. 이렇게 자녀 돌봄 문제를 해결해 주면서 부모가 신앙 성장에 집중할 수 있는 여건을 마련한 것이 사역이 정착할 수 있었던 주요 요인 중 하나였다.

가정사역은 홀로 깊은 상처와 아픔을 이겨 내고 있는 이들에게로 나아갔다. 이혼자나 별거 중인 이들을 돕는 '드림어게인(DREAM AGAIN)'이나 사별한 여성들을 위한 모임인 '러브마이라이프(LOVE MY LIFE)'는 이들이 상처를 딛고 새 삶을 살아갈 수 있도록 돕고 있다. 상실감과 두려움을 극복하고 하나님의 사랑과 위로를 경험하면서 다시 살아갈 힘을 얻도록 안내한다.

특별히 온누리교회 가정사역의 가치는 프로그램에 참여했던 이들이 봉사자로 다시 참여한다는 데서 빛을 발한다. 회복된 가정들이 개인의 변화를 넘어서 다른 가정을 돕는 일에 헌신하는 것이다. 또한 섬김에 그치지 않고 리더와 전문 사역자로 성장해 교회와 사회에 중요한 일꾼으로 세워진다. 실제로 많은 이가 상담과 치유, 신학 등 전문 분야를 공부하고 사역자로 성장했다. 이는 교회에 선한 영향력을 끼치고, 가정이 교회와 사회 속에서 하나님의 복음을 전하는 중요한 통로가 될 수 있게 했다. 이처럼 회복이 또 다른 회복으로 발전했다.

온누리교회 가정사역 프로그램은 현재 전 세계 50여 개국에서 진행되고 있다. 오늘도 무너진 수많은 가정이 하나님 안에서 회복과 변화를 경험하고 있다.

건강한 가정은 곧 건강한 교회와 사회의 기초가 된다. 온누리교회의 가정사역은 교회를 넘어 더 많은 곳에서 하나님이 만드신 가정이 회복되기를 꿈꾼다. 그 회복된 가정이 교회와 사회 속에서 하나님의 사랑을 전하는 아름다운 통로가 되기를 말이다. 그러므로 가정은 행복해야만 한다.

아버지가 살아야 가정이 산다, '두란노아버지학교'

주님! 제가 아버지입니다

"나는 어떤 아버지인가?"
"나는 어떤 남편인가?"

1995년, 이 땅의 수많은 아버지들 사이에서 뜨거운 눈물로 가슴을 치는 참회 운동이 일어났다. 대한민국 가정에서 아버지는 절대적인 존재였다. 때문에 가정이 살려면 그 누구보다 아버지가 살아나야 했다.

당시 급격한 사회 변화 속에서 많은 아버지가 가정 안에서 위기를 겪고 있었다. 전통적인 가족의 구조가 사라져 가면서 가정은 무너지고 과거와 달리 아버지의 역할은 점점 약해져 갔다. 이런 아버지들을 위한 특별한 사역이 필요했다.

일찍부터 가정사역에 심혈을 기울여 온 온누리교회는 아버지들의 회복에 주목했다. 가정의 중심이던 아버지가 새로워진다면 분명 교회와 사회가 달라질 것이라 믿었다. 이 믿음에서 '두란노아버지학교'가 시작되었다.

황은철 목사가 온누리교회 부목사로 부임했을 당시 아내 도은미 사모는 가정사역 전문가로 활동하고 있었다. 그 무렵 미국에서는 '프라미스 키퍼스(Promise Keepers)'라는 남성 중심의 가정사역 프로그램이 큰 인기를 얻고 있었는데, 도은미 사모는 이 프로그램에서 영감을 받아 한국적 상황에 맞춘 두란노아버지학교(이후 아버지학교)를 만들었다.

그리고 이 사역은 당시 온누리교회 안에서 가정사역을 하던 김성묵 장로(초대 두란노아버지학교 이사장)와 한은경 권사의 주도 아래 본격적으로 진행되었다. 당시 집사였던 김성묵 장로는 자신이 제일 먼저 아버지학교 1기에 등록하며 맡겨진 이 사역을 어떻게 해 나가야 할지 고민했다.

처음 시작은 그리 주목받지 못했다. 초창기 프로그램은 평일 저녁에 진행했는데 직장을 마친 남자들 몇몇이 모여 세미나처럼 시작했다. 비록 소수의 인원이지만 생전 처음 이런 학교에 온 남자들은 자유롭게 자신들의 삶을 나누는 이 시간을 너무도 행복해했다. 다만 시간이 짧아 아쉬워하는 이들을 위해 좀 더 깊이 있는 나눔이 가능한 토요일로 시간을 옮겼다.

모처럼 쉬는 날 누가 올까 스태프들은 걱정이 많았다. 정말로 사람들은 오지 않았다. 여기저기 교회들을 돌아다니며 홍보를 해도 당시 한국교회 안에서조차 아버지들의 상황에 대해 크게 관심을 두지 않았다. 무엇보다 남자들을 한자리에 모은다는 것이 쉽지 않았다. 문을 연 지 얼마 안 되었는데 폐교를 고민할 상황이었다. 팀장을 맡은 김성묵 장로는 그래도 포기하지 않았다. 찾아온 아버지들에게서 이 학교를 해야 할 이유를 보았기 때문이다.

계속 기도하고 연구하며 자리를 지켰다. 그는 지금껏 없던 가정사역의 새로운 모델을 제시하고 싶었다. 김 장로 부부는 해오던 사업체까지 접고 이 사역에 헌신했다. 온누리교회 역시 성도가 시작한 이 사역을 적극 지원하고 협력했다.

그러자 점차 〈생명의 삶〉에 실린 광고를 보고 찾아오는 이가 생겼고, 물어물어 찾아온 아버지들이 모이기 시작했다. 그리고 얼마 후 대한민국에 아버지학교가 간절히 필요해진 시기가 찾아왔다.

1997년은 IMF 외환위기를 겪으면서 많은 아버지가 직장을 잃고 방황하던 시기였다. 그 시절 우리의 아버지들이 감당해야 했던 삶의 무게는 너무 무거웠다. 힘겨운 시간을 견뎌야 하던 그때, 아버지학교의 문을 두드리는 사람들이 급격히 늘어났다. 특히 2000년 5월, KBS 〈추적 60분〉에 아버지학교가 소개되면서 사회적 관심을 받기 시작했고 이후 여러 방송과 언론이 앞다투어 보도를 했다. 이를 계기로 여러 교회와 단체에서 아버지학교에 대한 문의가 쇄도했다.

당시 아버지학교는 쉽게 볼 수 없던 우리네 아버지들의 눈물이 가득한 자리였다.

"주님, 제가 아버지입니다!"

아버지들의 뜨거운 회개와 고백들이 전해지자 아버지학교는 대한민국 전역으로 확산되었다. 이를 통해 전국 곳곳에서 아버지들이 살아나기 시작했고, 수많은 가정이 회복되었다.

사람들의 관심은 점점 더 뜨거워졌다. 아버지학교가 세상에 알려지자 신청자 수가 폭발적으로 늘어났다. 이에 2007년 '사단법인 두란노아버지학교운동본부'로 독립 전환해 사역을 본격화했다. 전국적으로 조직망이 생겼고, 이 사역을 돕기 위해 거점 도시마다 수많은 성도 사역자들이 세워졌다.

아버지학교는 이론과 지식이 아니었다. 적용과 실천으로 회복되는 삶이었다. 아버지 역시 자신의 부모로부터 받은 영향을 자녀에게 고스란히 전할 수밖에 없는 존재였다. 그렇다면 이제부터라도 나는 아버지로서 자녀에게 어떤 유산을 물려줄 것인가?

아버지들은 예수 그리스도 안에서 얼마든지 달라질 수 있다는 희망을 품었다. 자신을 돌아보고, 왜곡되고 어그러진 남성 문화를 짚어 보면서 아버지와 남편으로서의 사명과 영적 리더로서의 역할에 대해 새로운 마음을 갖게 되었다. 진정한 남성성의 회복은 아내와 사랑으로 연합할 때 이루어지며, 아버지는 자녀에게 삶의 지표가 되는 중대한 위치에 있음을 깨달았다. 이렇게 아버지학교는 남성들에게 새로운 도전을 주며 남편으로서 아내와의 관계를 돌아보고, 부모로서 자녀를 대하는 자세를 다시 점검하게 했다. 그러는 동안 아버지들은 스스로도 믿어지지 않을 만큼 이전과는 완전히 달라진 아버지로 새롭게 출발했다.

아버지학교 소식이 퍼지자 교도소에서도 아버지학교를 열어 달라는 요청이 있었다. 여주 소망교도소에서 처음으로 교도소 아버지학교가 열렸는데 봉사자들이 세족식을 진행하기 위해 교도소에 들어가는 진풍경이 연출되기도 했다. 무엇보다 아버지학교를 하고 난 뒤 수감자들의 갈등도 눈에 띄게 줄었고, 모범적인 수감 태도를 보이면서 2013년 법무부가 수형자 집중 인성교육 프로그램으로 두란노아버지학교를 선정했고 현재도 전국 44개 교정기관에서 열리고 있다.

해외에서도 아버지학교에 대한 관심을 갖기 시작했다. 아시아를 시작으로 유럽까지 지경이 넓어졌고, 2004년에는 LA 두란노에 미주운동본부를 세우고 미국뿐 아니라 남미 등에 아웃리치 팀을 파송해 아메리카 대륙 전 지역에 아버지학교를 전했다. 특히 타인에게 절대 자신의 속내를 내보이지 않는다는 일본인 아버지들조차 눈물을 흘리며 변화를 경험하는 일이 일어났다. 동경아버지학교 수료식에서는 참석자들이 무릎을 꿇고 조상들의 잘못을 용서해 달라고 사죄하는 일도 있었다.

이렇게 해외 아버지학교는 한인 교회에서 시작해 점점 현지인들을 위한 프로그램으로 자리 잡았다. 현재 하나님이 이끄신 기적 속에 수료 인원 44만 명이 넘었고, 전 세계 77개국 311개 도시에서 대표적인 남성 교육 기관으로 자리매김하고 있다.

한편으로는, 좀 더 많은 세상의 아버지들을 위해 기독교적 색채를 드러내지 않고 진행하는 비신자를 위한 '열린아버지학교'도 시도했다. 아버지학교가 리더십과 기업 문화 발전에 도움이 된다는 공감대가 형성되자 공무원과 기업들 사이에서 직원 교육 프로그램으로 인기를 끌었다. 또한 군 복무 중에 가정이 깨어지는 병사들과 군 생활에 적응하지 못하는 신세대 미혼 장병들을 위해 '국군예비아버지학교'도 열렸다.

아버지들의 요청으로 시작된 '어머니학교'

이렇게 아버지들이 변화되자 자연스럽게 어머니학교에 대한 관심으로 이어졌다. 어머니학교는 뜻밖에도 여성들의 요구가 아닌 아버지들의 요청으로 시작되었다. 가정의 변화는 아버지 혼자만이 아닌 함께여야 한다는 것을 깨달은 아버지들이 아내도 함께 배우길 원했다.

1998년에 문을 연 어머니학교는 시작부터 뜨거웠다. 입소문을 타고 많은 여성이 찾아왔다. 비기독교인을 위한 '열린어머니학교'뿐만 아니라 특수한 상황에 놓인 여성들을 위한 맞춤형 프로그램까지 개발되어 더 많은 어머니에게 다가갈 수 있었다.

어머니학교는 어머니와 아내로서 감당해야 할 역할에 대한 성경적 성찰과 실천적 지침을 제공하고 있다. 이런 어머니학교 역시 빠르게 확산되어 한국을 넘어 37개국에서 운영되고 있다. 특히 선교지인 이슬람권에서 어머니학교를 통해 여성들이 변화하고 있다는 사실은 무척 고무적이다. 어머니학교는 2016년부터 '사단법인 더생명나무 두란노어머니학교'라는 이름으로 진행되고 있다.

그동안 아버지학교와 어머니학교는 한국과 세계 곳곳에서 건강한 가정 문화와 가정 회복의 통로로 그 역할을 감당해 왔다. 특히 성경적 가치를 일깨우고자 교회에서 시작된 사역이 사회적인 큰 관심과 변혁을 일으키며 범세계적인 가정회복운동으로 확산되었다는 점에서 큰 의미가 있다. 또한 성도가 시작한 사역을 교회가 장려하고 확장시킨 한국교회 내 모범적인 사례라고 할 수 있다.

하나님은 분명 우리의 가정이 회복되길 원하고 계신다. 그것은 가정을 만든 분의 분명하고 변함없는 뜻이다.

좋은 아버지와 어머니, 존경받는 남편과 아내가 되고자 오늘도 이 땅의 많은 아버지와 어머니가 찾아온다. 하나님 앞에서 아비 됨과 어미 됨, 배우자 됨을 고한 이들이 오늘도 그 이름에 합당하게 살아갈 수 있기를 바라면서 말이다.

Ministry for Women, '여성사역'

'사역'이 아닌 '여성'에 집중하다

어느 날 삶에 지치고 힘든 여성들이 하나님 앞에 기도하고 싶고, 마음을 나누고 싶어 모였다. 어디 가서 속 시원히 자신의 이야기를 털어놓을 데가 없었다. 두세 사람이 모여 서로의 이야기를 들어주고, 등을 두드려 주며 함께 기도했다. 모일 때마다 큐티를 하고 말씀이 주는 위로를 서로 나누었다. 그 기도와 말씀이 너무도 힘이 되어 갈급함을 따라 물어물어 찾아온 여성들이 삼삼오오 모이기 시작했다. 그곳엔 아내, 어머니, 딸의 무게를 내려놓고 쏟아 낸 눈물들이 가득히 고였다.

그러자 이 모임이 '큐티나눔방'이라는 이름으로 들불처럼 번져 나갔다. 장소도 지역도 사람들도 다 달랐다. 누가 시킨 것도 아닌데 자발적으로 모였고, 자고 나면 또 어디선가 새롭게 만들어지고 자라났다. 저녁에 모이는 정식 순예배가 아니었다. 잠시 짬을 낸 낮에 함께 큐티를 하고 기도했는데, 동네 엄마들도 아이를 들쳐 업고 문을 두드렸고, 다른 교회 성도들도 소식을 듣고 찾아왔다. 위로받은 누군가는 또 힘든 누군가를 그 자리로 데리고 왔다. 그곳에서 이전에 경험해 보지 못한 놀라운 회복이 일어났다. 1999년 이 땅의 여성들의 마음을 어루만지길 원하시는 성령님의 역사가 이렇게 시작되고 있었다.

큐티나눔방이 커지자 세워진 순장들을 한자리에 모았는데 서빙고 본당을 가득 채울 정도가 되었다. 그날 모인 사람들 모두 깜짝 놀랐다. 이 정도일 줄은 아무도 몰랐다. 그동안 이토록 많은 여성이 말씀을 묵상하며 기도하고 있었다니! 이때부터 교회 차원에서 여성사역이 반드시 필요하다는 확신을 갖게 되었다.

2천 년 새로운 밀레니엄을 맞이하면서 교회 안에 여성들을 세워야겠다는 목회적 결단 속에서 본격적인 사역의 물꼬가 트이기 시작했다. 그때까지만 해도 여성들을 위한 조직이나 순이 따로 있지 않았다. 주로 교회마다 여전도회 또는 여선교회라는 이름으로 연령이나 지역별로 나뉘어 봉사나 전도, 구제 등의 교회 사역을 하고 있었다. 온누리교회도 초창기에는 이런 구조를 따랐다. 그러나 자칫 불필요한 경쟁 구도를 만들 수도 있다는 우려 때문에 남녀 전도회 등의 조직을 모두 없앴다. 더구나 온누리교회는 남성 리더십을 세우겠다는 분명한 목회 철학이 있던 터라 여성 리더십이나 조직이 세워져 있지 않았다.

그러나 큐티나눔방이 뜨겁게 일어나자 이를 계기로 목회적 방향성에 새로운 변화가 생겼다. 여성사역이라는 이름으로 교회 안에 여성들을 대상으로 하는 예배와 조직이 생기고 여성 리더십이 세워지게 되었다.

온누리교회의 여성사역은 한마디로 여성을 위한 사역이다. 여전도회나 여선교회처럼 열심히 교회를 위해 일하고 섬기라는 뜻으로 만들어진 조직이 아니다. 그렇다고 여성 해방 운동이나 페미니즘을 외치는 것도 아니다. 오직 하나님의 형상으로 회복된 여성들이 성경적 정체성을 가지고 가정과 교회, 사회에 이르기까지 본연의 아름답고 선한 여성의 영향력을 발휘하도록 돕고자 하는 것이다.

온누리교회의 여성사역이 다른 여성사역들과 근본적인 차이점이 있다면, 여성들이 교회를 위해 섬기는 'Women for Ministry'가 아니라,

교회가 여성들을 섬기는 'Ministry for Women'이라고 할 수 있다. 사역을 위해 모인 것이 아니라 말씀으로 회복되는 여성들이 먼저라는 점이다.

'어떻게 하면 교회가 여성들을 위로하고, 회복시키며, 가진 은사대로 맡겨진 사명을 꽃피우게 할 수 있을까?' 여성들이 예수님을 만나 더 행복하기를 바라고, 말씀 안에서 더 건강하게 세워지기를 소망했다.

여성사역의 특징 중 하나는 여성을 위한, 여성에 의한, 여성들의 사역이라는 점이다. 여성사역을 맡는 목회자도 모두 여성이다. 여성사역의 목회자는 대부분이 평신도부터 시작한 사역자들이라 성도들의 눈높이를 누구보다 깊이 알고 있었다. 성도로서 교회를 사랑하고 교회의 목회 방향을 따라 순종하며 훈련받은 그들이 리더로 세워졌다. 현재 온누리교회 여성사역을 담당하고 있는 대부분의 여성 목회자는 훈련받은 온누리교회 출신들이다. 이런 점도 여성사역의 매우 독특한 점이라고 할 수 있다.

소그룹으로 진행되는 큐티나눔방은 지금도 소중한 역할을 감당하고 있다. 신앙생활을 중단했던 사람들이 모임에 들어와 영적인 회복과 도전을 얻고 다시 교회에 출석하는가 하면, 교회에 등록한 지 얼마 안 되는 새신자들이 자연스럽게 교회 안에 적응하는 데 좋은 통로가 되고 있다. 가정에서 어려움을 겪거나 신앙생활에서 시험에 들 때도 말씀으로 극복하며 도움을 얻고 있다. 이로 인해 위기의 여성들이 가정과 삶에서 회복되는 역사들이 일어나고, 기도의 영역이 넓어지며 하루에 두세 시간씩 기도하는 중보자들이 되기도 한다. 무엇보다 같은 여성으로서 느끼는 감정과 다른 곳에서 나누기 어려운 문제들을 서로 이해하며 말씀 안에서 삶의 의미를 찾아가는 것이 큰 장점이라고 할 수 있다.

이브에서 마리아로(Eve2Mary)

이러한 놀라운 치유와 회복의 역사를 기대하며 여성들을 위한 맞춤예배가 만들어졌다. 이전에도 수요일 오전 예배는 드려지고 있었는데 대부분 참석자들이 여성들이었다. 때문에 여성사역을 시작하면서 수요 오전 예배를 '수요여성예배'로 이름을 바꾸고 여성사역의 중요한 구심점으로 삼았다.

여성들은 평일, 남편 출근과 아이들 등교를 마친 비교적 자유로운 시간에 찾아와 온전히 예배에 집중한다. 특히 신앙생활을 방해받는 여성들은 주일예배를 대신해 수요일 오전에 나와 눈물로 예배를 드린다. 사람들의 시선 때문에 마음 놓고 울지 못하던 여성들은 이 여성예배에서만큼은 마음껏 통곡하며 눈물을 쏟아 낸다. 주일예배 때 아내가 울면 남편들은 자기가 무슨 잘못을 한 줄 안다고 눈치를 주기도 하니, 아내들은 수요여성예배에 와서 운다. 그래서 여성예배에 올 때는 마스카라나 짙은 화장을 하지 말라는 이야기가 있을 정도이다. 그만큼 많은 눈물의 간증이 담겨 있는 더없이 뜨겁고 간절한 예배의 자리이다.

수요여성예배는 설교 주제나 찬양, 예배 인도자 모두 여성들을 위해 기획되고 여성들에 의해 진행된다. 특히 예배 가운데 선포되는 말씀은 여성들을 위한 특화된 메시지들이 전해지면서 여성들에게 큰 변화를 일으키고 있다.

많은 교회가 여성예배에 관심을 갖고 프로그램을 배우러 찾아온다. 그때마다 사역자들이 하는 말이 있다.

"우리의 예배가 그렇게 다르지는 않습니다. 다만 다른 것이 있다면 우리는 여성들을 정말로 사랑합니다. 어떻게 해서라도 여성들이 건강하고 행복하게 살아가도록 도와줘야겠다는 생각뿐입니다. 중요한 건 프로그램이 아니라 여성들을 향한 마음입니다."

수요여성예배는 이러한 마음으로 지금까지 드려지고 있다.

온누리 여성사역이 추구하는 비전 중 하나는 '이브에서 마리아로(Eve2Mary)'이다. 돕는 배필로 세워진 이브가 사탄의 유혹에 빠져 죄가 세상에 들어왔다. 이브의 영향력은 자신만이 아니라 곁에 있던 아담까지 타락시켰고 이 세상을 죄로 물들였다. 그것이 우리가 태어날 때의 정체성이다. 그러나 신약에는 하나님의 음성에 순종한 여인 마리아가 등장한다. 그를 통해 예수 그리스도가 태어났다. 성경적 정체성을 회복한 여성은 죄의 통로가 된 이브에서 생명의 통로가 된 마리아로 변화된 것이다.

2005년 이 새로운 정체성을 선포하며 '이브에서 마리아로(Eve2Mary)'를 열었을 때, 여성들은 질문했다. 그렇다면 마리아로 변화된 여성은 이제 어떻게 살아야 하는가? 이 질문 속에서 '마리아행전'이 시작되었다. 매년 6월에 열리는 마리아행전은 개인적으로 하나님과 만나는 골방에서 일어나 예수님의 마음을 품고 세상으로 나아가 사도행전 29장을 써 나가는 마리아가 되자는 뜻에서 시작되었다. 옥합을 깬 마리아처럼, 예수님의 부활을 제일 먼저 전한 마리아처럼, 예수님을 따르며 증거하겠다는 결단이다.

민족과 열방을 위해 기도하는 마리아들

마리아행전 축제를 하고 난 뒤, 여성들은 모이는 집회에서 끝나서는 안 된다는 것을 깨달았다. 행전이라면 방향성과 운동성이 있어야 하지 않겠는가. 2010년부터 마리아행전은 나라와 민족을 위한 여성기도부흥 운동으로 새롭게 진행되었다.

마리아행전에는 매년 수천 명의 여성이 함께 모여 나라와 민족, 교회와 열방을 위해 기도한다. 첫해인 '리멤버(REMEMBER)' 대회에서는 이 땅에 복음이 들어온 시기에 차별과 억압 속에서도 복음을 전했던 여성들의 영성을 기억하며 기도했다. 또한 성경에서 회개할 때 재를 뒤집어쓰고 하나님 앞에 나아가듯, 참석한 모두가 흰색과 검은색 옷을 입고 기도하며 나아갔다. 그리고 점심으로 주먹밥을 먹으며 전쟁의 폐허 속에서도 기도했던 역사를 떠올렸다. 이날은 교회가 담을 헐고 다 같이 나라를 품고 기도하는 축제가 되었고, 이것이 마리아행전의 정체성이 되었다.

이후 마리아행전에서는 영역별로(나라와 민족, 북한과 통일, 정치, 경제, 문화, 교육, 미디어, 가정, 교회) 악순환의 고리를 끊는 기도를 이어 갔다. 기도 제목을 적은 책자를 성도들에게 배포해 마리아행전이 끝난 후에도 다음 만남까지 1년 동안 매일 기도하도록 했다. 개인의 기도 영역에만 머물러 있던 성도들이 이웃으로 열방으로 기도의 지경이 확대되어 갔다.

더욱 감동적이었던 것은 마리아행전이 기도운동으로 결정되었을 때, 당시 오래전부터 나라를 위해 기도하던 권사님들이 있었고, 그분들이 교회 안에서 이런 일이 일어나기를 수년 전부터 기도하며 기다리고 있었다는 것이다. 자신들의 오랜 기도가 응답되었다며 더없이 기뻐했다.

이렇게 기도는 처음부터 여성사역의 가장 중요한 기초가 되었다. 교회의 여러 사역을 위해서 기도가 필요하다는 성령님의 강력한 인도하심을 따라 여성사역 팀 안에 중보기도 헌신자들이 세워졌다. 성도들이 기도 제목을 적어 교회 곳곳에 비치된 중보기도함에 넣으면 매일 그 기도 제목을 놓고 8시간 릴레이로 기도를 이어 간다. 이름도 얼굴도 모르는 성도의 기도 제목을 읽고 뜨겁게 눈물로 기도하는 중보자들의 마음은 곧 우리를 위해 중보하시는 예수님의 마음이다. 매주 드려지는 예배와 사역자들을 위해, 교회의 비전을 위해 기도하는 권사들의 기도도 멈추지 않고 있다.

이러한 여성사역의 기도는 골방에서 열방으로 이어졌다. 선교에 대한 마음을 품고 기도하는 여성들이 모였고, 무릎기도 선교사라는 이름으로 각 캠퍼스에서 열방을 향한 중보기도의 용사로 일어났다. 중보자들은 젊은 여성부터 90세가 넘는 어르신에 이르기까지 다양하다. 하나님 나라의 회복을 위해 무릎으로 기도하는 여성사역의 하나로 자리하고 있다.

엄마의 영성으로 써 가는 마리아행전

온누리교회 여성사역은 한국의 가부장적인 유교적 전통 속에서 차별과 억압을 겪던 과거의 상처에서 벗어나 하나님의 형상을 회복하고 성경적인 여성 정체성을 갖는 데 그 목적을 두고 있다. 하나님이 사랑하시는 존귀한 존재로서 여성을 향한 창조 목적을 깨닫는 것이다.

하나님은 여성을 창조하실 때 특별히 '돕는 배필'이라는 역할을 주셨다(창 2:18). 돕는 배필이란 '동등한 위치에 서 있는'이란 뜻이다. 동등한 존재로서 서로를 나란히 마주보는 것이다. 하나님은 남자와 여자를 하나님의 형상을 따라 창조하셨고, 남자의 동등한 짝으로 여자를 주셨다. 다만 역할이 다를 뿐이다.

이러한 올바른 여성의 역할과 정체성을 깨달을 때 그 부르심의 사명을 따라 하나님의 자녀로 어떻게 살아야 하는지에 대한 분명한 목적과 방향성을 가질 수 있다.

하나님은 여자와 남자가 함께 하나님의 나라를 세워 가도록 창조하셨다. 남자에 대해 의존적이거나 경쟁하거나 지배하려는 왜곡된 모습에서 벗어나기를 바라신다. 오직 말씀 안에서 하나님이 사랑하시는 존귀한 나를 발견하기를 바라시며, 그럴 때 여성은 진정한 아름다움을 소유하게 된다.

그것을 이끄는 것은 '엄마'의 영성이다. 엄마는 고통 가운데 자녀를 낳고 젖을 먹이며 돌본다. 엄마로서의 여성은 자신의 몸으로 생명을 생산하며, 사랑으로 모든 것을 내어주는 공급자요, 기르는 양육자이다. 이는 아낌없이 자신을 내어주고 십자가에 달려 돌아가신 예수 그리스도의 사랑을 닮았다. 그 엄마의 영성으로 말씀을 나누고 기도하며, 함께 울고 기뻐하는 사랑의 공동체를 꿈꾸고 있다.

시대의 변화는 여성들의 삶에도 많은 변화를 가져왔다. 오늘날 많은 여성이 전업주부가 아닌 직업을 가진 커리어우먼으로 살고 있으며, 자녀를 갖지 않거나 독신을 선택하기도 한다. 경력 단절을 이유로 육아를 부모에게 맡기는 경우도 많아, 결혼한 자녀를 둔 어머니들은 손주 돌봄이라는 새로운 육아를 시작하고 있다. 이혼이나 사별의 경험을 한 여성이 늘어나고 있으며, 노인 여성 비율도 점차 증가하고 있다. 이러한 흐름 속에서 여성사역의 방향도 새로워져야 할 시기가 왔다. 일터 여성과 자녀들을 고려하면서, 디지털 시대에 온라인과 오프라인을 포함한 다양한 올라인(All-Line)사역으로 영적 돌봄과 섬김의 사역이 그 어느 때보다 필요하다. 온누리교회 여성사역도 이런 흐름에 시선을 놓치지 않고 그에 발맞추어 나가고 있다.

초창기부터 지금까지 여성사역의 두 기둥은 말씀과 기도였다. 이것은 시대가 변해도 달라질 수 없는 방향성이다. 21세기에도 여성은 여전히 중요한 역할을 감당할 것이다. 세상이 급변하고 있지만 본질과 사명은 변할 수 없다. 언젠가 하용조 목사가 권사들을 모아 놓고 한 이야기가 있다.

"남자가 머리라면 여자는 목입니다. 머리는 늘 목이 돌리는 대로 돌아갑니다."

여성의 역할이 얼마나 중요한지를 우회적으로 설명한 것이다.

자신이 누군지를 알았을 때 엄청난 힘이 생긴다. 여성사역은 출발부터 '한 여성이 변하면 세상이 변한다'는 비전으로 시작되었다. 예수 그리스도의 속성을 닮은 엄마의 영성을 가진 이들이 오늘도 하나님이 만드신 가정과 교회와 열방을 향해 나아가는 마리아행전을 쓰고 있다. 이것이 하나님께서 여성을 부르신 이유이다.

기쁨의 사역이 되다, '회복사역'

아픔이 있다면 교회가 짊어져야 한다

40대의 한 자매는 시댁의 핍박과 남편과의 불행한 결혼생활 끝에 이혼을 했다. 치유되지 못한 깊은 외로움과 거절감 속에서 생계를 이어 가다가 극심한 우울증과 공황장애에 빠졌고, 수차례 자살 시도도 했다. 그녀는 마지막으로 온누리교회 회복사역 팀에 도움을 요청했고, 소그룹에 참여하면서 비참하기만 했던 자신의 인생을 새롭게 바라보기 시작했다. 그리고 하나님 안에서 자신이 얼마나 사랑받는 자인지를 깨달았다.

> "10년 만에 처음 느끼는 감정입니다. 늘 허무하고 거절감으로 작아지기만 하던 제가 주님으로 인해 삶의 의미를 발견하게 되었습니다."

회복은 모든 사람이 소망하는 일이다. 그것은 세상 속에서 하나님의 형상을 잃고 살아가는 우리를 향한 하나님의 간절한 바람이기도 하다. 하나님을 만난 사람은 반드시 회복이 일어난다. 그 하나님에게로 인도하는 것이 온누리교회의 회복사역이다.

하용조 목사는 걸어 다니는 종합병원이라고 불릴 만큼 평생 육체의 연약함을 가지고 있었다. 그런 그는 늘 고통받는 이들에 대한 마음을 품었고, 그의 설교에는 주님의 위로와 회복의 메시지들로 가득했다. 교회가 세상의 희망이 되길 바란 그의 소망 가운데는 치유와 회복에 대한 오랜 꿈도 있었다. 그것이 바로 교회가 해야 할 역할 중 하나라고 여겼다.

"교회에는 아픈 사람이 너무 많습니다. 의사와 약의 도움도 받아야 하지만 교회에 치유사역자가 많아서 기도받고 살아나는 사람들이 많아지기를 기도합니다. 우리는 교회도 돌봐야 하지만 교인을 먼저 돌봐야 합니다. 서로를 돌보면 아픔이 2분의 1로 줄어들고, 다시 돌보면 4분의 1로 줄어듭니다."

이러한 치유와 회복사역은 이미 교회 창립 이전부터 하 목사의 비전 속에 있었다. 1980년대 중반부터 두란노서원과 협력해 가정상담연구원과 정신건강상담실을 개설하는 등 당시 다른 교회들이 관심을 갖지 않던 가정사역과 상담사역을 시작했다.

온누리교회는 교회가 해야 할 일이 무엇인지에 대해 끊임없이 고민했다. 대형 교회로 성장했지만 건강한 교회로 나아가기 위해서는 시대의 아픔을 교회가 짊어져야 한다고 보았다. 그것은 신체적 아픔뿐 아니라 정서적·정신적·영적 아픔을 겪는 성도들의 전인적 회복을 돕는 일이었다. 이는 단순히 병원이나 어느 전문기관만이 해야 할 일이 아니라 모든 교회가 해야 할 일이라고 여겼다. 온누리교회의 회복사역은 바로 이러한 비전으로 시작되었다.

이 시대 많은 사람이 과로와 스트레스, 애착의 고통과 상처 등으로 인해 우울증과 불안장애, 공황장애, 분노조절장애 등 다양한 유형의 어려움을 겪고 있다. 교회 안에서조차 마음의 병으로 고통받는 이들이 많아지는 상황에서 교회의 목회적 돌봄은 더욱 절실해졌고 동시에 교회가 그 대안이 되어야 했다.

하용조 목사는 예배당을 채운 많은 성도에게서 이 같은 갈급함을 보았다. 하지만 당시만 해도 정신질환이나 마음의 병을 앓고 있는 사람들이 자신의 상황을 드러내기 어려웠고, 교회 역시 이런 영역에서 돌봄이 제대로 이루어지지 못했다. 하 목사는 자신에게 신유의 은사를 달라고 하나님께 기도했을 정도로 이 상황을 안타까워했고, 성령의 역사를 구하며 목회 기간 내내 회복사역에 대해 고민했다.

온누리교회는 내적치유위원회를 설치하고 교회가 어떻게 치유사역을 해 나갈 것인지 그 방향성을 모색하기 시작했다. 이러한 시도는 당시 한국교회에서는 매우 새롭고 도전적인 일이었다.

온누리교회 회복사역은 1995년 내적치유 특별세미나를 개최하면서 본격화되었다. 첫 세미나에 800여 명이 참석하면서 큰 관심을 보였다. 예수전도단 전문 치유 강사로 활동 중이던 크리스 해리슨(Chris Harrison) 목사와 토피 키비마키(Topi Kivimäki) 선교사가 주 강사로 초청된 이 집회에서 교회가 해야 할 치유와 목회적 돌봄의 중요성을 다시금 확인했다.

사역 팀은 해외 여러 교회를 방문하며 성경적인 회복과 치유 방법을 도입했고, 이를 토대로 프로그램을 연구하고 개발하기 시작했다. 한국교회 안에 초교파적인 치유사역의 모델을 만들어 보겠다는 의지였다. 이 무렵부터 온누리교회 안에는 목회자가 아닌 일반 성도들이 능동적으로 사역에 참여하는 성도 중심 사역으로의 전환이 이루어지고 있었다. 교회는 목회자가 현실적으로 감당하기 힘든 사역들에 대해 은사를 가진 성도들을 사역자로 세워 맡겼다.

온누리교회 회복사역도 이 시기에 문을 열었다. 뜨거운 사명감과 전문성을 갖춘 성도들이 사역자로 헌신하며, 이 사역에 기꺼이 동참했다. 또한 교회는 영적이고 인격적으로 준비된 성도들 가운데 몇 명을 세워 1999년 '로뎀의 집'이라는 상담센터를 개설하고 본격적인 상담사역을 시작했다. 이들은 상처 입은 영혼들의 이야기를 듣고, 그들의 회복 여정을 함께 걸어가는 동역자가 되었다.

신경정신과 전문의인 차준구 장로는 교회가 조현병이나 우울증, 인격장애 같은 정신질환을 가진 환우들에게 공동체가 되어 줄 것을 교회에 건의했다. 약물치료나 상담을 하는 것 못지않게 공동체를 통한 관계 회복이 중요하다고 본 것이었다. 교회는 이를 적극 지원했고, 이로 인해 1998년 온누리교회에 정신질환자를 위한 '한마음정신회복예배'가 세워졌다. 현실적인 삶이 힘든 이들이 복음 안에서 회복될 수 있도록 다양한 치유 프로그램을 병행했다. 이 일을 위해 상담, 재활, 찬양, 중보기도로 돕고자 계속해서 사람들이 모였고 사역자들이 세워졌다.

2004년, 마침내 온누리교회 회복사역본부가 공식적으로 출범했다. 이는 오랜 기도와 준비 끝에, 성도들의 삶 속 깊은 아픔과 눈물을 주님 안에서 품고자 한 교회의 결단이었다.

회복사역본부는 출범과 동시에 국내외 우수한 회복사역 모델을 연구했다. 그리고 이를 성경적이고 목회적이며 한국교회 현실에도 맞는 사역이 되도록 다듬어 갔다. 새로운 프로그램을 도입할 때마다 시행착오도 있었지만, 절망과 고통을 제대로 표현하지 못하던 성도들이 주님 안에서 치유되고 회복되는 모습을 보며 회복사역은 점차 방향을 잡고 성숙해 갔다.

회복사역의 출발은 미국 새들백교회(Saddleback Church)의 CR(Celebrate Recovery) 모델을 토대로 회복예배와 회복 지원그룹(Support Group)으로 시작되었다. 지원그룹에 참여한 이들은 자신의 상처와 아픔을 솔직하게 고백하고 다른 사람들의 이야기를 들으며 공감과 통찰을 얻었다. 이러한 고백과 나눔을 통해 참가자들은 점차 자신의 문제를 인식하고, 하나님의 은혜 안에서 회복의 여정을 걸어갈 수 있도록 인도받았다.

이때부터 알코올중독자와 가족 모임, 성인아이(Adult Child) 지원그룹 등이 시작되었고 약물, 성 중독 등 각종 중독에 관한 지원그룹과 모든 성도를 대상으로 한 자아회복, 우울증, 이혼위기 지원그룹 등이 이어졌다.

이런 회복의 바람은 예배 가운데서도 불었다. 기존의 수요예배가 수요회복예배로 이름을 바꾸어 드려지게 되었다. 또한 말씀과 성령에 의지해 전인적인 치유와 회복을 경험할 수 있는 예배가 매주 열렸다. 월요치유집회, 금요회복예배 등에서 육체적, 정신적, 영적 연약함으로 고통받는 사람들과, 성령님의 기름 부으심을 통한 영적 회복이 필요한 사람들이 실제적인 치유를 경험했다.

월요치유집회는 육체의 치유를 위한 기도사역으로 시작했지만, 복음 안에서 하나님과의 관계 회복이 치유의 본질임을 깨닫게 했다.

금요회복예배 후에는 다양한 회복 지원그룹이 이어지도록 구성해 성도들의 회복을 돕고 있다. 한 선교사는 선교지에서 겪은 관계의 어려움과 많은 아픔이 있었지만, 선교사라는 신분 때문에 쉽사리 마음을 털어놓지 못했다. 그러다 이 모임에 참여한 뒤 나눔과 공감 속에서 새롭게 회복되었다고 고백했다.

온누리교회는 회복사역을 시작한 지 2년 만인 2005년에 첫 회복축제를 개최했다. 하루 평균 1,800명의 사람들이 참여하며 큰 관심을 보였고, 회를 거듭할수록 치유의 손길을 구하며 찾아오는 이들이 많았다. 회복을 갈망하는 사람은 누구나 참여할 수 있고, 각 분야 전문 강사를 초청해 성경적 관점에서 그 대안을 함께 찾아가며 하나님을 경험하는 자리이다. 회복이 절실한 영혼들이 하나님 안에서 참된 기쁨을 맛보게 되자, 회복축제는 온누리교회의 중요한 행사로 정례화되었다.

기쁨의 용량을 키워야 회복이 일어난다

사역자들의 헌신과 성령님의 인도하심으로 회복사역 프로그램은 나름대로 많은 열매를 맺었다. 그러나 한편으로는 온누리교회만의 회복 프로그램이 정착하기까지는 어려움도 많았다.

회복사역을 시작한 지 10년쯤 되었을 때 몇 가지 한계점이 드러났다. 가장 큰 고민은 새들백교회의 CR을 기반으로 한 프로그램이 한국 정서에 다소 적합하지 않다는 것이었다. 개방적인 서구와 달리 한국은 자신의 내밀한 이야기를 털어놓는 걸 수치로 여기는 경향이 있다. 자신의 아픔을 고백한 사람들이 교회를 떠나는가 하면, 비밀 유지가 잘되지 않았다. 이로 인해 중간에 포기하는 이들이 생기고 회복도 더뎠다. 사역은 활성화되었지만 참여자들의 영적 성장 면에서는 아쉬움이 많았다. 무엇보다 예수님과의 친밀한 만남으로까지 나아가지 못한다는 점에서 한계가 분명하게 드러났다.

이 시점에서 회복사역은 새로운 변화가 필요했다. 사역 팀은 기도하며 우리의 현실에 맞는 회복사역의 방법을 다시 모색하기 시작했다. 이들이 낙오하지 않고 지속적으로 하나님과의 친밀한 만남 속에서 영적 성숙을 이룰 수 있는 회복사역이 필요했다.

그때, 회복사역본부장인 이기원 목사가 미국의 짐 와일더(Jim Wilder) 박사를 만나면서 그 팀이 진행하는 '인생 모델(Life Model)'의 한 영역인 '관계기술훈련(Thrive: Relational Skills Training)'을 접하게 되었다. 이 목사를 비롯한 회복사역 리더들은 직접 프로그램에 참가해 훈련을 받으며 하나님이 주시는 깊은 은혜를 경험했다. 이후 회복사역에 이 프로그램을 적극 도입하게 되었고, 회복사역은 큰 전환점을 맞이하게 되었다.

이 훈련은 예수님의 성품을 닮은 그리스도인이 되기 위한 프로그램으로, 내 안에 해결되지 않은 감정은 무엇인지, 다른 사람과의 관계에서 겪는 어려움은 무엇인지를 알아내고 그에 따른 관계기술을 익힘으로 성숙한 그리스도인이 되는 훈련이다. 무엇보다 예수님과 깊은 인격적 관계를 맺기 위해 정서적 건강과 영적 성숙을 통합하는 훈련을 했다.

온누리교회는 2015년부터 이른바 '기쁨의 회복사역'에 주력하게 되었다. 우리가 어려움을 만나고 고통을 겪게 되었을 때 이겨 낼 수 있는 그 힘이 바로 기쁨의 용량이며 그 용량이 커질 때 회복이 이루어진다. 예수님께서는 '내가 기쁨이 충만한 것처럼 너희도 기쁨이 충만하길 원한다'(요 15:11)고 하셨다. 그 기쁨은 우리의 상처와 아픔, 고통을 극복하는 능력이 된다.

'기쁨의 회복사역'은 우리가 어떤 아픔을 갖고 있든지, 그 상처를 당당히 마주할 수 있는 기쁨, 현재 겪고 있는 문제를 스스로 이겨 나갈 수 있는 그 기쁨의 용량을 키우도록 돕는 사역이다.

이를 위해 온누리교회 기쁨의 회복사역은 다양한 방법으로 진행되고 있다. 누구나 참여해 훈련받을 수 있는 관계기술훈련을 비롯해 엘라이프, 내적치유학교 등 전인적인 치유와 회복을 위한 여러 맞춤형 프로그램들이 운영되고 있다.

특히 관계기술훈련은 매년 전국적으로 600~700여 명의 강사진과 스태프, 훈련생들이 나눔과 훈련을 하는 대규모 회복 프로그램으로 성장했다. 이 훈련을 통해 사람들은 오랜 부정적 감정이나 관계에서 변화를 보기 시작했다. 관계의 실패에서 비롯된 삶의 고통에 머물러 있던 사람들이 하나님 안에서 자신이 누구인지 깨닫고 하나님과의 관계, 타인과의 관계, 공동체와의 관계를 회복하는 기쁨의 자원을 넓혀 가고 있다.

회복은 궁극적으로 영적 성숙으로까지

치유와 회복은 어느 한 세대만의 일이 아니다. 어린이와 청소년에게도 기쁨의 회복사역이 필요하다. 어린이 회복사역인 '하트스쿨'은 음악, 미술, 동작 치료 등 예술 치료를 중심으로 어린 자녀들의 정서와 관계 회복을 돕고 있다. 또한 자칫 갈등의 골이 깊어질 수 있는 청소년기의 자녀와 부모의 관계 회복에 집중하는 한편, 청소년의 신앙 회복과 부모 회복 프로그램을 함께 운영하는 '파워 임팩트-청소년 부모 성장학교'를 운영하고 있다.

이밖에도 집회와 회복스쿨, 훈련, 상담 등으로 전방위적인 기쁨의 회복사역을 펼치고 있다. 온누리교회 서빙고와 양재 캠퍼스에 상설 상담센터를 두고 기독교 상담가들의 전문적인 도움을 받도록 하고 있다. 현재 서빙고 상담센터는 온누리 청소년센터로 이전하여 그 규모가 2배로 확장되었다. 이재훈 목사는 정서적, 정신적으로 어려움을 겪는 학교 밖 10대 청소년들의 가족 상담과, 아동 대상 놀이치료, 청소년 상담 등이 원활히 이루어지도록 필요한 공간을 적극 지원하고 있다.

무엇보다 성도의 전인적, 통합적 돌봄을 위한 회복 프로그램들이 도입되면서 회복사역은 교회의 영적 성장의 한 모델로 정착하게 되었고, 성도들의 훈련의 장으로서 역할을 감당하게 되었다.

코로나19 기간에 줌(ZOOM)으로 회복사역 프로그램들이 진행되었는데, 이때 수강생이 급증해서 그동안 회복사역에 나오고 싶지만 망설이던 이들이 많았음을 확인했다. 비대면 상담이 이들에게 좋은 도구가 될 수 있다는 것도 알 수 있었다. 한편, 유튜브 채널을 통해 회복예배를 중계해 교회에 나오지 못하는 성도들에게 하나님의 위로와 은혜가 멈추지 않도록 도왔다.

교회는 코로나19를 지나면서 공동체 안에 정신적·정서적·영적·육체적 회복을 모두 아우르는 '전인적 회복'과 '통합적 돌봄'이 있어야 한다는 결론에 이르게 되었다. 그러한 필요에 응답하기 위해 식습관, 운동, 영성 훈련을 통합한 40일간의 회복 프로그램인 '엘라이프' 사역이 시작되었다. 또한 실제적이고 통전적 돌봄을 제공한다는 측면에서 '정품사역'(정서적·정신적으로 연약한 사람을 품는 사역)이 새롭게 진행되었다. 어려움을 겪는 성도들을 위해 목사, 정신과 의사, 심리 상담가, 전문적 지식을 갖춘 성도들이 함께 돕고, 필요에 따라 전문기관과 연결시켜 주는 통합적 돌봄을 시도한 것이다.

이렇게 온누리교회 회복사역은 한 영혼을 회복시키는 일에 사명감을 갖고 끊임없이 도전하는 동시에 한국적 상황에 맞는 프로그램을 만들어 보고자 노력했다. 무엇보다 예수님과의 인격적인 만남으로 인도하는 데 온힘을 쏟았다. 인간은 하나님과 만나고 동행할 때 진정한 치유와 회복이 일어나기 때문이다.

회복사역은 단지 상처를 치유하는 데 그치지 않는다. 예수님과의 깊은 만남을 통해 영적으로 성숙해 가는 것, 그것이 회복사역의 진정한 목표이며 궁극적인 목적이다. 그 만남 속에서 성도는 자신 안에 얽힌 감정의 문제들을 직면하고, 점차 예수님을 닮은 인격으로 변화되어 간다. 결국 회복사역은 상한 마음의 치유를 넘어, 성숙한 그리스도인으로 살아가도록 돕는 영적 여정인 것이다. 그러기 위해서는 공동체 안에서 함께 회복의 여정을 걸어가는 것이 반드시 필요하다. 연약한 자와 강한 자가 서로를 돌보고 섬기는 가운데 공동체는 그 자체로 하나의 치유 공간이 된다. 그 안에서 사람들은 상처 입은 자신과 타인을 존중하는 법을 배우고, 점차 온유한 보호자로 성장해 간다. 교회는 바로 그런 사람들을 위한 따뜻한 회복의 울타리가 되어 주어야 한다.

온누리교회 회복사역은 지금까지 성도들이 임마누엘 하나님을 깊이 경험하고, 공동체 안에서 기쁨의 정체성을 가진 성숙한 그리스도인으로 자라 갈 수 있도록 끊임없이 방법을 모색해 왔다. 치유와 회복을 경험한 이들이 상처 입은 치유자로 다시 서서, 또 다른 이들을 돕고, 공동체를 섬기며, 온전한 예배자로서 영적 성숙의 길을 걸어가길 소망했다.

이 기쁨의 사역을 함께 감당하는 것, 그것이 바로 교회 공동체에게 주어진 거룩한 사명이다.

한 알의 씨앗이 나무가 되어, '장애인사역'

어느 장애아로 시작된 사랑부 예배

1988년 무렵, 특수교육을 전공한 나영지 성도는 당시 유치부 교사로 섬기고 있었다. 그때 한 아이가 유독 눈에 들어왔다. 친구들과 잘 어울리지 못하고 혼자 노는 아이를 유심히 관찰한 결과, 그 아이에게 장애가 있다는 것을 알았다. 그는 예배 시간마다 그 아이를 돌보며 그 아이만을 위한 공과를 별도로 만들어 말씀을 가르쳤다.

당시 한국교회에는 장애아동부서가 거의 없던 시절이었다. 그는 교회 안에도 장애아를 둔 가족이 많을 텐데 왜 교회에는 보이지 않을까 의아해했다. 그 무렵 교회에서 열린 한 집회에서 "하나님은 사람을 만드시고 교제하기를 원하신다"는 말씀을 들으며, 장애가 있어도 하나님 앞에 나와 예배드리고 교제하는 것이 창조의 목적임을 깨달았다.

그는 교회 안에 장애아동을 위한 예배가 세워져야 한다고 생각했다. 뜻을 같이하는 교사들이 모였고, 소식을 들은 부모들이 자녀를 데리고 예배를 찾았다. 지금은 장애인에 대한 인식이나 복지 시스템이 점점 나아지고는 있으나, 당시만 해도 여러 사회적 편견으로 인해 장애인들이 집 밖으로 나오는 것이 쉽지 않았다. 부모들조차 자녀를 어떻게 양육해야 할지 몰랐다. 그저 자신들의 잘못이라고 자책하거나 낙심 속에 힘든 시간을 보내는 가정이 많았다. 그때 한 사람의 헌신이 소외된 장애아동들을 교회로 인도하는 길을 터 주었고, 예배자로 서게 했다.

나 교사는 "그들도 성령님의 도우심으로 죄를 깨닫고 예수님을 구주로 영접했음을 알았습니다. 우리는 예루살렘과 온 유대와 사마리아와 땅끝까지 이르러 복음을 전해야 하는데, 장애인이라고 열외가 되어서는 안 됩니다. 외모로 판단하지 않는 하나님의 눈으로 모든 성도가 서로를 하나님의 걸작품으로 바라보기를 바랍니다"라고 당부했다.

　1년 뒤 발달장애아동 4명과 함께 주일학교가 시작되었는데 이것이 온누리교회 장애인예배 공동체 '사랑부'의 첫 시작이었다. 한 아이로 시작된 예배는 연령별, 지역별로 공동체가 확장되었고, 2025년 현재 서빙고뿐만 아니라 양재와 강동, 부천, 인천 등 5개 캠퍼스에 설립되어 300여 가정이 모이는 예배 공동체가 되었다.

　부장을 맡았던 이종옥 권사는 자신도 장애를 가진 자녀를 두었기에 누구보다 그 마음을 헤아릴 수 있었고, 헌신된 교사들은 일대일로 장애아동과 짝이 되어 도왔다. 한동안은 다른 주일학교(꿈땅, 파워웨이브)에 찾아가 비장애 아이들과 함께 예배를 드리고 공과 시간에만 따로 모여 성경공부를 했다. 또래와 같이 예배하면서 서로 수용하고 교제하는 상호작용의 기회를 주기 위해서였다. 이를 위해 비장애인 학생 예배 교사들이 적극적으로 도움을 주었다. 몇몇 장애 학생 중에는 이런 분위기에 잘 적응해 사랑부를 떠나는 경우도 생겼다. 하지만 장애 특성상 나타나는 여러 행동으로 인해 통합예배를 드리는 것은 여러모로 무리가 되었다. 지금은 사랑부만의 예배가 드려지고 있지만 여전히 다양한 방식으로 통합예배를 시도하고 있다. 다른 부서의 아이들이 사랑부에 와서 함께 예배를 드리는 방식을 통해 장애 아이들도 심리적 안정감을 가질 수 있고, 비장애 아이들도 장애와 예배에 대한 새로운 시각을 가질 수 있도록 노력하고 있다.

이렇게 교회 내에 본격적인 장애인사역이 펼쳐지면서 아동뿐만 아니라 장애를 가진 성인들을 위한 공동체도 필요해져 '누리사랑부'가 창립되었다. 주저할 것 같았던 성인들의 모임과 활동이 오히려 뜨거웠다. 누리사랑부 황정언 성도는 "제가 가장 힘들 때 온누리교회 장애인 모임인 누리사랑의 품 안으로 불러 주셨습니다. 은혜로운 말씀과 찬양이 있었고, 장애를 안고도 열심히 밝게 살아가는 성도들의 모습에서 하나님을 만날 수 있었습니다. 많은 것을 잃었지만 아직도 제겐 남은 것이 있음을 보았습니다. 주님과 함께라면 무엇이든 다시 시작할 수 있다는 희망을 품게 되었습니다"라고 고백했다. 그는 붓을 입에 물고 그림을 그리는 작업을 시작했고, 자신이 그린 그림으로 카드가 제작되었을 때, 이제는 슬픔과 원망의 눈물이 아닌 자신의 삶을 바꾼 감사의 눈물이 났다고 했다.

장애인사역은 누리사랑부가 중심이 되어 펼쳐졌다. 사회 전반에 장애인에 대한 인식이 부족했을 때 주체적으로 장애인 인식 개혁에 나섰고, 성도들에게 장애인사역의 중요성을 알리고 참여를 이끌었다. 이런 노력으로 1996년 시작된 '장애인 먼저' 운동에 온누리교회 성도들이 앞장섰다. 장애인의 주차 구역에 주차하지 않기, 휠체어가 편안히 지나갈 수 있도록 배려하기 등을 실천한 것이다.

또한 장애인선교 팀은 '재가 장애인 찾기' 캠페인을 펼치면서 숨어 있는 장애인들이 밖으로 나올 수 있도록 도왔다. 소재를 파악하고 직접 심방하면서 이들을 구체적으로 도울 방법을 모색했고, 예배의 자리로 나올 수 있도록 인도했다. 새신자 등록카드에도 장애인 가족 여부를 묻는

항목을 신설하고, 장애인 등록카드를 배포해 등록된 장애인들은 교회 내에서 다양한 혜택을 받을 수 있게 했다.

장애인이라고 해서 섬김만 받는 것이 아니라 그리스도의 사랑으로 섬기는 자리에도 나선다. 신앙과 영적 성장에서 장애인이라고 예외가 되어서는 안 되기 때문이다.

"육신의 장애는 아무것도 아닙니다."

섬김과 봉사에 나서고 있는 장애인들이 이구동성으로 하는 말이다. 이정인 집사는 1994년부터 주차 봉사를 시작한 장애인 봉사자이다. 이 집사는 교회에 차를 타고 오는 장애인들을 위해 봉사해야겠다는 생각에서 시작했는데, 거의 빠지지 않고 매주 주차 봉사를 하고 있다. 그는 하나님이 주시는 마음이 없으면 결코 할 수 없는 일이라고 고백한다. 이 집사가 성실을 다해 봉사하는 모습을 보고 큰 도전을 받아 함께 주차 봉사를 시작한 성도들이 있을 정도이다. 이렇게 장애를 가진 성도들도 교회 식당 봉사와 교육실 청소에 동참하며 '1인 1봉사 1사역'이라는 교회 철학에 함께하고 있다.

특히 장애인 대상의 맞춤전도집회에서는 테이블 리더부터 공연 팀까지 전부 장애인이 담당한다. 또한 전례가 없던 장애 학생과 가족, 교사들이 함께하는 '캠프' 행사는 사회적으로도 주목을 받았는데, 이후에도 매년 여름캠프를 열어 영적 성장을 도모하고 있다. 학생들이 전도지를 만들어 휴가 온 사람들에게 복음을 전하기도 했고, 안산M센터와 협력해 이주민들에게 전도할 수 있는 기회도 가졌다.

도전과 감동을 주는 사랑챔버 오케스트라

무엇보다 온누리교회 장애인사역에 있어서 문화사역을 빼놓을 수 없다. 이미 세상에 많이 알려진 '온누리 사랑챔버 오케스트라'는 음악을 통해 많은 이에게 은혜와 감동을 전해 왔다. 사랑챔버 단장 손인경 권사는 부산 소년의 집 학생들의 오케스트라 연주를 보고 큰 도전을 받았다. 자신이 가진 재능을 나누어야겠다고 결심한 뒤 바이올린 레슨 공고를 내자 5명의 장애 학생이 모였다. 이것이 사랑챔버의 기초가 되었다.

발달장애인들로 구성된 사랑챔버가 첫 연주를 할 때 하용조 목사는 강단에서 이런 비전을 선포했다.

"이 모임이 커져서 어느 날 예술의전당에서도 공연하게 하시고, 전국 방방곡곡을 다니면서 장애인들을 위로하고 격려하며 북한까지 갈 수 있도록 축복하여 주옵소서."

당시 성도들은 웃으면서 박수를 쳤지만, 실제로 예술의전당에서 3차례나 연주하게 되었을 때 모든 성도는 성령님의 감동으로 이루어진 선포의 위대한 역사에 전율했다. 방송과 언론을 통해서 공연 소식이 알려지자 국가 초청 무대와 여러 특별 무대에도 올랐다. 단원도 한때는 87명까지 늘어났다. 전국뿐 아니라 세계 곳곳에서 연주할 기회가 생겼고, 지금까지 600회가 넘는 연주 공연을 하며 가는 곳마다 특별한 감동과 희망의 메시지를 전하고 있다.

악기 연주는커녕 상대방과 의사소통도 힘들던 아이들이었다. 그런데 이 아이들이 지난 25년간 살아 계신 하나님과 예수 그리스도의 사랑을 증거하는 전도자들이 되었다. 이중에는 대학 진학이나 전문 음악인의 길을 가는 사람도 생겼다. 직장과 연주를 병행하며 안정감 있는 사회생활을 시작한 사람들도 늘어났다. 이 뒤에는 이름도 빛도 없이 섬겨 온 수많은 헌신이 있었다. 하나님의 부르심으로 소명을 다해 온 손인경 단장을 비롯해 단원들을 지도해 온 교사들, 무료로 자신들의 재능과 시간을 헌신해 온 음악인들, 눈물로 기도하며 동행해 온 부모들이 있었다. 그리고 이 사랑챔버에게 날개를 달아 준 성도들의 헌신도 있었다. 초청을 받았지만 이동수단이 없어 갈 수 없을 때, 성도들이 십시일반 모아 준 비전헌금으로 버스를 마련했고, 그 덕에 악기를 싣고 어디든 부르는 곳으로 달려갈 수 있었다.

챔버 오케스트라가 생기자 합창단도 만들어졌다. 대부분 20~40대 청장년층으로 이루어진 '온사랑합창단'은 노래하는 발달장애인 12명의 모임에서 시작되었다. 첫 단장을 맡았던 황화자 권사(성신여자대학교 명예교수)를 통해 여러 성악가의 지도를 받으며 실력을 성장시킬 수 있었다. 2017년 전국발달장애인합창대회에서 대상을 받으며 음악적 실력까지 인정받게 되었다. 이러한 문화사역은 하나님을 전하는 귀한 통로일 뿐만 아니라, 부모의 품을 벗어나 경제적 자립과 사회생활을 해 나갈 수 있는 하나의 발판이 되고 있다.

장애인사역의 엔진, 교사의 헌신

장애인사역에서 중요한 부분을 차지하는 것이 바로 교사들이다. 1년이 걸릴지 2년이 걸릴지 모르는 긴 여정이고, 수없이 반복해야 하는 인내와 사랑의 섬김이기에 교사들의 헌신이 절대적으로 필요한 사역이다. 통제가 되지 않는 아이들이 예배자로 서기까지 교사들의 헌신은 이루 다 말할 수 없다.

그런데도 교사들은 끊임없이 이 아이들에게 가장 중요한 것이 무엇일까를 고민했다. 결론은 학생들이 하나님을 만날 수 있도록 돕는 일이었다. 그래서 장애에 따라 맞춤형 공과공부로 진행하기로 하고 양재 사랑부가 주축이 되어 공과를 직접 제작했다. 장애청년부 공동체인 '예수사랑부'에서는 발달장애인의 눈높이에 맞춘 큐티가이드 《영혼의 빛》을 출간했다. 온누리교회의 핵심 엔진이라고 할 수 있는 큐티를 장애인 청년들도 함께하면 좋겠다는 뜻에서 여러 교사가 사랑의 수고로 직접 디자인하고 만든 책이다. 이 책으로 장애 청년들이 매일 큐티를 할 수 있게 되었다.

특히 사랑부 사역은 초기부터 지금까지 장애인 한 명을 위해 한 명의 교사를 배치하는 일대일 섬김을 원칙으로 하고 있다. 장애인 수만큼 교사의 수를 둔 것이다. 개인마다 다른 성향과 특성을 가진 발달장애인이기에 한 영혼을 위한 온전한 섬김을 다하고자 했다.

이렇게 사랑과 열정을 다 쏟는 교사들을 위해 다방면의 케어와 교육도 매우 중요하게 여기고 있다. 교사로 지원하는 성도들에게 매년 교사 세미나를 통해 영성과 지식으로 무장하도록 돕고 있다. 이런 훈련은 교사들이 장애인 부서에 오래도록 남아 헌신할 수 있는 기반을 세우는 데 큰 역할을 했다. 다른 부서의 교사들도 마찬가지이겠지만 교회는 특히 장애인 부서 교사들의 어려움을 세심하게 살피고 지치지 않도록 돕고 있다. 힘들지만 교사들이 여전히 그 자리를 지키고 있는 이유는, 자신이 섬기고 있는 것 같지만 오히려 아이들이 주는 순수한 사랑에서 더 많은 힘과 사랑을 받기 때문이다. 온누리교회의 장애인 공동체가 교회 안에 자연스럽게 뿌리내릴 수 있었던 것은 이렇게 주고받는 사랑의 교제가 있었기 때문이다.

교회는 장애인사역이 세상의 그것과 달라야 한다고 보았다. 먼저 부모들의 고된 마음을 어루만지고자 했다. 이를 위해 장애를 가진 자녀들을 양육하며 갖는 어려운 마음을 위로하고 회복할 수 있는 프로그램을 진행하고, 다른 부서와의 협력을 통해 부모들이 하나님 앞으로 나올 수 있도록 인도하고 있다.

한편, 교회는 보다 세심한 돌봄을 고민하고 있다. 연령보다 장애 특성에 맞는 서비스에 집중하고, 온누리복지재단과 연계해 다양한 사회적 복지 서비스를 받을 수 있도록 하고 있다. 무엇보다 하나님이 주신 재능을 발견하고 마음껏 발휘할 수 있는 창의적 활동의 기회를 제공하고자 고심하고 있다. 아직 여러 시행착오를 겪는 중이지만 장애인들을 위한 긍휼사역이나 직업훈련에 머물지 않고 교회가 나서서 자립 공동체로서 모범을 만들고자 노력하고 있다. 이런 과정 속에서 서로가 서로를 사랑으로 바라보며 그리스도 예수 안에서 한마음을 이루어 나가길 소망하고 있다.

온누리교회 장애인사역은 작은 씨앗에서 시작되었다. 그러나 사과 속의 씨는 셀 수 있어도 씨 속의 사과는 셀 수 없는 것처럼 그 작은 씨앗에서 어떤 열매가 맺힐지, 얼마나 큰 나무가 되어 자리하게 될지 모르는 법이다. 비록 연약한 지체들이지만 온누리교회는 이들과 함께 사도행전적 교회를 꿈꾸며 아름다운 공동체를 만들어 가고 있다. 예수 그리스도 안에서 한 지체요, 모두가 하나님 나라의 예배자로서 말이다.

2

교회는
실험 공동체이다

1.
배우든지
가르치든지

온누리교회 양육 모토, '배우든지 가르치든지'

"아기를 낳는 것보다 더 중요한 것은 잘 키우는 것입니다. 이제는 전도하거나 교회에 데려오는 것으로 끝나지 않습니다. 그 사람들을 잘 양육해서 예수 그리스도의 장성한 분량까지 성장시켜 하나님의 사람으로, 리더로 키워야 합니다."

하용조 목사는 이것이 교회가 해야 할 일이라고 했다. 양육은 다름 아닌 바로 교회의 책임이라고 말이다. 그래서 나온 말이 바로 '배우든지 가르치든지'이다. 이 슬로건은 온누리교회가 40년간 이어 온 양육의 모토이다. 여기엔 온누리교회가 갖고 있는 양육에 대한 목회 철학이 고스란히 담겨 있다.

성도들이 책임지는 양육

온누리교회의 모든 성도는 배우든지 가르치든지 해야 한다. 이것은 교회가 창립되기 전부터 그랬다. 1984년 12가정과 함께 3개월간의 성경공부로 제자양육이 시작되었다. 모인 성도들은 매일 성경을 10장씩 읽고 요약했고, 주제를 정해 리포트를 제출했다. 또한 일주일에 3권씩 책을 읽고 독후감을 썼다. 초창기 양육은 성경공부만이 아니었다. 성도들이 함께 큐티와 나눔의 시간도 가졌다. 이렇게 3개월이 지났을 무렵엔 참여한 사람들 모두 자신의 신앙생활에 놀라운 변화가 일어났음을 깨달았다. 그들은 그동안 무늬만 그리스도인이던 삶에서 예수님을 인격적으로 만나게 되었다고 고백했다.

이렇게 성경을 배운 사람들은 새로 들어온 성도들을 가르쳤다. 배운 이들은 또다시 다음 사람을 가르치며 그리스도의 제자로 키워 냈다. 그러자 성도들 스스로가 말씀을 읽고 배우며 성장해 갔다. 이러한 성경공부의 전통이 지금의 온누리교회 양육 체계의 기초가 되었다.

초창기 양육에 대한 열정이 어느 정도였나 하면, 창립예배를 드리던 당일마저도 평소처럼 아침부터 창세기 성경공부를 할 정도였다. 그리고 창립 한 달 만에 교회 안에 여러 성경공부 프로그램이 개설되었는데, 교회를 찾아오는 성도의 수가 눈에 띄게 늘자 그만큼 새로운 성도들을 가르칠 인원이 필요했다. 이들을 교육하기 위해 성도들 중 56명을 제직으로 임명해 양육을 담당하도록 했다.

온누리교회는 이렇게 처음부터 오직 말씀으로 출발했다. 시작부터 말씀사역에 전념했고 지금까지도 성경공부, 일대일 제자양육, 큐티사역 등 온누리교회만의 양육 방식으로 제자훈련에 매진하고 있다.

선교학자 마이클 프로스트(Michael Frost)는 교회를 "하나님의 실험 정원(God's experimental garden)"이라고 표현했다. 정원에서 다양한 식물들이 자라서 열매를 맺듯이 교회는 다양한 사람이 함께 어우러져 성장하고 변화하는 정원과도 같다는 것이다. 하나님은 이러한 성도들을 통해서 변화를 일으키고 하나님의 뜻을 이루어 가시는데, 교회는 바로 그 하나님 나라 확장을 위한 실험과 도전의 장이 된다는 것이다.

교회는 하나님의 계획이 마음껏 펼쳐질 수 있는 살아 있는 실험 정원이 되어야 한다. 성도는 세상을 향한 하나님의 뜻에 믿음으로 동참해야 한다. 그런 점에서 온누리교회는 매우 실험적이고 모험적인 공동체라고 할 수 있다. 무엇보다 양육 체계에서 기존의 교회 관습과는 다른 온누리교회만의 독특한 실험 정신이 드러난다.

이 과정에서 매우 특징적인 부분은 새로운 성도를 양육하고 멘토링하는 제자양육 프로그램에 교역자가 아닌 성도가 성도의 양육을 담당하고 있다는 점이다. 하용조 목사는 성경공부를 한 사람이 다른 사람을 가르칠 수 있게 되자 교육을 성도에게 맡기기 시작했다. 훈련을 받은 성도 사역자가 새로운 성도를 교육하는 데 투입되었다. 이러한 배경은 오직 말씀과 성령의 인도하심에 기초해 진행된 것이다. 단순히 교회만 다니는 신자가 되지 않도록, 배우고 가르치는 성숙한 성도가 되어 반드시 자신이 살아가는 삶의 영역에서 열매 맺도록 하고 싶었던 것이다.

성도가 성도를 양육하는 일대일사역은 당시로선 교회의 기존 관습을 깨는 파격적인 사건이었다. 그때 하용조 목사는 "목회자 혼자서는 많은 사람을 다 가르칠 수 없다. 일대일로 사람을 만나고 양육하는 일은 목사가 아니라 양육자가 해야 한다"고 말했다.

물론 목회자들이 주도하는 모임도 있지만 성도들이 이끄는 모임도 많다. 성도가 하는 양육으로 인해 지금의 제자양육의 저변이 훨씬 확장될 수 있었다. 목회자를 통해서만 교육이 이루어졌다면 그 많은 인원의 교육을 어떻게 감당할 수 있었겠는가. 기하급수적으로 늘어난 성도들을 양육할 수 있었던 것은 바로 성도 사역자들의 동역이 있었기 때문이다. 이처럼 성도가 성도를 가르치는 것에 대해서 비판과 우려의 목소리도 있었지만 결과적으로 그 열매로써 입증해 보였다.

온누리교회의 양육 목표는 한 성도를 건강한 그리스도인으로 성장시켜 세상에서 예수 그리스도의 담대한 증인으로 살아가게 하는 선교적 사명을 다하는 데 있다. 이것을 이루어 가는 과정 속에서 배우든지 가르치든지 하게 되며, 제자가 제자를 낳게 되는 것이다.

제자가 되든 교사가 되든 평생토록 배움과 양육은 멈추지 않아야 한다는 것이 온누리 양육의 철학이기도 하다. 특히 큐티와 일대일을 통해서 신앙의 성숙을 이룬 성도들이 온누리교회 사역의 많은 영역을 담당하고 있고, 그것은 온누리교회의 영성을 이루고 있다.

양육은 선생이 아니라 부모의 마음으로

그 일을 할 수 있는 건강한 양육자를 세우는 일은 매우 중요하다. 양육을 잘 받은 사람이 세워지면 그 사람은 또 다른 누군가를 잘 양육할 수 있게 된다. 그래서 온누리교회 양육에서는 몇 가지 중요하게 다뤄지는 부분이 있다.

먼저, 모든 양육에는 선생으로서가 아닌 아비와 어미의 마음을 가져야 한다는 것이다. 부모는 자신의 자녀를 기를 때 모든 관심과 정성을 쏟는다. 젖먹이 아기가 부모의 살뜰한 보살핌을 받아 단단한 음식을 먹는 어른으로 자라 가듯이, 양육의 관계에서도 한 영혼의 신앙이 자라기까지 사랑과 헌신이 필요하다. 단순히 지식을 전달하는 것이 아니라 돌보고 나누어야 한다. 부모가 자식을 위해 늘 기도하듯 양육자는 그를 위해 기도해야 한다. 예수님처럼 그 모습을 따라 살도록 믿음과 삶에서 본을 보여 주는 자가 되어야 한다.

그리고 배웠으면 행함이 있어야 한다. 실천하지 않는 배움은 힘이 없다. 온누리교회에서의 배움에는 하나님의 꿈을 함께 나누고, 사도행전적 교회를 함께 이루어 가겠다는 성도들의 실천적 의지가 담겨 있다고 할 수 있다.

양육은 그리스도인으로서의 사명이 무엇인지를 분명히 깨닫게 하고 준비시키는 것이다. 양육하는 성도는 자신이 온전한 그리스도의 제자가 되기 위해 배움의 자세를 갖게 된다. 부모의 마음을 가진 가르침의 자세를 갖는 것이다. 우리를 향한 예수님의 마음을 따르는 것이다.

양육은 교회에 출석해 등록 과정을 밟는 순간부터 시작된다. 양육의 기초인 큐티와 일대일 제자양육을 비롯해 성장과 성숙을 돕는 다양한 양육 모임과 직분을 맡는 리더십 훈련, 선교적 사명을 위한 실천 과정 등이 이루어지고 있다.

공동체가 성장하는 이유는 건강한 양육이 뒷받침되기 때문이다. 온누리교회의 다양한 사역은 이렇게 양육을 통해 훈련된 성도들의 자발적인 참여로 이루어져 왔다. 각자의 은사에 따라 자신의 역할을 발견하고 서로 협력하며 동일한 목표를 향해 나아간다. 이러한 영성은 온누리교회가 오래도록 품어 온 사도행전적 교회를 향한 선교적 사명에 헌신하며 나아가게 한다.

예수님 역시 제자를 양육하시면서 그들만의 성장으로 머물 것이 아니라 세상으로 나가 소금과 빛의 역할을 감당하며 그리스도인의 향기를 드러내는 자로 살 것을 말씀하셨다. 양육은 주님의 제자로 성장한 이들이 또 다른 제자를 세워 세상으로 파송하는 것이다.

예수님은 우리에게 "가서 모든 민족을 제자로 삼아 아버지와 아들과 성령의 이름으로 세례를 베풀고 내가 너희에게 분부한 모든 것을 가르쳐 지키게 하라"고 말씀하셨다(마 28:19-20). 이러한 대위임령을 이루기 위해서는 능동적으로 나설 참 제자가 필요하다. 그들을 양육하는 것이 교회가 가진 사명이다. 그래서 '배우든지 가르치든지' 해야 하며, 온누리교회 양육이 새벽부터 밤까지 쉼 없이 이루어지는 까닭이다.

온누리교회 양육 DNA, '큐티와 일대일'

지금까지 온누리교회 양육을 이끌어 온 두 기둥이 있다면 큐티와 일대일 제자양육을 꼽을 수 있다. 이것은 교회 창립부터 이어져 오면서 온누리교회의 정체성이 되었고, 온누리교회 성도라면 반드시 가지고 있어야 할 DNA라고 할 수 있다. 그만큼 온누리교회를 이야기할 때 결코 빼놓을 수 없는 상징이 되었다.

큐티로 하루치 만나를 줍고

하용조 목사는 영국에 머물던 시절, 복음주의 신앙인들의 경건 생활을 보게 되었다. 그들은 한국교회처럼 새벽기도를 하기 위해 교회에 나오는 것이 아니라, 각자 아침마다 가정에서 큐티로 말씀을 묵상하며 하나님을 만나고 있었다. 우리가 날마다 밥을 먹듯이 매일 성경을 읽고 묵상하며, 그 말씀으로 하루의 양식을 삼아 일상을 살아갈 힘을 얻는 것이다.

당시 한국교회 안에서는 기도의 열정은 뜨거웠지만 이러한 말씀 묵상 훈련은 제대로 되어 있지 않았다. 하 목사는 큐티가 성도들의 말씀 묵상 훈련에 좋은 계기가 될 것이라고 확신했고, 한국에 돌아와 보급하기로 마음먹었다.

하지만 온누리교회를 개척할 당시만 해도 성도들에게 큐티는 너무도 생소한 개념이었다. 지금은 큐티가 보편화되었지만 그때만 해도 외부에 큐티를 전하러 가면 아기 기저귀 이름이냐며 농담처럼 물어보는 사람이 많았다고 한다. 그러니 낯선 방식의 훈련이 습관화되기까지는 쉽지 않은 시간들이 있었다. 그래서 하 목사는 초창기 성도들에게 큐티를 가르치며 이것이 생활화되도록 큐티 노트를 직접 검사하기까지 했다.

그가 이처럼 큐티를 강조한 데는 이유가 있었다.

"성도들이 항상 교회 옆에 있거나 목회자가 늘 옆에 있을 수는 없다. 목회자가 없으면 그들의 신앙이 죽어야 하는가? 아니다. 목회자는 성도가 날마다 스스로 하나님의 양식을 먹고 묵상하며 적용하고 나눌 수 있는 기본적인 틀을 만들어 주어야 한다."

이것은 하 목사의 양육에 대한 강력한 의지이기도 했다. 언제든, 어떤 상황이든, 성도가 삶의 여정을 걸어가며 하나님과 깊이 교제할 수 있는 방법을 알아 가길 바랐던 것이다. 이 뜻을 가지고 당시 고무송 목사와 함께 직접 큐티 강의를 했고, 예배 때 큐티 간증자를 세워 발표하기도 했다. 하 목사는 강단에 낡은 큐티 노트를 들고 올라가 자신의 많은 설교가 큐티를 통한 묵상에서 나온다고 밝혔다. 누구보다 큐티를 통해 주시는 하나님의 은혜와 유익을 경험했던 것이다.

예수님이 공생애 동안 이 땅에서 여러 사역을 하시면서도 따로 시간을 내어 하나님과 일대일로 교제하며 나아갔던 것이 바로 큐티의 모델이라고 할 수 있다. 큐티는 날마다 하나님의 말씀을 읽고 묵상하며 자신의 삶에 적용하는 것이다. 매일 조용한 시간을 정해 하나님과 개인적으로 만나는 시간이다. 이러한 친밀한 교제의 경험을 통해 성도는 성숙한 신앙인으로 성장할 수 있다.

온누리교회는 큐티를 통해 함께 은혜를 나누는 공동체이다. 그래서 모든 양육과 모임의 중심에는 말씀 묵상이 있다. 순예배에서도, 일대일 양육에서도, 다른 소그룹 모임에서도 항상 큐티를 나눈다. 특히 각 순에서 나누는 큐티 나눔은 언제나 뜨거운 감동이 있고, 그 힘은 순을 매우 역동적으로 만드는 데 큰 역할을 하고 있다. 그래서 대부분의 양육 프로그램에 큐티가 포함되어 있을 만큼 큐티를 매우 중요하게 다루고 있으며 모든 성도가 큐티스쿨을 기본적으로 이수하도록 하고 있다.

큐티의 은혜는 온누리를 넘어 세계로 흐르고

1980년대 후반부터 하용조 목사와 성도들은 전국을 다니며 한국교회에 큐티가 보급되도록 앞장섰다. 성경조차 구하기 어려운 지하 교회에서는 라디오로 큐티 방송을 들으며 주석처럼 도움을 받았다는 소식도 전해졌다. 큐티를 배우고자 하는 열기가 뜨겁게 일어나자 1997년에는 교회 선교관 3층에서 상시 큐티스쿨을 개설했고, 큐티마스터 과정을 개설해 수많은 인도자를 양성하게 되었다.

이후 모든 성도가 동일한 본문으로 큐티를 할 수 있도록 두란노서원을 통해 〈생명의 삶〉을 발간하여 지금까지도 많은 교회의 목회자들과 성도들이 큐티 교재로 사용하고 있다. 그후 전 세대가 동일한 본문으로 큐티할 수 있도록 청소년을 위한 〈새벽나라〉, 어린이를 위한 〈예수님이 좋아요〉, 영유아를 위한 〈예수님이랑 나랑〉을 발행해 온 가족이 함께 큐티의 은혜에 머물 수 있도록 했다. 또한 〈생명의 삶〉 영어판, 중국어판, 일본어판, 스페인어판, 〈예수님이 좋아요〉 영어판을 발간해 전 세계인이 큐티를 통해 하나님과 친밀해질 수 있도록 노력하고 있다.

이처럼 큐티의 은혜는 온누리교회 밖으로 흘러넘쳤다. 그동안 낯설게만 여기던 큐티를 직접 배우겠다고 나선 교회들이 점점 많아졌다. 이에 정호옥 목사를 중심으로 '두란노 천만큐티운동본부'가 발족되면서 큐티 세미나가 시작되었고, 훈련된 성도 강사진들을 세워 한국교회 전반에 큐티를 알리면서 보다 많은 성도가 말씀 묵상을 생활화할 수 있도록 도왔다.

이렇게 큐티의 저변이 확대되어 갈 무렵, 이재훈 목사를 중심으로 새로운 리더십이 출범하면서 올바른 큐티 생활과 보다 체계적인 보급을 위해 큐티에 대한 강의와 교재를 표준화하게 되었다. 많은 노력 끝에 〈온누리큐티〉라는 교재를 만들게 되었고, 이를 토대로 CGN과 큐티 강의 영상을 제작해 누구라도 보고 배우며 활용할 수 있도록 했다.

하나님은 길이 막히면 또 다른 길을 열어 주셨다. 코로나19로 대외 사역이나 오프라인 훈련이 잠정 중단되었지만 큐티는 오히려 '온라인 큐티스쿨'이라는 새로운 영역으로 확대되었다. 성도들의 반응은 예상 외로 뜨거웠다. 식어 버릴 것 같았던 성도들의 신앙은 다시 불붙었고, 사역 팀의 숨은 헌신을 디딤돌 삼아 보다 많은 사람에게로 흘러갔다.

사실, 큐티가 한국교회에 정착하기까지 큐티에 대한 부정적인 의견이 많았다. 신학교 교수나 목회자들 사이에서는 성경 말씀을 성도가 해석한다는 것에 우려의 목소리를 내기도 했다. 그러나 하용조 목사는 성령님이 인도하시면 성도라도 말씀을 분별할 수 있으니 지켜봐 달라고 권면했다. 성령님은 성도들에게 말씀에 대한 깨달음을 주셨고, 나눔을 통해 더 큰 은혜를 부어 주셨다. 전국에서 일어난 큐티나눔방들이 바로 그 증거였다. 이러한 성령님의 역사하심을 국내외 많은 성도가 자신들의 삶 가운데 직접 경험하게 되었다. 이렇게 가정마다, 교회마다, 선교지마다 사람들이 말씀으로 하나님을 만나고 있는 모습을 상상해 보자. 이것이야말로 새롭게 써 가는 사도행전 29장의 모습이 아닌가.

큐티를 시작한 성도들 사이에서 많은 간증이 쏟아져 나왔다.

"큐티를 하지 않았을 때는 구원의 확신 없이 습관적으로 교회에 다녔습니다. 하나님이 나에게 어떤 메시지를 주시며 어떤 삶의 방향을 가리키는지 몰랐습니다. 성경 말씀을 그저 지켜야만 하는 율법으로 여겼습니다. 그러나 큐티를 통해 창조주 하나님께서 살아 계신다는 것을 알게 되었고, 말씀을 듣는 눈과 귀가 열렸습니다"(안병철 성도).

이것이 큐티가 주는 놀라운 은혜였다. 지금도 어느 골방에서는 하나님과의 깊은 만남이 있을 것이고, 성령님은 말씀을 통해 성도의 신앙을 깨우며 그 마음을 만지고 계실 것이다.

일대일 제자양육은 가르치는 게 아니라 헌신하는 것이다

이렇게 개인이 하나님과 만나 변화되는 통로가 큐티라면, 개인과 개인이 만나 서로가 변화되는 통로는 바로 일대일 제자양육이라고 할 수 있다. 온누리교회 곳곳에서는 두 사람이 마주 앉아 성경공부를 하는 모습을 흔히 볼 수 있다. 바로 일대일 제자양육의 현장이다. 일대일 제자양육에서는 가르치는 사람을 '양육자'라 하고, 배우는 사람을 '동반자'라고 부른다. 둘이 일대일로 만나 교재를 중심으로 16주 동안 말씀을 공부하는데, 이는 단순히 성경공부가 아니라 서로의 삶을 나누면서 그리스도의 제자로 세워져 가는 과정이다.

일대일 제자양육은 선교단체의 성경공부 방법을 교회 상황에 맞게 재구성한 온누리교회만의 독특한 양육 프로그램이다. 이런 일대일 방식은 성경이 보여 주고 있는 것을 따른 것이다. 성경에서 아브라함과 야곱, 모세 등도 모두 하나님과 일대일로 만났고, 바울도 디모데 등을 일대일로 제자 삼아 동역했다. 말씀 안에서 서로 나누고 교제함으로써 하나님을 더 깊이 알아 가고 믿음의 사람으로 성장해 간 것이다.

비록 집사나 권사, 장로로 안수받지 않았더라도 일대일로 만나 교재를 가지고 공부하면서 서로의 삶을 나누고, 배우며 성장하도록 했다. 이러한 일대일 제자양육이야말로 온누리교회가 시도한 실험적이고 모험적인 도전이었다.

도입한 지 몇 해 정도는 어려움도 많았다. 그동안 한국교회 안에 이런 방식을 목회적으로 적용한 사례가 없었을 뿐만 아니라 설사 제자양육을 하더라도 성도가 성도를 가르치는 일은 없었다. 성도가 양육하게 하는 것은 위험하다고 여기는 일부 시각도 있었고, 목회자가 해야 하는 일을 왜 성도가 하느냐고 지적하는 교회들도 있었다. 하지만 하용조 목사는 이것 역시 성령님이 하실 것을 믿었고, 확신 가운데 밀고 나갔다. 하 목사는 "제1의 종교개혁이 성경을 성도에게 돌려주는 것이었다면, 제2의 종교개혁은 사역을 성도에게 위임하는 것이다"라고 할 정도로 성도의 사역에 대해 강한 의지를 가지고 있었다. 모든 성도가 제자가 되고, 나아가 제자 삼는 자가 되라는 것은 바로 예수님의 명령이기 때문이다.

그동안 교회들이 목회자 중심의 제자양육을 해온 것과는 다르게, 성도 중심의 제자양육을 추진했고, 이후 온누리교회 안에 많은 건강한 성도 양육자를 세우는 데 큰 원동력이 되었다.

무엇보다 일대일 제자양육은 한 사람이 한 사람을 만나 말씀 속에서 자신을 발견하고 선교의 비전으로까지 나아가게 되는 놀라운 비밀이 담겨 있는 양육 방법이다. 그 영적 비밀 중 하나는, 가르치는 사람과 배우는 사람 모두 놀라운 삶의 변화가 일어난다는 점이다. 아니, 오히려 가르치는 사람이 하나님의 사람으로 성장하게 된다. 마치 선교사들이 사랑을 전하러 갔다가 오히려 자신이 사랑받았음을 깨닫고 감격의 눈물을 흘리는 것과 다르지 않다.

하용조 목사는 일대일은 온누리교회에 주신 하나님의 축복이요 선물이라고까지 말했다. 특히나 배우는 사람이 아닌 가르치는 사람의 축복이라고 말이다. 이 비밀한 기쁨은 맛본 사람만이 알 수 있다.

동반자 과정을 마치면 곧바로 양육자 과정을 거쳐 새로 들어온 성도를 가르친다. 동반자가 다시 양육자로서 가르치게 되는 것이다. 성경에서 사도 바울도 "네가 많은 증인 앞에서 내게 들은 바를 충성된 사람들에게 부탁하라 그들이 또 다른 사람들을 가르칠 수 있으리라"(딤후 2:2)고 했다. 성도가 성도를 낳고, 제자가 제자를 낳는 재생산이 이루어지는 것이다.

이렇게 먼저 온 사람이 새신자를 가르치게 했는데, 신앙 경험이 부족한 성도가 타 교회에서 온 신앙의 연수가 많은 성도를 가르치는 일도 많았다. 초창기 성도였던 신우권 장로는 하용조 목사에게 양육을 받았는데, 자신이 양육자가 되어 일대일을 시작했을 때는 아는 것이 많아서가 아니라 그저 순종하는 마음으로 시작했다고 한다. 그가 처음 만난 동반자는 김내헌 장로였다. 김 장로는 교수였고, 미국에서 성경공부도 많이 한 사람이었다. 하지만 김 장로는 동반자로서 한 번도 자신이 아는 것을 드러내지 않았고, 오히려 자신의 신앙의 물꼬를 터준 것이 바로 일대일이었다고 고백했다. 오랜 시간 신앙생활을 했지만 믿는 자의 삶이 무엇인지도 모르고 그저 주일성수가 전부였던 자신이 신우권 장로 덕분에 신앙인의 삶을 배웠다고 말이다. 이후 두 사람 모두 많은 동반자를 배출했고, 양육을 하며 자신들이 더욱 하나님 안에서 성장했음을 깨달았다고 했다. 이렇게 신앙의 연륜이 많은 이들이 자존심을 내려놓고 순종의 자세로 양육을 받을 때 자신 안에 있던 허물들이 벗겨지며 신앙에 새로운 눈이 떠지는 놀라운 은혜를 경험했다.

특히 동반자로 배우다가 자신이 양육자가 되어 가르치기 시작하면 그때부터 한 영혼을 책임지는 사람이 된다. 그 영혼을 품고 기도하며 헌신하다 보면 자신이 먼저 은혜 속에 머물게 되며 믿음이 성숙해져 간다. 이것이 양육자에게 주시는 하나님의 선물이다. 배우는 자도 가르치는 자도 함께 성장하는 것, 이것이 바로 일대일 제자양육의 축복이다.

이것이 가능한 이유는 일대일은 가르치는 것이 아니라 자녀를 낳는 것이며, 양육자가 성경을 가르치는 선생이 아니라 영적 유산을 전해 주는 부모가 되는 것이기 때문이다. 이렇게 멘토와 멘티의 관계로 끈끈하게 맺어져 있기에 큰 교회이지만 서로 친밀하게 역동적으로 움직일 수 있었고, 크고 작은 일에도 흔들리지 않는 힘이 생겼다. 이렇게 잘 구축된 양육 체계 덕분에 온누리교회에는 이단이 발을 붙이지 못한다. 일대일 과정을 거치면서 모든 것이 드러나고 걸러지기 때문이다.

1992년 안식년을 마치고 돌아온 하용조 목사가 성령사역을 선포하면서 일대일 제자양육을 온누리교회 양육 체계로 선포했는데, 일대일사역이 성령의 역사와 만나면서 더욱 강력한 영적 에너지를 발휘하게 되었다. 특히 '2천/1만 비전'(2천 명 선교사와 1만 사역자 파송)이나 'ACTS29 비전' 등이 선포될 때마다 일대일에 대한 열정은 더욱 불타올랐다.

일대일 제자양육을 도입하고자 하는 교회들의 요청이 많아지자, 5회 이상 양육 경험이 있는 500여 명의 특별 팀을 구성해 국내외 교회에 일대일을 소개하고 정착할 수 있도록 했다. 온누리교회는 이 일에 사명감을 갖고 전국 각지로 다니며 양육을 도왔다. 지금도 일대일 전 과정의 노하우와 서식을 제공하며 교회 안에 일대일 양육이 정착할 수 있도록 최선을 다해 돕고 있다. 이렇게까지 온 힘을 다해 섬기는 이유는 단 한 가지이다. 모든 교회가 그리스도의 제자 낳는 일에 함께하기를 소망하기 때문이다.

특히 목회에 대한 고민이 많던 개척교회들이 일대일 제자양육을 도입한 후 수년 만에 교회 성장을 경험하는 일이 많았다. 수원에 위치한 소망교회의 일대일 담당이었던 박요나 목사는 온누리교회 김희수 집사에게서 일대일 제자양육을 받은 후 이렇게 소회를 밝혔다. "일대일 제자양육은 성도 사역자를 만드는 디딤돌 역할을 합니다. 그리스도인이라면 누구든 일대일 제자양육을 해야 합니다. 나는 목사였지만 그 시간만큼은 어린이가 되었습니다. 그리고 집사님이 가지고 있는 영성을 배우려고 노력했습니다. 믿지 않는 영혼을 사랑하는 집사님의 모습을 보며 부끄럽고 회개하는 기회가 되었습니다"라고 고백했다.

온누리교회 양육자들이 직접 그 교회를 방문해 16주 동안 일대일 양육을 하는 것에 교회들이 감동했고, 이러한 양육자들의 헌신적인 섬김은 해당 교회들에게 많은 도전을 주었다. 해당 교회 목회자들은 일대일 이후 성도들이 말씀을 듣는 태도가 바뀌었고, 성도 사역자들이 세워지면서 훨씬 생동감 있는 교회로 변화되었다고 전했다.

이처럼 외부에서 일대일사역을 할 때 해당 교회 목회자도 성도들과 함께 동반자 과정을 받는다. 일대일이 교회에 정착되려면 담임목사의 의지와 인식이 매우 중요하기 때문이다. 제자훈련을 해온 더사랑의교회 이인호 목사는 이 사역의 의미를 깨닫고 최근까지도 일대일 양육을 요청했다.

이 목사는 일대일을 정착시키며 "목회자 한 사람이 모든 사람을 돌보는 것은 현실적으로 불가능하다. 집안일을 엄마 혼자서 다 할 수는 없지 않은가. 집 안에 자녀들이 있다면 큰아이가 동생들을 돌보는 식으로 일을 나눠야 한다. 일대일을 교회 안에 적용할 것인가를 두고 고민하고 있다면 먼저 목회자가 양육을 받아 보고 또 양육을 해보라고 말해 주고 싶다"라고 밝혔다.

일대일은 온누리의 제도가 아니라 정신이다

온누리교회 양육이 지금처럼 자리 잡을 수 있었던 것은 성도 중심의 사역 전환이 가장 큰 요인이었다. 목회자 몇몇이 일대일로 제자를 매칭해서 양육한다는 것은 많은 성도가 있는 교회에서는 어려운 일이었다. 대신 그 일을 위해 성도를 훈련시키고, 그 훈련된 성도가 함께 사역함으로써 보다 효율성이 생겼다. 경기에서 감독과 선수가 있다면, 목회자는 팀의 전략과 전술을 수립하는 감독과 코치이고, 필드에서 직접 뛰는 선수는 훈련받은 성도들이라고 할 수 있다. 이렇게 목회자와 성도가 함께 협력하며 나아가고자 했던 믿음이 지금의 온누리교회를 있게 했다.

하용조 목사는 목회자라도 성숙한 성도 리더로부터 일대일 제자양육을 받을 것을 지속적으로 권면했고, 현재도 신임 교역자는 각 캠퍼스의 장로들에게 일대일 제자양육을 받고 있다.

이러한 가치는 머리 되신 예수 그리스도와 함께 목회자와 성도는 한몸이라는 개념에서 출발한다. 고기를 잡는 일은 목회자나 성도나 마찬가지이다. 그런데 성도가 낚시를 올바르게 하기 위해서는 목회자가 그 방법을 잘 가르쳐 줘야 하고, 훈련된 성도는 동역자로서 함께 영혼을 살리는 역할을 감당해야 한다는 것이 바로 일대일의 정신이라고 볼 수 있다. 이러한 서로의 존중과 협력이 바로 성도 중심의 사역을 이끌었다고 할 수 있다.

이런 일대일은 해외까지도 확대되어 선교의 후속 프로그램으로서 좋은 도구가 되었고, 이 일에 헌신하는 성도도 많다.

허복만 장로는 2006년경 갑작스러운 암 진단을 받고 두 번의 큰 수

술을 받게 되었다. 일대일사역 팀은 그를 위해 돌아가며 금식기도를 했다. 그러던 중 일대일을 담당하던 이용하 장로가 병실로 찾아가 그가 장로로 피택되었다는 소식을 전했다. 얼마 후 암은 기적처럼 회복되었다. 그러자 허 장로는 그 은혜에 순종하는 마음으로 일본 오사카로 일대일 아웃리치를 떠났다. 암 치료로 머리가 다 빠진 채 일본까지 날아와 자신을 사랑으로 가르치는 양육자를 보고 그곳의 동반자는 큰 감동을 받았다. 몇 날 며칠 밤을 새우며 일대일을 하는 동안 동반자는 힘들었던 자신의 삶을 포기하지 않기로 했고, 돌이켜 새로운 삶을 시작했다. 허 장로는 제2의 인생을 일대일을 위해 헌신하겠노라 결단하고 현재 부천 온누리교회 일대일 전문 사역자로 헌신하고 있다. 결국 일대일은 하나님의 말씀 안에서 한 사람을 온전히 세우는 일이다.

   2011년 이재훈 목사 취임 이후부터는 일대일 제자양육을 새가족 필수 과정으로 포함시켜 온누리교회 성도가 되기 위해서는 반드시 이수하도록 하고 있다. 그리고 안수집사, 권사, 장로 임직에도 일대일 양육 횟수를 자격 조건으로 포함시키고 있다. 이렇게 일대일은 온누리교회를 지탱하는 중요한 양육 체계로 자리 잡았다.

   이제 일대일은 다양한 세대로 확산되고 있다. 특히 2017년부터는 자녀에게 신앙의 전수가 잘 이루어지지 않는 이 시대에, 자녀들을 믿음으로 양육하기 위한 어린이 일대일 프로그램을 시행하고 있다. 양육은 부모가 직접 하도록 했고, 아버지 양육자반을 위한 교수법이 만들어져 제자양육이 시행되고 있다. 또한 청소년용 일대일 제자양육 교재도 출간되었다. 앞으로는 실버 세대를 대상으로 한 맞춤형 프로그램도 진행할 계획이다. 그리고 시각장애인을 위한 점자 일대일과 청각장애인을 위한 음성인식 STT 일대일 등 사회적 약자들을 위한 양육 계획도 추진되고 있다. 특히 최근에는 인터넷과 디지털 기술이 발전함에 따라 '일대일로 세계로'라는 슬로건을 내걸고 국내나 해외 지역 어디든 제한 없이 일대일 제자양육을 할 수 있도록 비대면 일대일 과정도 준비하고 있다. 이렇듯 일대일은 다양한 세대와 다양한 대상을 아우르며 거룩한 도전을 주는 양육 프로그램으로 발전을 거듭하고 있다.

온누리교회는 40년간 리더십의 교체를 비롯해 많은 변화를 겪어 왔다. 하지만 온누리교회의 큐티와 일대일 제자양육은 가르치거나 배우면서 온누리교회의 변함없는 DNA로 이어져 왔다. 이재훈 목사는 큐티와 일대일 제자양육은 순예배와 함께 온누리교회를 이끌어 가는 핵심 영성이며, 제도로서가 아니라 정신으로 계속 이어져 가야 한다고 강조한다.

온누리교회의 모든 양육은 온누리교회 안에만 머물러 있는 것이 아니라 한국교회를 건강하게 만들고자 하는 보다 큰 비전으로 진행된다. 따라서 양적으로 성장하는 것보다 한 사람 한 사람을 건강하게 세우는 것에 더 관심이 많다. 그것이 교회의 본질이라고 생각하기 때문이다.

건강한 교회는 목회자 한 사람의 노력으로 만들어질 수 없다. 반드시 건강하게 훈련된 성도가 필요하다. 큐티와 일대일 제자양육은 그리스도의 제자로서 역량을 갖추고 건강한 성도로 자라기 위한 매우 중요한 기반이다. 큐티와 일대일 제자양육은 한 개인이 평생토록 견지해야 할 삶의 내용이지만, 영성의 우물을 긷는 온누리교회의 정신으로도 계속 이어져 가야 한다.

새가족에서 제자로

온누리의 성도가 되는 게 쉽지 않다

온누리교회를 보고 사람들이 종종 하는 질문이 있다. "온누리교회는 성도가 되는 것이 왜 그렇게도 어렵습니까?"

새가족으로 들어와 등록하는 입문 과정이 다른 교회에 비해 까다롭다는 소리이다. 새신자는 먼저 새가족 안내 4주와 일대일 제자양육 16주 중 적어도 4주까지(총 8주간)를 마쳐야만 온누리교회 등록 교인이 된다. 첫 주에 일대일 만남을 통해 교회에 잘 적응하도록 돕기 위한 기초 자료를 만들고, 5주 차부터 일대일 사역자를 연결해 양육을 하고 있다. 이는 이미 다른 교회에서 신앙생활을 하던 기존의 신자들도 예외가 아니다.

물론 교회에 오기만 하면 자동으로 등록되는 교회에 비하면 까다로울 수밖에 없다. 이 과정이 불편해서 일대일 제자양육을 받지 않고 교회 등록도 하지 않은 채 예배만 드리는 분들도 있다. 그런데 이런 상황을 감수하면서까지 진행하는 데는 나름의 이유가 있다.

교회 등록 전에 8주의 양육 시간을 보낸다는 것은 그만큼 온누리교회의 성도가 되겠다는 의지의 표현이다. 그리고 온누리교회 성도가 된다는 것은 단지 예배만 참석하는 삶이 아니라 공동체에 소속되어 제자의 삶을 살기로 결단하는 것을 의미한다. 그렇기에 새신자이든, 기존 신자이든 16주간의 일대일을 하면서 하나님과 교회 앞에서 자신의 믿음을 고백하는 과정을 밟는 것이다.

교회에 처음 나온 새가족들이 이 과정을 힘들어할지 모른다는 우려도 있었지만 결과는 오히려 정반대로 나타났다. 새가족들은 교회의 방침을 잘 따라 주었고, 일대일 제자양육 과정이 끝났을 때는 믿음의 기초가 단단해져 교회에 잘 적응하는 것으로 나타났다. 등록한 이후의 정착률도 매우 높았다. 이것이 다른 교회에서는 쉽게 찾아볼 수 없는 독특한 점이라고 할 수 있다.

새신자 정착은 8주 안에 달려 있다

양육이란 말 자체가 아이가 잘 자라도록 기르고 보살핀다는 뜻이 아닌가. 온누리교회 양육 프로그램은 교회에 출석해 등록하는 순간부터 시작된다. 그리고 성도가 교회에 소속되어 있는 한 지속적으로 제공된다. 온누리교회의 양육 체계는 새신자가 교회에 정착해 그리스도의 제자로 준비되고 세워지기까지 그 모든 여정을 함께하며 가르치고 돌보는 것이다.

새가족 교육은 온누리교회가 창립되던 해부터 시작되었다. 그때는 12주 과정으로 하용조 목사가 직접 새신자반 교육을 맡았고, 당시 성도 사역자였던 송만석 집사, 김영길 집사(장로)가 성령반과 구원반을 맡아 교육했다. 처음 새신자 등록 과정을 만들었을 때부터 교회 문턱을 높인다는 비판이 있었지만 신앙고백을 확인하는 최소한의 절차는 필요하다는 뜻에는 변함이 없었다. 교회에 등록하기 전, 충분히 생각하고 등록할 수 있도록 한 것이다.

온누리교회 1기 시대의 양육 체계는 7단계로 진행되었다. 등록 과정을 마치면 정기적으로 큐티를 생활화하도록 가르쳤고, 이어서 일대일 제자양육을 했다. 그리고 순예배를 통해서 공동체의 삶과 제자도를 배우도록 했는데, 순은 십자가의 도(道)와 순종, 헌신을 배울 수 있는 좋은 통로가 되어 주었다. 성도가 성장하면 전도훈련을 통해 가정과 직장에서 전도자의 삶을 살게 했고, 여러 스쿨을 통해 리더로 세워지는 훈련을 했다. 이렇게 제자가 된 성도는 사도행전적 교회의 비전을 품고 아웃리치를 통해 선교의 삶을 살도록 이끌었다(7단계의 양육 체계: 1단계 새가족 등록 과정, 2단계 큐티와 말씀 묵상, 3단계 일대일 제자훈련, 4단계 공동체 제자훈련, 5단계 전도훈련, 6단계 비전과 리더십 훈련, 7단계 선교와 아웃리치).

이렇게 한 성도를 그리스도의 제자로 살아가도록 하는 목회 철학은 지금도 변함이 없다. 우선, 온누리교회 양육을 두 단어로 표현한다면 교육과 돌봄이다. 새신자에게 교회를 소개하는 정도의 차원이 아니라 복음에 대한 정확한 교육을 한다. 새롭게 전도되어 오는 새신자나 다른 교회에서 이동해 온 오래된 신앙인이나 다 같이 양육을 받아야 하며, 이를 통해 복음의 핵심을 제대로 접할 수 있는 기회를 제공한다. 무엇보다 새신자가 구원의 확신을 갖는 것과 자신이 다니는 교회의 목회 철학이 무엇인지에 대해 아는 것은 매우 중요하다고 보았다.

새가족반은 8주 과정(4주 합동 교육과 4주 일대일 제자양육)을 마치면 온누리교회 등록 교인이 되어 교적 번호와 교인 패를 부여받는다. 이후 동반자가 되어 자신과 연결된 양육자와 함께 12주 동안 말씀을 배우고 말씀 안에서 삶을 나누는 일대일 제자양육 과정을 이수한다. 일대일 양육자는 새가족으로 온 사람이 온누리교회 성도로 잘 정착하도록 돕는 멘토 역할도 담당하고 있다. 일대일 동반자 과정이 끝나면 양육자반 과정이 바로 이어지는데 큐티스쿨과 일대일 제자양육은 온누리교회에 등록한 모든 성도는 반드시 수료해야 하는 과정이다.

양육에 있어 가르치는 것만큼 중요한 것이 마음을 다하는 돌봄이다. 어떻게 하면 주님이 보내신 영혼들을 하나도 잃지 않고 교회에 머물게 할 수 있을까? 이런 고민과 기도 가운데 목자의 심정으로 돌보고, 먼저 찾아가며, 위로와 권면 속에 주님 앞으로 나올 수 있도록 인도하는 것이다. 교회가 커지면서 혹여 관심과 배려가 부족해 소외되고 있지는 않은지, 낯선 문화적 환경으로 인해 힘들어하고 있지는 않은지, 세심하게 그의 형편과 상황을 살피고 사랑의 공동체를 경험할 수 있도록 애쓰고 있다. 한 아이를 키우기 위해서는 한 마을이 필요하다는 말처럼, 한 사람이 교회에 잘 정착하고 그리스도인으로 설 수 있도록 새가족 사역자들과 목회 행정실, 공동체 리더들과 일대일 사역자까지 20여 명의 관계자들이 합심해 지속적으로 협력하고 기도하며 힘을 기울이고 있다.

사역자들은 '새신자 정착은 8주 안에 달려 있다'는 생각을 갖고 있다. 그만큼 첫발을 내딛는 순간부터 매 순간을 교회 공동체의 사랑을 경험할 수 있어야 한다. 때문에 순 활동과 공동체 안에서 자연스럽게 관계를 맺고 교회의 일원으로서 소속감을 가지며 따뜻한 돌봄과 지지를 경험할 수 있게 한다. 이렇게 정착한 새신자가 체계적인 양육을 통해 믿음의 뿌리를 내리고 제자로 자라 가는 여정을 끊임없이 지원하고 돌본다. 그러는 사이에 새신자는 양육자가 되어 자신이 받은 사랑의 수고를 아낌없이 베풀며 그 역할을 이어 가게 된다.

양육은 자신의 필요와 수준에 맞게

2011년, 양육 체계에 새로운 변화가 있었다. 온누리교회의 모든 성도는 새가족 교육을 시작으로 단계별로 양육 과정을 밟게 되는데, 온누리교회 양육의 특징 중 하나는 초급, 중급, 고급 등으로 교육의 단계를 나누지 않는다는 것이다. 기초 과정과 기본 선택 과정 그리고 자유 선택 과정으로 이루어지는데, 특별히 성도의 신앙에 말씀이 밀접하게 자리 잡도록 양육 과정을 보다 폭넓게 제공하는 데 중점을 두고 있다. 일대일 훈련을 마친 양육자들을 위해 여러 성경공부 강좌가 개설되었고, 갈라디아서, 로마서 등 권별 성경 탐구 프로그램인 온누리바이블클럽(OBC) 등을 도입해 언제든지 말씀에 쉽게 접근하도록 일종의 양육의 대중화를 추구했다.

특히 새가족 등록 과정을 마치고 순 활동을 시작하는 성도들은 기본 선택 과정에 속한 과목들을 신청해서 양육을 받게 된다. 교회 안의 여러 본부가 협력해 성경, 예배, 공동체, 리더십, 선교, 사회참여 등 6개 영역으로 나누어 주제별로 다양한 과목을 개설하고 있다. 교회는 성도들에게 교육의 선택 과정을 다양하게 제시하고 성도 각자가 자신의 필요와 수준에 맞게 자유롭게 선택하도록 하고 있다.

성도는 신앙의 정도와 삶의 경험이 다 다를 수밖에 없다. 그에 따라 은사와 관심 분야도 다르다. 때문에 자신이 원하는 과목을 우선적으로 골라 수강할 수 있다. 온누리교회의 양육 시스템은 정해진 코스를 수동적으로 따르는 고등학교식 커리큘럼이 아니라, 자신의 필요에 따라 수강을 하는 대학교 커리큘럼의 개념이 강하다. 그래서 수많은 양육 프로그램을 두고 '양육 파크(Park)'라고 부른다. 일대일과 큐티를 기본 과정으로 제시하고 있지만 이후로는 강제적인 코스가 따로 정해져 있지 않다. 자신의 필요가 무엇인지 찾아갈 수 있도록 추천 경로를 도움받을 수도 있고, 은사에 따라 좀 더 전문적인 리더십으로 세워지도록 인도받을 수도 있다.

다만, 다양성이 생긴 만큼 많은 성도를 체계적으로 관리할 필요가 있고, 교회의 리더십을 세우기 위한 보다 객관적인 기준이 필요하다. 이에 따라 성도들의 교적을 전산으로 관리하기 위한 에스라 프로그램을 도입했다. 또한 디지털 목회로의 전환을 선포한 후 성도들의 필요를 보다 적극적으로 반영하고 섬기기 위한 아이케어와 성도들이 양육 프로그램에 편리하게 접근하고 자신의 양육 진행 상태를 스스로 체크해 볼 수 있도록 하는 아이스쿨을 시스템화했다.

그리고 이 전산화를 바탕으로 양육 학점제를 두어 성도 중에서 새로운 리더를 세우고자 할 때 좀 더 객관적 기준을 제시할 수 있도록 했다. 이를 통해 공동체의 검증도 있지만 동시에 교회의 리더가 되기 위한 최소한의 교육과 섬김의 기준을 제공하고 있다.

그러나 이 모든 과정 속에는 궁극적으로 변함없는 하나의 방향성이 있다. 모든 성도가 '배우거나 가르치는' 그리스도의 제자가 되어 세상을 향한 담대한 그리스도의 증인으로 살아가도록 하는 선교적 목표이다.

양육의 핵심은 그리스도의 제자가 되는 것

한편으로 온누리교회 양육이 새로운 전환점을 맞은 시기가 있었다. 2021년 코로나19 시기를 보내던 중이었다. 이재훈 목사는 양육본부장인 박태영 목사에게 한 가지 제안을 했다.

"제가 오랫동안 묵상해 오던 것이 있습니다. 그것은 성도들이 자발적으로 참여하는 성경 연구 모임 같은 것이 있었으면 좋겠는데, 어떻게 하면 그것을 실현할 수 있을까 하는 것입니다. 저는 일대일 제자양육의 단계를 뛰어넘어 우리 성도들 가운데 다양한 소그룹 차원의 말씀 운동이 들불처럼 번져 나갔으면 합니다."

이 목사는 성도들이 보다 깊은 말씀 연구를 통해 삶에서 실천하고 적용할 수 있기를 바랐다. 이를 계기로 온누리가스펠프로젝트(OGP) 과정이 새롭게 신설되었다. 온라인 소그룹 성경공부 프로그램으로 성도들이 자발적으로 모이는 나눔식 성경 연구 운동이다. 창세기부터 요한계시록까지 구속사적 관점에서 성경을 공부하는 프로그램인데, 특별히 삶의 적용에 중점을 두고 있다. 2022년부터 큐티와 일대일 제자양육 동반자 과정을 마친 성도들을 대상으로 본격적으로 진행하고 있다.

일대일과 OGP는 모두 성도 사역을 기반으로 하고 있다. 일대일 제자양육이 16주 동안 일대일로 만나 말씀 가운데 삶을 나눈다면, OGP는 8주간 소그룹 리더가 4~5명의 수강생을 대상으로 신구약 성경 전체를 공부하며 말씀을 묵상하고 삶을 나누는 양육이다. 그동안 온누리교회 성도들의 성경공부와 영성을 일대일 제자양육이 책임져 왔다면, 그 후속으로 일대 다수가 만나는 온누리가스펠프로젝트라는 새로운 양육 체계가 온누리교회 양육에 또 하나의 DNA로 심겨져 성도들의 영적 성장의 견인을 기대할 수 있게 되었다.

　이러한 온누리교회의 모든 양육에는 몇 가지 원칙이 있다. 우선, 모든 양육은 선교적 사명을 이루기 위한 양육이라는 점이다. 이 땅에 사도행전적 교회를 이루어 간다는 사명 아래 모든 성도가 예수 그리스도의 제자가 되기 위해 건강한 양육을 계속해서 받는 것이다. 그 일을 위해 성도의 헌신된 양육이 있고, 제자가 제자를 낳는 재생산이 이루어지는 것이다. 이를 통해 하나의 꿈을 꾸는 공동체로 연결이 된다.

　그러나 여기에서 유의해야 할 점이 있는데 바로 목회자를 배제하고 성도의 개인적 판단으로 실행하는 양육은 절대 금지한다는 것이다. 담당 교역자가 모든 양육의 자문과 감독을 하고, 성도 양육자는 인도를 받는다. 그리고 개인의 지식이나 지혜가 아닌 오직 말씀에 기초하여 양육하도록 하고, 교재나 시스템, 매뉴얼을 철저하게 따르도록 하고 있다.

　또한 그 과정은 반드시 하나님의 말씀과 성령님이 함께하시는 여정이어야 한다. 온누리교회가 항상 주지하고 있는 것은, 현재 진행하고 있는 것만을 고집하지 않는 것이다. 성령님의 일하심을 항상 바라보며 모든 영역에서 그래 왔듯, 본질은 지키되 더 좋은 길을 찾으며 언제든지 개혁될 수 있다는 것을 염두에 두고 있다. 변화하는 시대 속에서 새로운 세대를 위한 양육의 개발도 필요해졌다. 그러나 기도 없이는 열매 맺지 못한다는 것을 안다. 40년간 역동적 양육이 가능했던 이유는 매 순간 성령님의 인도하심을 구하며 왔기 때문이다.

　온누리교회의 양육 체계는 기본적으로 5년에서 7년 정도가 걸린다.

한 사람의 성도가 이 정도의 훈련을 받으면 다른 사람을 가르치고 돕는 데 쓰임 받을 수 있다는 생각에서이다. 그래서 하용조 목사는 개척 초기부터 7년이 되면 온누리교회를 떠나 가르치고 섬길 것을 강조했다. 배우고 훈련받는 목적은 예수님의 명령을 따라 땅끝까지 이르러 제자를 삼기 위한 것임을 잊지 말아야 한다. 그 일을 위해 우리는 배우든지 가르치든지 해야 하는 것이다. 시대와 상황이 변해도 이러한 양육의 비전은 변함이 없다.

온누리교회의 양육은 완벽함을 추구하지 않는다. 부족할지라도 하나를 배우면 하나를 실천하는 방식이다. 거기엔 개인의 능력이 아닌 성령님이 함께하신다는 믿음이 있다. 지식을 습득하는 과정이 아니라 제자로 사는 삶이 목표이기에 가능한 일이다. 그래서 모든 양육은 배움을 넘어 일상에서의 삶이 되어야 한다.

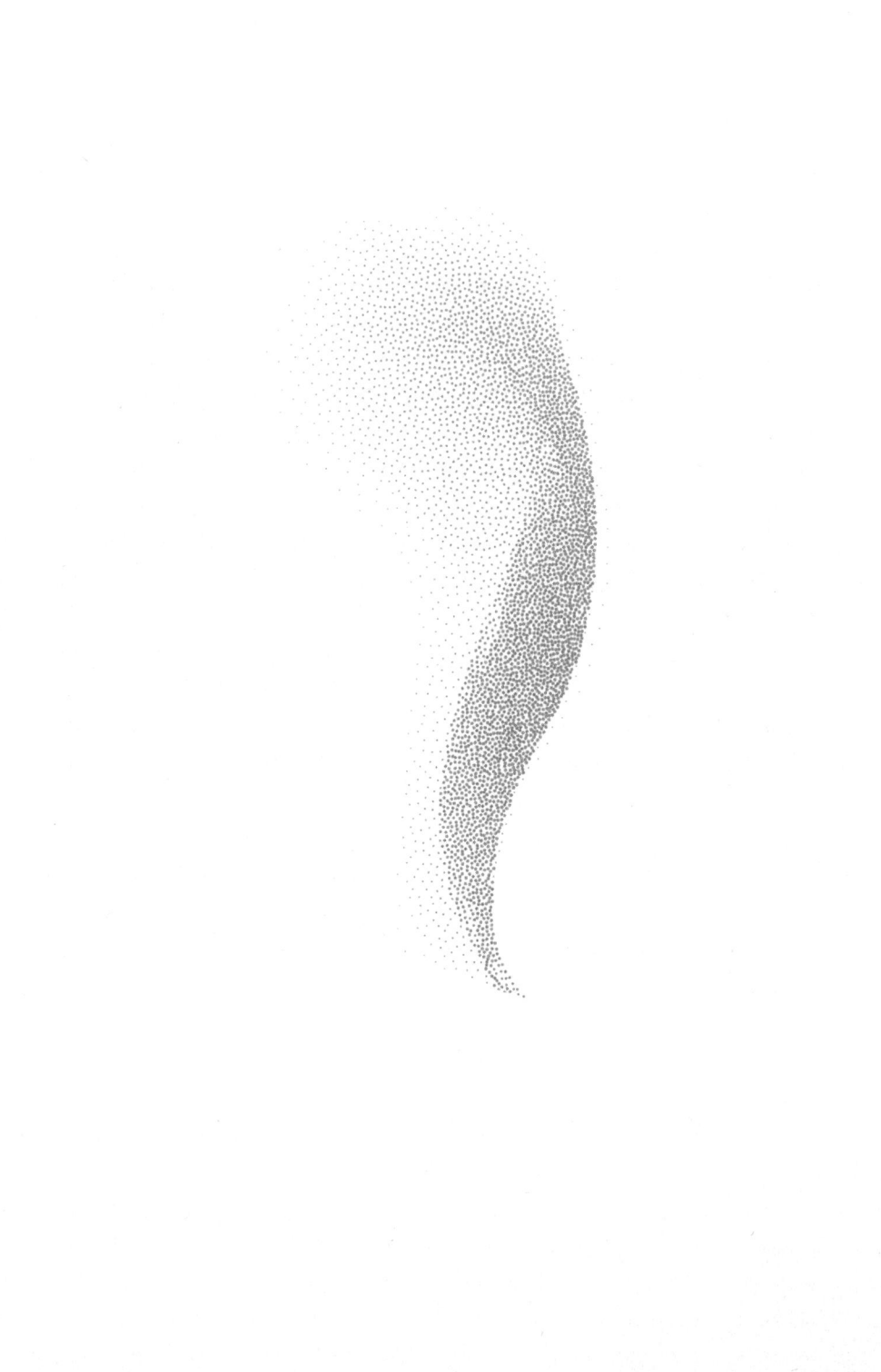

2.
건강한 리더십을 세우다

목사보다 성도가 유명한 교회

온누리교회는 목사보다 성도가 더 유명한 교회이다. 이 말은 곧 성도가 주역인 교회란 뜻이다. 하용조 목사는 늘 "목사가 유명한 교회보다 성도가 유명한 교회가 되어야 한다"라고 강조했다. 어느 교회를 설명할 때 "○○○ 목사님의 교회"라고 표현하는 것은 바람직하지 않으며, 좋은 교회의 기준은 담임목사가 아니라 그 교회에 좋은 성도들이 얼마나 많이 다니는가여야 한다는 것이다.

온누리교회는 제자훈련과 공동체, 선교, 사역 등 성도가 중심이 되어 이끌어 가는 시스템이다. 이러한 목회적 방향은 교회가 창립하던 때부터 시작되었다.

하용조 목사와 성경공부를 했던 성도들이 말씀으로 변화되고 성장하면서 다음 기수의 성경공부 멤버들을 도왔다. 말씀을 배우고자 찾아오는 사람들이 점점 많아지자, 하용조 목사는 성경 가르치는 일을 훈련된 성도들에게 맡기기로 했다.

이 안건이 교회 설립 후 열린 첫 번째 당회에서 논의되었다는 사실은, 온누리교회의 목회적 방향을 분명히 보여 준다. 이 결정의 핵심은 단순히 '성도가 성경을 가르치는 것'을 허용한 것이 아니다. 오히려 성경을 바르게 배운 성도가, 아직 배우지 못한 성도에게 성경을 가르치도록 양육하고 세웠다는 데 그 의미가 있다.

온누리교회의 목회 철학은 이렇게 모든 성도가 목회적 리더십을 갖추는 것이다. 규모의 성장보다는 성도의 훈련에 중점을 두며, 믿음의 기초가 세워진 성도들이 교회 공동체의 리더십으로 세워지도록 하는 것이다. 이것은 목회자 한 사람이 비전을 끌고 가는 것이 아니라, 온 성도가 교회의 비전을 품고, 함께 사도행전적 교회를 이루어 가겠다는 의지가 담긴 것이다.

배운 이들은 다음 사람을 가르쳤다. 이렇게 훈련받은 성도가 새로 들어온 성도를 교육하는 방식은 온누리교회만의 특별한 양육 체계로 자리 잡았다. 특히 일대일 제자양육은 동반자와 양육자가 일대일로 만나 가르치고 나눔을 하면서 서로가 함께 성장하는 성도 중심의 양육이다. 당시 교역자가 주로 양육을 담당했던 타 교회와는 달리 온누리교회는 성도가 만인제사장으로서의 정체성을 갖고 과감하게 양육을 담당하도록 추진했다. 그렇게 함으로써 목회자 한 사람이 성도들을 일대일로 모두 감당할 수 없는 상황에서 성도를 훈련시키고, 그 훈련된 성도들이 함께 사역함으로써 목회적인 면에서도 훨씬 효율성을 갖게 되었다. 또한 이렇게 성도가 성도를 양육하는 일대일사역은 온누리교회가 성장하는 데 큰 동력이 되었고, 성도들이 리더로 세워질 수 있는 발판이 되었다.

이것이 가능했던 것은 온누리교회 성도라면 누구나 큐티 훈련을 기초적으로 받고, 일대일 양육과 교회 안의 다양한 교육 과정을 통해 체계적인 양육과 훈련을 받으면서 목회적 리더십을 키워 왔기 때문이다.

무엇보다 성령님이 한 사람 한 사람을 세워 가신다는 그 믿음과 순종의 결과가 오히려 더 많은 리더가 세워질 수 있게 했다. 실제로 온누리교회는 1994년 성령사역을 선포한 이후 폭발적인 부흥을 경험했다. 특히 많은 목회적 사역을 성도 리더십에 위임하면서 성령님의 인도하심을 따라 성도들이 중심이 되어 사역하는 이른바 '아래로부터의 목회'가 적극 추진되었다.

이 개념이 도입되면서 새로운 단위인 '공동체'가 만들어졌다. 교회의 조직이 순과 다락방, 공동체로 구성되면서 성도들의 역할은 더욱 커졌다. 성도 리더들에게 자율권을 주고 성도가 사역자로서 열정을 가지고 일할 수 있도록 길을 열어 주었다. 이에 따라 순장이 부순장을 세울 수 있고, 순에서 재정을 사용할 수 있는 권한도 주어졌다.

특히 온누리교회에는 87개의 공동체가 있는데 하나의 공동체가 하나의 지역 교회로서 역할을 하고 있다. 지역별로 공동체를 구성하고 각 공동체는 담당 목회자와 담당 장로, 성도들이 운영위원회로 구성되어 독립적인 운영과 예산을 집행한다. 담당 장로는 목회자와 함께 공동체의 사역을 점검하고, 권사는 권사회를 조직해 공동체의 심방을 돕고, 경조사를 살피며, 안수집사 등과 함께 중보기도에 힘쓰고 있다. 이렇게 교회는 사역의 기본 틀을 만들고, 성도들이 자율적으로 새로운 것을 계속해서 시도할 수 있도록 제반 사항을 마련했다. 온누리교회 부흥의 비결 중 하나는 바로 이러한 성도 중심의 사역 전환에 있다고 할 수 있다.

많은 교회가 담임목사 중심의 목회 체제인 데 반해, 온누리교회는 담임목사가 가진 결정권의 일부를 이처럼 공동체에게 위임함으로써, 성도들이 주체가 되어 보다 역동적으로 사역할 수 있도록 한 것이다.

온누리교회 안에는 성도이지만 탁월한 능력을 가진 이들이 많다. 목회자는 이런 성도들이 각자의 은사와 달란트를 가지고 창의적으로 사역할 수 있도록 돕는다. 이렇게 목회자와 성도가 함께하는 협력 체계가 유기적으로 잘 이루어졌을 때 교회의 사역이 훨씬 더 힘을 발휘할 수 있게 된다.

이것은 목회자와 성도가 하나님 나라를 함께 이루어 가는 목회의 동역자라는 개념을 가지고 있기 때문에 가능한 것이다. 이러한 목회 철학은 온누리교회가 가진 특징이자 장점이다.

사도행전적 교회를 꿈꾸고 있는 온누리교회는 초대교회의 목회적 방식을 따라 목사와 성도가 건강하게 리더십을 나누고 있는 교회이다. 사도들이 교회의 리더십을 독점하지 않고 여러 사람과 나누었던 것처럼, 온누리교회 역시 많은 성도 리더십을 세우고, 신앙의 성숙을 이룬 성도들과 함께 동역하고 있다. 이는 교회의 머리는 예수 그리스도라는 고백 아래 모두가 한 몸을 이루고자 애쓰며 순종하고 있기 때문이다.

리더십 양성의 산실, '순장학교'

온누리교회에는 많은 리더십이 존재한다. 그중에서도 가장 기본이자 핵심이 되는 리더십은 바로 '순장'이다. 순장은 온누리교회의 가장 기초단위 공동체인 '순'을 이끄는 리더이자, 예배와 나눔, 말씀과 기도로 순원들의 신앙 여정과 동행하는 작은 목회자라고 할 수 있다.

순예배는 단순한 소그룹 모임이 아니다. 예배가 있고, 말씀을 나누고, 서로의 삶을 돌아보며 중보하는 이 작은 공동체 안에 교회의 본질이 고스란히 담겨 있다. 그런 의미에서 순장은 예수님의 사랑으로 순원을 돌보는 목양의 동역자이자, 성도들이 교회 안에서 성장하고 제자로 설 수 있도록 돕는 인도자라고 할 수 있다.

가장 작지만 가장 뜨거운 리더, '순장'

온누리교회는 이러한 순을 이끌 리더를 세우는 일에 매우 심혈을 기울이고 있다. 이 막중한 사명을 감당할 리더십을 기르고자 체계적인 양육과 훈련을 해오고 있다. 그중 가장 대표적인 과정이 바로 '순장학교'이다.

순장학교는 성인 공동체 순을 섬길 '순장'을 양성하는 교육 과정으로, 온누리교회 양육 체계 중 필수 과정에 속한다. 이 훈련은 1996년 '순장사관학교'라는 이름으로 시작되었다. 초창기에는 말씀 중심의 성경공부 형태로 구성되었다. 이처럼 온누리교회는 교회의 모든 리더십의 출발점을 '말씀'에 두고자 했다. 이것은 순장학교도 예외가 아니었다. 철저하게 말씀 안에서 믿음과 영성의 깊이를 쌓아 가도록 했다.

무엇보다 순장의 사명을 기능적인 것에 두지 않았다. 부르심에 순종하며 헌신된 제자로 살아가고자 하는가, 이 영적 리더십을 첫걸음으로 삼았다.

2003년에는 모든 순원을 1만 명의 순장으로 양육한다는 비전을 품었다. 이에 따라 '일만 순장 프로그램'을 진행하기도 했다. 당시 성도의 수가 늘면서 부족한 양육자를 양성하는 것이 필요하기도 했지만, 그보다는 성도들이 비전에 헌신하게 하고, 순장으로서 자격을 갖추며, 성령의 능력을 체험하도록 하기 위해서였다. 그만큼 교회는 성도 한 사람 한 사람을 목회적 리더십을 갖춘 영적 리더로 세우고자 한 것이다.

지금의 순장학교는 매년 두 차례 정규 학기를 운영하며, 매 기수에 수십, 수백 명의 순장을 배출하고 있다. 우선 순장학교에 입학하기 위해서는 일대일 동반자반을 수료하고, 큐티스쿨을 마친 등록 성도 중에서 공동체 담당 목사와 담당 장로의 추천을 받아야 한다. 공동체는 계속해서 예비 순장을 발굴하면서 매 학기 순장학교에 들어갈 성도를 추천한다.

순장학교는 10주간 수강생들이 교회의 비전과 함께 순장으로서 갖추어야 할 역량을 키우기 위한 다양한 과정을 수행하도록 한다.

순장이 매주 순예배를 인도하는 만큼, 순예배 인도와 큐티나눔, 중보기도와 찬양, 목회적 돌봄 등의 훈련이 집중적으로 이루어진다. 특히 순예배를 수강생들이 직접 실습해 보면서 순 활동을 통한 순장의 보람과 기쁨이 무엇인지를 미리 체험하며 준비되어 간다.

예배의 형식이 단순해 보일지 모르지만, 그 안에는 하나님의 임재를 기대하는 간절함이 있고, 삶으로 드리는 순원들의 고백이 있으며, 말씀을 중심으로 공동체가 하나 되는 성령의 역사가 있다. 순장은 이 은혜를 기대하며 준비하는 것이다.

또한 주 1회 진행되는 순장 성경공부는 하나님의 말씀이 매일 몸으로 체득되도록 큐티와 나눔, 중보기도의 훈련을 한다. 이것은 모든 순장을 비롯해 성인 공동체의 리더들인 대표 장로, 총무, 다락방장이 함께 담당 교역자와 만나 공동체적 교제와 나눔을 한다. 이처럼 순장은 공동체 목회자의 긴밀한 협력과 영적 지도를 받아야 하며, 이는 순장의 역할을 감당하는 동안 멈출 수 없는 훈련의 시간이라고 할 수 있다. 이 모든 과정은 목회자 훈련만큼이나 실제적이고 치열하다. 왜냐하면 순장은 순원들로부터 가장 가까운 곳에서 제자로서의 삶을 살아 내야 하기 때문이다. 이처럼 순장학교는 온누리교회의 오랜 리더십 양성의 산실이자, 교회의 비전을 실천해 내는 훈련의 장으로 자리 잡고 있다.

이렇게 세워진 순장은 교회의 목회 철학을 함께 공유하며, 목양의 방향에 발맞춰 순을 이끌어 간다. 교회의 소식을 순에 전하고, 순에서 발생하는 장례 상황이나 심방 요청 등을 다락방장에게 알린다. 순원들과 함께 후원 선교사를 위한 기도와 후원을 감당하고, 허용된 범위 내에서 순헌금의 일부를 사역을 위해 사용할 수 있다. 이렇게 순장은 교회의 사역을 가장 실제적으로 섬기는 리더이다.

이러한 사역은 과거에는 목회자가 담당했다. 그런데 순장들에게 이런 사역을 위임하면서 목회자와 순장이 목양의 동역자로서 함께 사역해 나가고 있다. 교회 행정을 순장과 나누자 목회자는 말씀과 훈련에 집중할 수 있게 되었다. 어떤 순장은 순장으로서 그 사명에 최선을 다하기 위해 다른 사역의 부르심이나 자기계발의 기회를 스스로 포기하기도 한다.

한편, 순장을 한번 세우는 것도 어렵지만, 지속적으로 순장의 사명을 감당하게 하는 것은 더욱 어려운 일이다. 그래서 온누리교회는 순장들의 성장과 사역을 계속해서 지원하며, 재충전할 수 있는 다양한 영적 공급의 장을 마련하고 있다.

매년 모든 순장이 함께 모여 드리는 '순장영성수련회'는 순장의 정체성과 사명을 재확인하는 시간이다. 예배와 기도 속에서 순장으로서의 첫 마음을 회복하며 하나님 앞에 헌신한 리더로서 사명을 포기하지 않도록 공동체의 힘으로 서로를 일으키며 걷고 있다.

또한 사역을 돕는 교재도 꾸준히 제공되고 있다. 특히 코로나19 기간에는 관계기술, 상담심리, 성경적 돌봄에 관한 콘텐츠를 정리해 비대면 자료로 순장들에게 배포했다. 전례가 없던 위기 중에도 순이 흔들리지 않고 지속될 수 있도록 교회가 적극적으로 뒷받침했다.

이렇게 순장들의 재훈련과 채움이 필요한 만큼, 리더십을 발굴하고 체계적으로 훈련시키는 일도 못지않게 중요하다. 순별로 순장 외에 예비 순장(또는 부순장)을 두고 있는데, 만일의 경우 순장의 역할을 대행하도록 제도적으로 돕고 있다. 예비 순장이 되면 순장학교의 입학 자격이 주어진다. 그리고 언제든지 순장을 대신해 순을 섬길 수 있게 능력과 자질을 키우도록 공동체가 지원하고 있다. 이러한 예비순장제도는 분순(分筍)을 할 경우 생기는 리더십의 공백을 최소화할 수 있게 한다.

> 주님 말씀하시면 내가 나아가리이다. 주님 뜻이 아니면 내가 멈춰서 리이다. 나의 가고 서는 것, 주님 뜻에 있으니 오 주님 나를 이끄소서.

이 찬양은 순장학교의 교가이다. 매주 수업이 끝날 때면 이 찬양을 다 함께 부른다. 주님의 말씀 앞에 순종하며 섬김의 자리에 서겠다는 결단이다.

순장의 자리는 가장 깊은 섬김이 요구되는 자리이다. 순원이 겪는 삶의 아픔과 고난에 동참해 함께 울며 기도하고, 그의 기쁨에 함께 기뻐하는 사람이다. 누구보다 먼저 무릎 꿇고 예배를 준비하는 사람이다. 그렇기에 온누리교회의 순장은 교회를 세워 나가는 가장 중요하면서도 시작이 되는 리더이다.

성도는 순예배에서 제자로 자라난다. 순은 예수 그리스도의 꿈과 비전을 실천해 나가는 장이다. 순에서 예배 공동체, 성령 공동체, 선교 공동체를 만들어 가며, 성도들이 복음과 사회선교의 사명에 적극 동참할 수 있도록 인도한다. 이렇게 살아 있는 공동체를 세워 가는 수많은 영적 리더가 온누리교회에 존재하고 있다.

가장 작지만 가장 뜨거운 은혜의 자리를 이끄는 리더십, 바로 순장이다.

성도를 제자로, 제자를 리더로

온누리교회는 언제나 성도 한 사람 한 사람을 그리스도의 담대한 제자로 세우는 일을 교회의 중요한 사명으로 여겨 왔다. 단순히 교회에 출석하는 신자에 머무는 것이 아니라 말씀과 기도 그리고 훈련과 순종을 통해 주님의 제자이자 영적 리더로 성장하도록 힘써 왔다. 그렇게 신앙의 성숙을 이루어 교회와 열방을 위한 사역자로 헌신한 이들이 바로 제직들이다.

첫 당회에서 56명을 세운 것을 시작으로 현재 1만 2천 명이 넘는 리더들이 교회의 충성된 일꾼으로 사역하고 있다(안수집사 7,232명, 권사 4,150명, 장로 634명).

온누리교회 초창기 제직들에게 주어진 첫 번째 목회 지침은 분명했다.

"일꾼 양육에 전심전력을 다하라. 항상 하나님의 생각에 귀를 기울이라. 충성스럽게 봉사하고, 감사와 기쁨으로 살아가라."

교회의 리더란, 말씀과 기도로 살아가는 일상의 중심에 서서, 또 다른 제자를 세우고, 기쁨으로 섬김을 감당하는 사람이다. 이 '일꾼 됨의 정신'은 지난 40년간 온누리교회의 변함없는 중심 가치였다.

온누리교회는 예장통합 총회 규정에 따라 안수집사와 권사를 선발했다. 공동의회 투표를 통해 임직자를 세웠고, 오랜 시간의 훈련을 필수로 했다. 하지만 투표 방식의 한계로 인해 이후 임직선발제도로 변경하게 되었다.

온누리교회의 임직자가 되는 길은 쉽지 않다고 정평이 나 있다. 신앙의 연수가 채워졌다고 받을 수 있는 게 아니기 때문이다. 그만큼 이수해야 할 과정과 충족되어야 할 기준이 많다. 하지만 한편으로 이 말은 맞지 않다. 왜냐하면 온누리교회 성도로서 양육 과정을 따라 걷다 보면 자연스럽게 자질을 갖춘 자로 성장해 갈 수 있는 양육 체계가 뒷받침되기 때문이다. 그래서 온누리교회에서 임직은, 직분을 받는다기보다 사명자로의 부르심에 응답하는 것이라고 해야 더 적절할 것이다.

그런데 리더십을 세우는 과정에서 온누리교회만의 특별한 점이 몇 가지 있다. 우선 임직 후보자의 기준을 온누리교회답게 정했다. 온누리교회의 DNA라고 할 수 있는 큐티스쿨과 일대일 동반자반, 양육자반을 수료하는 것이 필수이다. 안수집사는 일대일 제자양육을 3명 이상 완료해야 하는 것을 기본 규정으로 삼았다. 장로나 권사는 안수를 받은 후 일대일 제자양육을 1명 이상 더 해야 한다. 이는 리더가 되었다고 해서 배우거나 가르치는 성도의 삶을 멈추는 것이 아니라 계속해서 양육하고 재생산하며, 제자로서의 삶을 살아가기 위해서이다.

온누리교회에서 임직을 받으려면 양육 과정을 통해 12학점 이상(기본 선택 6학점 이상 포함)을 이수해야 한다. 권사로 임직되거나 장로로 장립되기 위해서는, 집사 임직 이후에 추가로 4학점을 더 취득해야 한다.

교회에 '학점제'를 도입한 데는 분명한 이유가 있다. 성도 수가 증가함에 따라 보다 체계적인 양육과 리더십 관리의 필요성이 커졌고, 공동체나 사역 팀의 주관적 평가만으로는 리더십을 검증하는 데 한계가 있기 때문이다. 이런 점에서 임직 학점제는 객관적인 교육 이수와 섬김의 경험을 기준으로 함께 제시할 수 있는 유용한 도구가 되었다. 많은 성도 중에서 새로운 리더를 세우기 위한 최소한의 검증 장치라고도 할 수 있다.

실제로 오랜 신앙생활을 했더라도, 복음의 핵심이나 기독교 세계관에 대한 이해가 부족한 경우가 적지 않다. 이런 현실 속에서, 온누리교회의 학점제는 단순한 자격 요건이 아니라 리더로서 준비하고 성장하는 것을 돕는 장치로 작용한다. 그러나 결국 중요한 것은 학점 그 자체가 아니라, 말씀과 훈련을 사모하는 마음이다. 자발적으로 양육을 받고, 주님과 교회에 헌신하려는 이들로 세워지는 것, 바로 그것이 온누리교회가 진정으로 바라는 임직자의 모습이다.

안수집사와 권사 후보자들은 공동체별 임직심의위원회의 면접과 검증을 거친 뒤, '임직자스쿨'에 참여하게 된다. 이 과정은 10주간 진행되며, 리더십 강의 수강과 자원봉사, 과제 수행 등을 하게 되는데 결코 쉽지 않은 여정이다. 그러나 이 훈련은 단순한 교육을 넘어, 교회를 섬기는 리더로서의 소명과 헌신을 다시 세우는 자리이다.

실제로 한 성도는 주일 주차 봉사라는 미션을 수행하면서 큰 은혜를 경험했고, 임직 이후에도 자발적으로 주차봉사사역에 헌신하게 되었다. 또 어떤 후보자는 새벽마다 눈물로 기도하는 성도들을 보며, 목양에 대한 열정과 책임감을 품게 되었다.

이처럼 많은 예비 임직자들이 훈련 중에 받은 은혜와 감동을 간증하며, 훈련 이후에도 봉사와 헌신의 삶을 자연스럽게 이어 가고 있다. 임직자스쿨은 믿음의 동역자들을 만나는 연합의 장이기도 하다. 자신이 속한 공동체를 넘어, 온누리 전체에서 더 넓은 사역 네트워크와 관계를 경험할 수 있기 때문이다.

10주간의 훈련을 마치고 나면, 11월에 임직예배를 드리며 정식으로 하나님의 일꾼으로 세움 받게 된다.

한편, 온누리교회의 장로 선출 시스템은 좀 더 특별하다. 격년으로 장로를 선출하고 있는데, 일반 교회가 피택 후 바로 장립하는 것과 달리 온누리교회는 장로 후보자들이 약 1년 가까이 '장로사관학교'라는 훈련 과정을 밟아야 한다.

하용조 목사는 장로는 성도에게 주어진 가장 귀한 직분이라고 강조했다. 그러면서 '성숙한 인격과 탁월한 사역, 영적 리더십, 동역과 화해, 위기관리 능력, 복음전도'를 성경적 장로 리더십의 조건으로 제시했다. 이러한 가치는 온누리교회가 장로 리더십을 제도적 리더가 아닌 교회와 열방을 위한 사역자이자 목회적 리더로 여기고 있다는 것을 의미한다.

교육을 이수했다고 끝이 아니다. 장로사관학교의 모든 과정을 수료하게 되면 예장통합 평남노회에서 주관하는 '장로고시'에 응시해야 한다. 이 고시를 통과해야만 장로로 장립될 수 있다. 이는 교회 공동체 안에서의 추천도 중요하지만 공적인 리더로서의 소양과 자질을 갖추었는지를 장로고시와 교육 이수라는 보다 객관적인 방법을 통해 장로 리더십의 공정성과 신뢰성을 얻고자 한 것이다. 놀라운 것은 지금까지 온누리교회 장로 후보자들 중에는 1년여간의 고된 훈련과 장로고시 과정을 중도에 포기한 이들이 없다는 사실이다. 이것은 온누리교회의 전통이 되었다.

온누리교회 리더십으로 세워지는 길이 다소 까다롭고 조건이 많다고 여길 수 있겠지만, 그만큼 훈련된 제자들이 세워지는 영성과 섬김의 자리라는 걸 보여 준다고 할 수 있다. 이는 온누리교회가 지향해 온 시스템이기에 지금까지 성도들도 순종하며 따르고 있다.

특히 장로장립예배에서의 세족식은 많은 이에게 감동을 준다. 목회자들이 무릎을 꿇고 직접 발을 씻어 주고, 선배 장로들이 축복과 중보기도를 하는 모습은 장로의 직분을 받는 것이 영광이기 이전에 철저한 헌신과 섬김의 자리임을 상징적으로 보여 준다. 이는 온누리교회가 지향하는 리더십의 본질이다.

장로가 된 이후에도 훈련은 멈추지 않는다. 온누리교회는 장로아카데미를 통해 계속해서 장로 리더십을 개발하고, 공동체 돌봄과 목양에 필요한 실제적 훈련을 이어 간다. 이는 리더가 지속적으로 배우고 성장하며, 성도들의 본이 되어야 한다는 성경적 원칙에 충실하기 위함이다.

리더로 세워진다는 것은, 곧 헌신자의 사명을 자각하는 일이다. 제자의 삶을 더욱 뜨겁게 살아가겠다는 결단이며, 공동체 안에서 주님의 몸 된 교회를 함께 세워 가겠다는 책임의 고백이다.

오늘도 온누리교회는 각 캠퍼스와 공동체 안에서 말씀과 기도로 무장한 리더들이 훈련받고 자라나며, 신실한 하나님의 일꾼들로 세워져 가고 있다.

온누리교회는 지금까지 성도의 양육과 영적 리더를 세우는 데 있어 매우 독특한 길을 걸어왔다. 성도가 성도를 가르치는 일대일 제자양육이 그렇고, 성도를 리더로 세우는 훈련과 검증의 과정 또한 그러하다. 한 성도가 그리스도의 온전한 제자로 세워지고, 그 제자가 또 다른 제자를 길러 내는 재생산의 영적 자산이 온누리교회 안에는 건강하게 쌓여 있다.

온누리교회는 성도가 능동적으로 이끌어 가는 교회이다. 그리고 그 핵심 리더는 '장로'이다. 한국교회 안에서는 종종 전임자와 후임자, 혹은 목회자와 장로 간의 갈등이 발생하는 일이 있다. 그런 점에서 많은 이가 하용조 목사에서 이재훈 목사로의 리더십 승계가 어떻게 이토록 조용하고 건강하게 이루어질 수 있었는지 궁금해한다. 그 배경에는, 오랜 시간 말씀과 기도로 훈련받은 장로들 즉 성숙한 신앙과 순종의 리더십이 있었다. 이들은 온누리교회의 영적 재생산 시스템을 이어받아 신실하게 유지하고 이끌어 온 보이지 않는 기둥이었다.

하용조 목사는 후임을 정하지 않은 채 소천했지만, 12명의 청빙위원들은 회의와 기도를 거듭하며 온누리교회가 늘 그래 왔던 방식대로, 하나님의 뜻을 구하며 새로운 길을 열어 갔다. 큐티와 일대일 제자양육으로 단련된 말씀 중심의 리더십, 그 성숙한 공동체가 있었기에 온누리교회는 흔들림 없이 다시 시작할 수 있었고, 지금도 목회자와 장로가 신뢰와 존중으로 함께 교회를 섬기는 건강한 관계를 이어 가고 있다.

또한 건강한 리더십 승계의 중요한 비결은 목회 철학에 있다. 리더가 바뀌어도 목회 철학은 변하지 않는 것이다. 처음부터 사도행전적 교회를 이루겠다는 꿈을 품고 사도행전 29장을 써 내려간 Acts29의 비전은 지금도 여전히 뜨겁고도 구체적으로 실천되고 있다.

이재훈 목사는 어려움에 당면할 때면 제일 먼저 '예수님이라면 어떻게 결정하셨을까?'를 묻는다. 그러고는 '하용조 목사님이라면 어떻게 결정하셨을까'를 생각한다고 했다. 교회가 어려워지는 이유는 리더가 바

펄 때마다 목회 철학도 바뀌기 때문이다.

이재훈 목사의 그 깊은 의지를 보여 주는 상징적인 장면이 있다. 하용조 목사가 소천하며 미처 마치지 못한 마가복음 강해 설교를, 이재훈 목사가 취임 후 첫 설교로 이어받아 마지막까지 완주한 것이다. 이는 단순한 설교의 완결이 아니라, 목회 철학의 계승과 리더십의 연속성을 드러내는 상징적인 행보였다.

온누리교회는 초대교회처럼 목회자와 성도 리더들이 건강하게 리더십을 나누며 목양의 동역자로 함께 걷고 있다. 같은 비전을 품은 훈련된 제자들이 리더로 세워지고, 리더들이 협력하여 하나 된 공동체를 이루어 가는 교회, 이것이 바로 온누리교회가 꿈꾸는 사도행전적 교회의 모습이다.

남성 리더십을 세우다

교회가 창립되던 1980년대에는 한국교회 전반적으로 여성 성도들의 비중이 높았다. 온누리교회도 예외는 아니었다. 특히 비신자인 남편을 둔 여성 성도들이 혼자 신앙생활을 하는 경우가 많았다. 당시에는 '교회는 여성들이 주로 가는 곳'이라는 사회적 인식이 어느 정도 있었다. 이런 배경 속에서 순예배 시간이면 남편의 구원을 위한 아내들의 간절한 기도가 이어지곤 했다.

여성 성도들의 신앙적 열심과 헌신은 뜨거웠다. 그러나 홀로 신앙생활을 하는 것은 쉬운 일이 아니었고, 당장에 회복이 절실한 가정들도 많았다. 온누리교회는 창립 초기부터 성경적 가정에 깊은 관심을 가지고 있었다. 한국교회 최초로 가정 세미나를 열며, 건강한 가정을 세우기 위한 특별한 노력을 기울였다.

무엇보다 남성 리더십의 회복에 초점을 두었다. 남편이 변해야 가정이 변하고, 남성이 영적 가장으로 바로 서야 가정도 교회도 든든히 세워질 수 있기 때문이다. 온누리교회는 가정의 진정한 회복을 위해 부부가 함께 건강한 영성을 지켜 나가는 것이 무엇보다 중요하다고 보았다.

온누리교회는 남성들을 교회로 이끄는 데 특별한 노력을 기울였다. 순을 조직할 때도 여성들만 모이는 순은 '특별순'으로 구분했는데, 이는 남편을 전도해 부부가 함께 순예배에 참석할 수 있도록 독려하기 위한 조치였다. 실제로 과거 온누리교회 남성 성도들 중에는 아내를 따라 마지못해 교회에 왔다가 예수님을 만나 회심한 이들이 많았다. 어떤 이는 순예배가 끝나기를 밖에서 기다리다가 자연스럽게 예배에 참여하게 되었고, 그 경험을 통해 삶이 변화되기도 했다.

한번은 어느 한 아파트에서 순예배를 마치고 나왔는데 1층 입구에서 세 교회가 마주쳤다고 한다. 그 시간 다른 교회 성도들도 구역예배를 마치고 나오는 길이었는데, 한 교회는 여성들만, 또 한 교회는 남성들만 있었다. 그런데 온누리교회는 부부가 함께 있는 것을 보고는 다른 교회에서 매우 부러워했다고 한다.

특별히 온누리교회는 전략적으로 남성들을 리더로 세웠다. 이들에게 교회 사역의 섬김의 자리를 맡겼다. 이는 단지 많이 알아서가 아니었다. 당시 교회에는 여성 성도 수가 남성보다 훨씬 많았고, 신앙의 연수와 깊이 면에서도 앞서 있었다. 여성들은 교회 사역에 적극적으로 참여했지만, 남성들은 대체로 소극적이고 수동적인 태도로 신앙생활을 이어가던 시기였다.

온누리교회는 그런 남성들을 순장으로 세우기 시작했다. 특히 부부 순의 순장은 남성들에게 맡겼으며, 가급적 사역 팀의 리더도 남성으로 세웠다. 이는 남성들이 교회에 더 잘 정착하도록 돕기 위한 것이었고, 한편으로는 교회에 다니긴 하지만 주로 뒷전에서 관망만 하던 남성들을 적극적인 사역자로 만들기 위한 전략이었다. 이 모든 것은 남성을 가정의 제사장이자 교회 공동체의 리더로 회복시키려는 목회적 비전에서 비롯된 것이었다.

이처럼 교회 안에 남성 리더를 세우겠다는 온누리교회의 목회 철학에 여성 성도들도 성경적 가정의 정체성을 붙들며 순종으로 함께했다.

남성들이 리더로 세워지자 놀라운 변화가 일어났다. 남성들이 맡겨진 역할을 감당하기 위해 배우고 훈련받는 자리에 적극 참여하기 시작했다. 교회에 오는 것조차 어색해하던 남성들이 은혜를 경험하며 달라졌다. 조용히 예배만 드리던 이들이 성령의 임재를 체험하고 눈물로 예배의 자리에 나왔다. 순장으로서 순원들을 섬기고 말씀과 삶을 나누며 점차 목회적 리더십을 키워 갔고, 그 과정에서 가정에서도 영적 리더로서 자리를 되찾아 갔다.

남성들은 어느새 교회 안에서 순장, 교사, 집사, 장로, 팀장으로 자리 잡았다. 사도행전적 교회를 함께 꿈꾸며 양육과 선교, 사회참여 등 전방위적인 교회 사역에 적극 참여하고 헌신했다. 이러한 변화는 온누리교회의 성장에도 큰 기여를 했다. 이처럼 남성 리더십을 세우는 문화가 온누리교회 안에 깊이 뿌리내리면서, 남성들이 적극적으로 출석하는 교회가 되었다. 이는 한국교회 전체에도 큰 도전과 본보기가 되었다.

이 목회 방향의 출발점은 잃어버린 남성 리더십의 회복에 있었다. 많은 남성이 가정과 교회 안에서 자신의 자리를 찾지 못한 채 어려움을 겪고 있으며, 일터에서 신앙인의 정체성을 지키는 데도 고충이 많았다. 온누리교회는 특히 이런 남성들이 하나님께서 주신 사명과 영적 권위를 회복하도록 돕는 데 힘썼다. 온누리교회가 세우고자 하는 남성 리더십은 자기중심적 권위를 내세우는 것이 아니라, 십자가를 지고 가정과 공동체를 위해 자신을 드리는 섬김의 리더십이다. 남성들이 신앙 안에서 정체성을 찾고 예수 그리스도를 본받아 영적 리더로 세워지도록 하고자 한 것이다.

이에 남성들이 하나님 안에서 올바른 리더십과 신앙을 세울 수 있는 여러 훈련과 집회, 모임의 자리를 계속해서 마련했다.

온누리교회는 1998년, 남성들을 위한 영적 대각성 집회를 열어 IMF로 무너진 남성들을 일으키고자 했다. 당시 이동원 목사(지구촌교회 원로), 홍정길 목사(남서울교회 원로) 하용조 목사 등이 집회를 인도하며, 남성회복운동을 펼쳤다. 이 집회에는 연일 2천 명이 넘는 남성들이 모여 눈물로 회개하고 신앙의 삶을 결단했다. 또한 '남성제자리찾기모임'을 비롯해 '아웃스탠딩' 등 교회 안에 남성들에게 용기와 새 힘을 불어넣기 위한 여러 프로그램과 사역이 마련되었다. 특히 두란노아버지학교로도 이어져 교회를 넘어 국내외 많은 아버지들의 새로운 변화를 꿈꾸게 되었다.

이러한 남성의 회복은 곧 교회의 부흥으로 이어졌다. 남성 리더십이 세워지면서 가정이 회복되고, 가정이 회복되자, 교회가 건강해졌다. 건강한 성도들이 많아지자 저마다의 은사와 달란트를 가지고 세상에 나가 빛과 소금의 역할을 감당하게 되었다. 특히 아버지의 영적 리더십은 다음 세대로 이어지는 신앙 전승의 강력한 기반이 되었다. 자녀와 함께 예배하고 기도하는 아버지, 이는 온누리교회의 차세대사역에도 지대한 영향을 주고 있다.

온누리교회는 남성의 변화가 얼마나 큰 영적 파급력을 불러오는지 생생히 경험했다. 남성이 온전하게 살아날 때 가정이 회복되고, 공동체가 든든히 세워지며, 세상도 변화시킨다. 가정과 교회, 일터와 사회 속에서 하나님 나라를 책임지는 영적 리더로 남성들이 서도록 돕는 것, 이것이 바로 온누리교회가 남성 리더십 세우기에 힘써 온 이유이다.

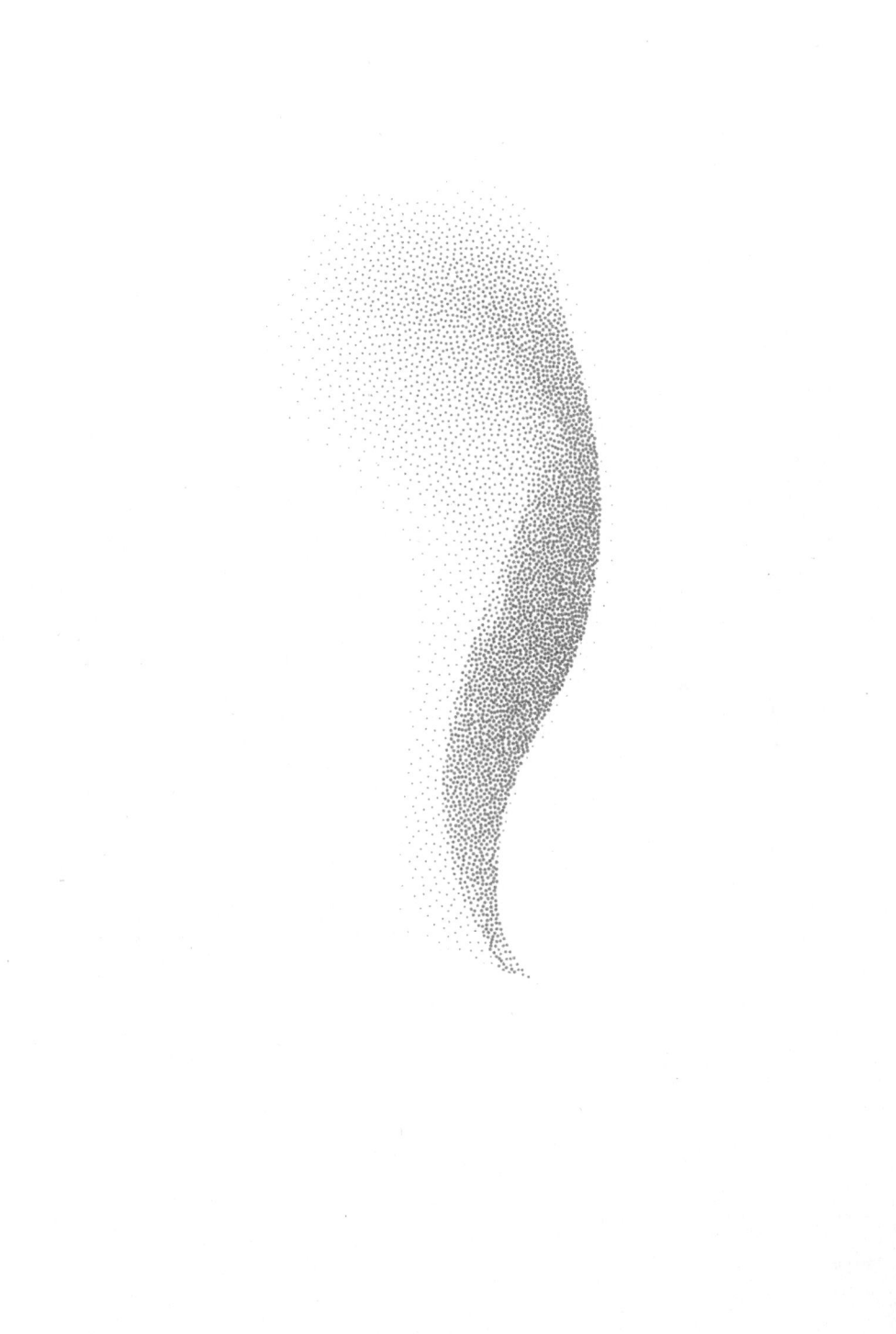

3.
변화하는 시대가
낳은 실험적
공동체들

싱글 청장년들을 위한 공동체, '브릿지 33+, S브릿지'

교회는 본질적으로 공동체로 존재한다. 그리고 이 공동체는 사회 변화에 따라 끊임없이 새로워지고 바뀌어 간다. 온누리교회는 변화하는 시대를 위한 실험적 공동체들을 계속해서 시도해 왔다. 그 과정에서 공동체는 점차 다양해졌고, 양육과 돌봄이 필요한 새로운 형태의 공동체들이 만들어졌다. 특히 사정상 순예배나 지역 공동체에 들어가지 못하는 성도가 늘면서 그들을 위한 공동체가 세워졌는데, 그중 하나가 양재 캠퍼스의 싱글 청장년들을 위한 공동체 '브릿지 33+'이다. 그리고 이와 비슷한 성격의 공동체가 서빙고에도 운영되고 있는데 'S브릿지'라는 이름으로 모이고 있다.

2000년대 들어 청년들의 취업 시기가 늦어지면서 자연스럽게 결혼도 늦어졌다. 게다가 결혼은 필수가 아닌 선택이라는 사회적 인식이 증가하면서 30대 중후반이 되어서야 가정을 꾸리는 경향이 생겼다. 이런 분위기는 교회 청년들에게도 영향을 미쳤다. 과거에는 30대 초반이면 지역 공동체에 편입되던 것에 비해 최근에는 청년부에 남아 있는 연령대가 점점 높아지고 있고, 30~40대 미혼 청년들의 수도 많아지게 되었다.

이들은 청년 공동체 안에 있는 20대 청년들과 나이 차이가 커서 청년부로 남아 있기가 곤란했다. 그렇다고 해서 다른 성인 공동체에 들어가는 건 더 힘들어했다. 그렇다 보니 청년과 장년 사이에 낀 세대가 되어 많은 경우, 공동체를 떠나 예배만 드리면서 혼자 신앙생활을 하게 되었다. 이런 현상은 한국교회 안에서 일어나고 있는 청장년 세대의 문제이다. 사회적으로나 교회 안에서나 누구보다 역동적으로 일할 수 있는 세대가 아닌가. 이 세대가 영적 공급을 제대로 받지 못하고 신앙적 배회를 하거나 이들을 주변인으로 남아 있게 해서는 안 되었다.

함께하는 공동체가 있어 행복해요

온누리교회는 이 세대를 위한 하나님의 미션이 무엇일지 고민했다. 성인 공동체에도 청년부에도 소속되기 어려운 청년들이 교회를 떠나지 않고 계속해서 목회적 돌봄을 받으며 세상의 리더로서 살아가게 하고 싶었다. 그러기 위해서는 30대 이상 청년들이 정착할 수 있는 공동체가 필요하다고 보았다.

2007년 무렵, 김현실 목사가 주도하여 청년들을 모아 새로운 공동체를 구성했다. 33세부터 44세까지의 싱글 공동체였다. 어디에도 속하지 못하는 이들이 아니라 오히려 청년과 장년을 이어 주고, 세상과 교회를 이어 주며, 건강한 가정으로 이어 주는 브릿지 역할을 하는 공동체로 출범한 것이다. 이때만 해도 저출산과 만혼 현상이 지금처럼 사회문제로까지 대두될 줄 몰랐다. 더군다나 싱글 인구가 40~50대로까지 확대될 줄 예상하지 못했다. 그런데도 약 20년 전에 이미 선제적으로 이들을 위한 공동체를 만들었다는 것은 당시로선 상당히 실험적인 시도였다.

시간이 지나면서 점차 다양한 배경의 싱글들이 모이기 시작했다. 처음에는 자칫 놓칠 수 있는 틈새 성도들을 돌보기 위한 공동체로 시작했지만, 지금은 시대가 달라져 매우 큰 공동체가 되었다. 교회는 이러한 다양한 성도들을 보다 탄력적으로 수용하고 이들이 지속적으로 하나님 안에서 신앙생활을 해 나갈 수 있도록 돌보기 위해 노력했다.

한편으로는 오랜 싱글 생활로 자칫 공동체성을 갖는 데 어려움이 생길 수도 있으므로 순예배와 팀 훈련을 중요하게 여겼다. 서로의 차이를 경험하고 용납하는 과정 속에서 하나님의 마음을 배우는 기회를 갖도록 한 것이다. 소속감이 생기고 안정감을 되찾자 다시 한번 하나님 안에서 성장에 대한 열망을 갖기 시작했다. 또한 초신자나 오래 교회를 떠나 있다가 돌아온 이들도 많은데, 또래끼리의 나눔을 통해서 하나님의 사랑을 다시 경험했다.

특히 브릿지 공동체의 돌봄 문화 중에서 대표적인 것이 장례사역이다. 잘 알지 못하는 형제자매라 할지라도 장례식장을 방문해 위로예배에 함께 참석하는 경우가 많다. 부모님이 돌아가셨을 때 미혼으로 장례를 치르게 되는데, 이때의 마음이 어떠함을 알기에 이들을 위로하는 문화가 정착되었다. 이를 경험한 이들은 공동체로 돌아오는 경우가 많았다. 또한 코로나19 기간에 회사를 쉬거나 퇴직해 경제적으로 어려움을 겪는 지체들을 위해서 자체적으로 모금 운동을 벌이기도 했다.

브릿지 공동체의 한 형제는 "이곳에서 연애를 시작하는 느낌을 받았다. 하나님이 이렇게나 나를 사랑하시는 분이라는 걸 알게 되었고, 이 공동체만큼 나를 조건 없이 받아들이고 감싸 주는 느낌을 받은 적이 없다"라고 고백하기도 했다. 이 공동체 구성원의 특징은 10년 이상 사회생활을 하면서 얻은 경력과 전문성을 갖고 있다는 것이고, 또한 청년 공동체에서 훈련받은 영성을 가진 이들이라는 것이다. 그런 만큼 이들은 서로 배우고 익히면서 영적으로 성숙해지는 동시에 선교의 주체로 성장하고 있다. 브릿지 공동체를 맡고 있는 윤마리아 목사는 대부분의 구성원들이 미혼이기 때문에 결혼에 대한 불안감이 있을 수 있지만, 결혼 여부와 상관없이 하나님 중심으로 사는 것을 연습해야 할 필요가 있다고 강조했다. 그런 점에서 브릿지 공동체는 서로의 삶을 나누고 양육하기에 더없이 좋은 공동체라고 했다.

공동체가 시작된 지 10년이 지났을 무렵에는, 결혼해서 다른 지역 공동체로 떠난 이들도 있지만, 30대 중반에 들어와 여전히 싱글로 40대 중반을 넘어 50대가 된 이들도 있었다. 공동체의 평균 연령도 45세로 높아지면서 브릿지 공동체의 기준 연령을 33~49세로 늘렸다. 하지만 50대가 가까워지는 구성원들은 아직 결혼하지 않았지만 공동체를 떠나야 하는 것이 아닌가 하는 고민이 생겼다. 문제는 이들이 이동할 만한 공동체가 많지 않다는 점이다. 이들을 고려해 다시 1년간의 준비 끝에 50세 이상을 위한 '50+ 순'을 새롭게 만들었다. 순이 구성되면서 매년 50세 이상 되는 성도들이 편입되었고 현재 12개의 순이 만들어졌다.

교회는 미혼으로 오래도록 살아온 중장년의 삶을 인정해 주고, 기꺼이 또 하나의 가족이 되어 주어야 한다. 반면 이 공동체의 궁극적인 목적은 이들이 브릿지 공동체를 떠나 다른 지역 공동체로 들어가 좋은 리더로 섬기며 자신의 역할을 잘해 내는 것이다. 다른 성인 공동체에 비해 배우자나 자녀가 없기 때문에 공동체와 교회 사역에 보다 적극적으로 참여할 수 있다. 귀한 이 세대가 하나님 안에서 마음껏 자유하며 그 역량을 펼쳐 갈 수 있도록 교회는 이들에게 주목하고 있다.

코리안 디아스포라를 위한 'POINT 5'

어린 시절 부모를 따라 해외로 이민을 갔다가 그곳에서 성장한 이들을 이민 1.5세대라고 부른다. 낯선 문화 속에서 차별과 정체성의 혼란 등을 겪으며 자란 만큼 그 아픔과 어려움을 견뎌 내면서 얻게 된 귀한 자원이 많은 이들이다.

이들이 한국에 들어왔을 때 하나님을 깊이 만나 회복되고, 그리스도의 제자가 된다면 얼마나 좋을까? 하용조 목사는 이러한 1.5세대 코리안 디아스포라를 돌보고 양육할 수 있는 공동체를 만들고 싶었다. 이들이 잘 훈련되어 자신이 머물던 곳으로 돌아가게 되었을 때, 그곳에서 사도행전적 그 교회를 세워 갈 수 있으리라 기대했다.

그렇게 해서 2010년 무렵에 '포인트5(POINT 5)'가 시작되었다. 해외에서 자라 겉모습은 한국인이지만 생각과 가치관은 외국인이고, 오랜 외국 생활로 한국 사회에 적응하기가 힘든 이들, 교회에 가도 이해해 주는 사람이 없어 그 어디에도 끼지 못하는 이들을 위해 마련된 공동체가 바로 포인트5이다.

우리는 다양한 만큼 가능성이 큰 공동체이다

이민자들에게 한인 교회는 큰 위로이자 힘이 되는 공동체이다. 그곳에서 신앙생활을 하며 많은 도움을 받지만, 이들이 한국에 돌아오면 어려움을 겪기 시작한다. 예배는 드려도 공동체에 들어오지 못하고 점점 교회와 멀어지는 경우가 많은데, 이들이 마음을 나누고 정착할 수 있도록 공동체를 만든 것이다.

처음에는 기도 모임으로 시작되었다. 1.5세대사역에 뜻이 있는 사람들이 매주 토요일 양재캠퍼스에서 기도 모임을 가졌다. 기도는 외롭고 갈급한 심령의 디아스포라들의 마음을 움직였다. 그리고 교포와 유학생이 대부분이던 이 공동체에 해외에 거주해 본 경험은 없지만 디아스포라를 섬기고 싶은 사람들이 함께 참여하게 되었고, 이들과 함께 사회 곳곳의 또 다른 디아스포라를 찾아가 섬기게 되었다.

이 공동체의 가장 큰 장점은 다양한 환경에서 자란 지체들이 모였다는 것이고, 그만큼 많은 가능성을 가졌다는 점이다. 성인 공동체이지만 청년들이 많고, 나이나 지역으로 묶인 것이 아닌 사명감으로 모였다. 결혼한 가정과 싱글이 공존하는 매우 역동적인 공동체이다.

그렇다면 이 공동체만이 할 수 있는 사역은 무엇일까? 이들은 모여 기도하면서 자신들이 가진 가장 큰 장점을 살려 방학 기간에 잠시 한국에 들어온 유학생들을 도왔다. 그리고 영어 교육을 받는 것이 쉽지 않은 산간 지역이나 보육원에서 아이들에게 영어를 가르치며 복음을 전했다. 또한 외로움에 대해서는 누구보다 잘 아는 이들이기에, 부모와 떨어져 한국에서 혼자 생활하는 선교사 자녀들을 위해 반찬을 만들어 배달해 주며 위로했다.

시작은 한국에 돌아온 디아스포라를 섬겼으나 이제는 해외에서 자신들이 디아스포라로 살았던 경험을 살려 현재 한국에서 생활하는 이주민들에게 눈을 돌렸다. 온누리M센터와 협력해 이주 노동자들이 많이 거주하는 안산 지역에서 아이들에게 한글과 영어를 가르치는 캠프를 열고 있다.

또한 이태원의 피난처 센터와 연결해 아프리카에서 온 아이들을 섬기고 있는데, 주말에도 일하느라 아이들과 시간을 보낼 수 없는 부모들을 대신해 아이들을 돌보고 있다. 기댈 곳 없는 이 땅에서 자신들을 위해 기도하며 사랑해 주는 믿음의 어른이 있음을 아이들에게 알려 주고 싶은 것이다. 이들이 이렇듯 주님의 마음으로 섬길 수 있는 것은, 겉모습만으로 인종차별을 받는 그 서러움을 누구보다 깊이 공감하기 때문이다.

한편, 1년에 한 번 안산, 이태원, 평택에 있는 이주민센터 아이들을 모아 캠프를 열고 있다. 이것은 단순히 공동체의 아웃리치를 넘어 앞으로 점차 늘어나게 될 이주민들을 섬기며 선교할 수 있는 자리를 미리 준비한다는 의미도 있다. 이밖에도 해외 생활을 마치고 귀국해 공동체를 찾지 못하는 사람들을 위한 전도집회를 열기도 하고, 매년 선교사를 돕기 위한 마라톤 펀드레이징도 꾸준히 열고 있다.

그리고 이제는 한국에 들어와 정착한 1.5세대의 자녀들을 바라보고 있다. 이 아이들이 공동체에서 배우고 훈련받으며 사랑받은 만큼, 해외로 나갔을 때 자신들이 할 수 있는 사역을 감당하며 복음의 통로가 되기를 바란다. 포인트5 공동체는 그것을 위한 훈련의 장으로 한발 앞선 실험 공동체로서 자리매김하고 있다.

이렇게 흩어진 자들이 모여 공동체를 이루었다. 이제 그 믿음의 공동체 안에서 자란 이들이 부르심을 받아 흩어지는 곳마다 복음을 전할 준비가 되어 있다.

영성과 섬김의 리더, '실업인 공동체 OCC'

1998년경, 온누리교회 안에서 기업을 운영하는 성도들과 전문직 순장들이 일터에서 겪는 고충을 나누고, 서로를 위해 기도하는 작은 모임이 자발적으로 꾸려졌다. 오랜 시간 서로를 위해 중보하던 이들은 자연스럽게 말씀 나눔과 교제로 이어졌고, 점차 깊이 있는 성경공부 모임으로 발전해 갔다. 토요일 아침마다 꾸준히 모였는데, 이 모임을 '토요 성경공부 모임', 줄여서 '토성회'라 불렀다. 이후 하용조 목사가 이 모임의 취지에 깊이 공감하여 성경공부를 직접 인도하게 되면서 영적 깊이를 더해 갔다.

정직하게 벌고 아름답게 사용하자

2004년 5월 어느 날, 김종인 장로를 중심으로 한 몇몇 리더가 모인 모임에서 한 순장이 부도 위기에 처한 상황을 나누게 되었다. 그 자리에 모인 이들이 모두 마음을 모아 간절히 기도했고, 놀랍게도 그 기업이 회생하는 은혜를 경험하게 되었다. 이 간증이 알려지면서 비슷한 형편의 사업가 성도들이 하나둘 모이기 시작해 30여 명이 함께하는 공동체로 확장되었다.

이들은 뜻을 모아 '비전실업인회'라는 이름으로 신앙 공동체를 세웠다. 이 모임은 단순한 사업가들의 네트워크를 넘어, 하나님 나라의 비전을 품고 일터에서 믿음을 실천하고자 하는 성도들의 영적 공동체로 자리를 잡아 갔다.

무엇보다 이들은 서로 교제와 기도에 힘쓰며 하나님의 말씀에 따라 기업을 경영하고자 했다. 또한 선교와 긍휼사역을 삶의 중심에서 놓치지 않으며 사도행전 29장의 사역에 함께 참여하기로 결단했다. 세상의 방식이 아닌 성경적 가치를 따라 살기를 다짐했고, 믿지 않는 기업가들에게 그 삶으로 본이 되기를 소망하며 기도하고 실천했다.

그러던 중 김종인 장로와 손한기 장로가 나서서 온누리교회 실업인과 전문 인력이 연합해 사도행전적 비전을 이루어 가는 최초의 기능 공동체를 하용조 목사에게 제안했다. 마침 하 목사도 평소 교회 밖의 다양한 파라처치(선교단체)를 섬길 수 있는 실업인 공동체의 필요성을 느끼고 있던 때였다. 여기에 광고 없는 순수 복음 방송을 지향하는 초기 CGN을 후원하고 섬기는 공동체의 필요성을 절감하고 있었다. 이렇게 해서 2007년, CEO로 활동하고 있는 기독실업인과 전문직 종사자들이 모여 '온누리 CEO 커뮤니티'(OCC)를 본격적으로 출범시켰다.

OCC는 처음부터 일터를 통해 하나님의 나라를 확장해 가는 분명한 비전을 세웠고 이를 실천하고 있다. 실업인과 전문직 종사자는 누구나 가입할 수 있는데, OCC의 특별한 점 중 하나는, 모든 구성원이 'CEO 스쿨' 과정을 반드시 이수해야 한다는 것이다. 영성과 선교적 사명을 가진 리더로서 세상에 선한 영향력을 흘려보내는 것이 그들의 사명으로 보았기 때문이다. 이를 위해 OCC 공동체가 출범하기 전에 먼저 CCLS(크리스천 CEO 리더십 스쿨, 이하 CEO스쿨이라 한다) 사역을 시작했다. 이 과정은 크리스천 리더를 양성하기 위한 전문 리더십 프로그램으로 지금까지

1,500명이 넘는 졸업생을 배출했다.

　이들은 모든 시작과 끝을 기도로 하나님께 올려드렸고, 직원과 고객을 주님 대하듯 섬기며 경영의 전 과정을 예배로 삼고자 했다. 정직하게 벌고 아름답게 사용하는 삶을 실천했고, 세상의 왜곡된 유흥과 문화에는 따르지 않기로 다짐했다. 또한 소외된 이웃을 돌보고, 다음 세대를 위해 자신들의 자원과 영향력을 아낌없이 헌신하겠다고 고백했다. 우리 사회에 이러한 리더들이 계속해서 세워진다면 얼마나 든든하겠는가.

　특별히 이러한 영성과 섬김의 자세를 지닌 OCC 리더와 'CEO 스쿨'을 수료한 리더들을 중심으로, '크리스천 CEO 포럼(CCF)'이라는 특별한 공동체가 세워졌다.

　'세상에 이토록 많은 크리스천이 있음에도 왜 사회는 변하지 않는가?' '기독교는 과연 오늘날 사회문제에 어떤 대안과 답을 줄 수 있는가?' 늘 이 질문을 품고 있던 하용조 목사는, 이용만 장로를 불러 최고경영자 네트워크를 만들어 보자고 제안했다. 그렇게 해서 '나라를 걱정하는 CEO 포럼' 그리고 '세상을 변화시키는 하나님의 나라 비전 공동체'로서 CCF가 출발했다.

　CCF는 18세기 부패한 영국 사회를 성경적 가치로 개혁했던 '클래펌 공동체'(Clapham Sect)를 모델로 삼았다. 노예제도 폐지를 위해 한평생을 바친 윌리엄 윌버포스(William Wilberforce)를 중심으로 한 클램펌 공동체는 영국 사회 전반에 도덕적 회복을 불러왔다. CCF는 이처럼 한국 사회 속에서 나라와 민족 그리고 세계 선교를 위한 귀한 밑거름이 되기를 소망했다.

예배가 없는 목요일이면, 각자의 자리에서 일하던 리더들이 교회로 모여들었다. 이들은 세상 속에서 빛처럼 별처럼 살아가고자 몸부림치는 사람들이었다. 그래서 이 모임을 '목성회'라 불렀다. 목성회는 토요일의 '토성회'와 함께 초창기 CCF의 든든한 두 기둥이 되었고, 어느덧 'CEO 스쿨'과 'CCF'는 온누리 교인뿐 아니라 타 교회 리더들까지 함께하며, 더 넓고 깊은 공동체로 성장했다.

특히 CCF는 일본에서 열린 문화 전도집회인 러브소나타를 섬기는 일에 앞장섰다. 일본의 크리스천 리더들은 이러한 CCF의 도전에 감동을 받아 '일본 크리스천 CEO 포럼'을 출범시켰고, 이로 인해 한일 양국의 기독교 리더들이 교류하며 일본 복음화를 위해 함께 협력하는 데 큰 힘을 보탰다.

또한 방송 선교를 위한 CGN을 후원하는 일에도 적극적으로 동참했다. 초기 위성안테나 설치에 아낌없이 지원한 CCF는 CGN이 안정적으로 성장하는 데 크게 기여했다.

이처럼 OCC 공동체, CEO 스쿨 그리고 CCF는 각기 다른 사역의 형태를 지녔지만, 하나의 마음으로 유기적으로 연결되어 다양한 모습으로 하나님의 나라를 확장해 나가고 있다.

특히 OCC 공동체는 지역 중심의 모임이 아닌 기능 중심의 공동체로, 온누리교회의 선교적 목회 철학과 비전에 깊이 공감하며, 비즈니스를 통한 선교의 동반자로서 기도와 물질로 헌신하는 등 적극적으로 교회와 공동체를 섬기고 있다.

이들의 관심은 이제 미래 세대를 향하고 있다. 다음 세대를 이끌어 갈 청년들의 창업을 지원하는 포럼 '어!벤처스'를 통해, 기독교적 가치관을 지닌 청년들이 건강한 벤처 사업가로 성장할 수 있도록 돕고 있다. 멘토링을 통해 직접 삶의 지혜와 실무 경험을 나누는가 하면, 청년들이 품은 아이디어가 현실이 되도록 힘껏 돕는다.

한편, 자신이 경영하는 회사의 직원들을 전도하는 데 그치지 않고, 경쟁자든 협력자든 관계없이 그 기업의 리더를 초청해 그가 온전한 크리스천 기업가 정신 위에 다시 설 수 있도록 돕는다. 리더 한 사람이 변하면, 기업이 변한다고 믿기 때문이다.

이렇듯 그리스도의 향기를 전하는 리더로 부름받은 이들은 지금도 어떤 장소에 있든, 어떤 위치에 있든 각자의 자리에서 그 거룩한 사명을 충실히 감당하고 있다.

젊은 부부를 위한 프로젝트 공동체

교회가 실험적 공동체라는 것은 계속해서 새로운 공동체가 만들어지고 있다는 점에서 입증된다. 그런 의미에서 볼 때, 새로운 구성원이 모인 '젊은 부부를 위한 공동체'도 매우 실험적 시도였다.

이 공동체는 명확한 목적을 가진 프로젝트 공동체로 조성되었다. 여러 공동체에서 30~40대 젊은 부부들을 따로 모아 새로운 공동체를 만들었다. 이들은 사회 초년생으로 경제적 안정과 직장에서 부딪히는 많은 문제를 서로 나눌 곳이 필요했고, 자녀를 출산한 뒤에는 양육에 대한 고민을 함께 풀어 갈 수 있는 동료가 필요했다. 게다가 현실적 문제에 치이고 자녀들을 돌보느라 영적으로 고갈되기 쉬웠다. 더구나 지역 공동체에 배정된 젊은 부부들은 다른 장년층에 비해 순예배와 공동체 활동에 적극적으로 동참하기 어려운 상황에 있었다. 어린 자녀들을 돌보느라 순예배에 집중하지 못하는 경우도 많았다.

온누리교회는 교회의 핵심이 되어야 할 30~40대 젊은 부부들이 신앙을 잃어버린 채 이 시기를 보내는 것을 안타깝게 바라보며 어떻게 이들을 도울 수 있을까 고민했다.

우선 직장과 가정 그리고 육아에 지쳐 있는 젊은 부부들을 공동체의 신앙 안에서 잘 돌보고 양육해야 한다는 목표를 세웠다. 교회는 이러한 젊은 부부들이 믿음을 잃지 않고 가정과 신앙을 잘 지켜 나갈 수 있는 방법을 모색해 보기로 했다. 이들에게 교회의 미래가 달려 있다. 막연한 불안과 두려움을 가진 젊은 신앙인들을 말씀과 성령으로 회복시켜야 할 분명한 소명이 주어졌다.

함께 양육하고 함께 성장해요

교회는 2015년부터 같은 관심사와 공감대를 이루고 있는 젊은 부부들을 한데 모았다. 30대부터 40대의 젊은 부부를 중심으로 강남D, 서초D, 푸른누리 공동체 등이 신설되었다. 온누리교회 공동체는 뜻을 가진 성도들이 스스로 공동체를 형성하는 경우도 많지만 이렇게 교회가 목적을 가지고 만드는 경우도 있다.

이 공동체는 사실 청년들이 장년부로 올라가는 진입문의 역할을 담당했다. 매년 양재캠퍼스에 300~400명의 젊은 부부가 새가족으로 등록하지만 정착률이 낮았고, 청년부에서 가정을 이룬 젊은 부부가 성인 공동체로 이동하는 과정이 순조롭게 이뤄지지 않았다.

이렇게 30~40대 가정이 줄어드는 것이 교회의 고민이었고, 어떻게 하면 자연스럽게 다음 단계의 공동체로 유입될 수 있을까 여러 방면으로 찾아보았다. 청년들이 결혼과 함께 자신들이 속한 공동체에서 나와 혹시라도 갈 곳을 찾지 못할까 봐서였다. 혹여 교회의 시스템이 갖추어져 있지 않아 교회를 떠나게 된다면 그것보다 안타까운 일이 어디 있겠는가.

그렇게 해서 양재캠퍼스를 중심으로 공동체가 형성되었다. 무엇보다 교회 안에 차세대와 청장년이 줄어드는 위기를 극복하고 젊은 신앙인들이 건강한 장년으로 성장해 갈 수 있는 발판을 발 빠르게 마련했다는 데 의미가 있었다.

　이 공동체들의 특징은 순예배와 모든 행사에 어린 자녀가 함께한다는 것이다. 자녀를 돌보기 위한 별도의 프로그램이 운영되어 부모들이 예배에 집중할 수 있다. 부모가 나눔에 집중할 수 있도록 탁아방을 운영하는 공동체도 있는데, 당번을 정해 아이들을 위한 장난감과 간식을 플로잉하며 공동 육아를 하는 것이다. 자녀들은 공동체 식구들과 함께 예배하고 놀면서 자연스럽게 모임의 한 주체로 참여하게 되는데, 부모가 참여하지 못하는 날에도 자녀들만 순예배에 참여하기도 한다.

　한편, 현실적으로 아이를 키우는 젊은 부부가 평일 저녁에 모이거나 집을 오픈하기 어려우므로 주일예배 후 교회에서 모이는 주일 다락방이 만들어졌다. 또한 영적 공급을 위해 OBC(온누리바이블클럽), OGP(온누리가스펠프로젝트) 등의 성경공부와 나눔 과목들에 별도로 참여할 수 있게 했고, 하나님의 가정훈련학교 과정 등을 통해서 말씀 위에 가정을 세우는 방법을 구체적으로 배울 수 있도록 도왔다.

　이렇게 현실의 어려움을 은혜 가운데 이겨 나갈 수 있는 힘을 기르게 되자, 출산과 육아에 지쳐 있던 이들이 다시 하나님을 바라보게 되었다. 영적 회복이 일어나면서 청년의 때에 뜨겁게 만났던 그 하나님을 다시 바라보게 된 것이다. 이들이 겪고 있던 무기력과 심리적 어려움이 결국은 자신들 안에 있던 하나님과의 관계가 끊어진 데서 비롯된 것임을 깨닫게 되었다.

　특히 양재캠퍼스에서 시행되는 학부모 기도 모임에 많은 젊은 부모가 참여해 마음을 모으고 있다. 이 기도하는 부모들이 차세대를 섬기면서 교사로 헌신하는 가정들이 생겨났다. 중고등생 학부모들은 자녀들이 다니는 학교의 기도 모임 멤버가 되어 성교육 등 성경적 세계관을 가지고 다른 학부모들을 교육하며 학교 안에 하나님의 뜻이 세워지길 기도하고 있다.

이밖에 송파B공동체도 일찍부터 젊은 가정 순들만 모아 하나의 다락방을 만들어 신앙과 육아에 대해 서로 공유하며 힘을 얻고 있다.

공동체는 인큐베이터와 같은 곳이다. 이곳이 좋으니 평생 머물러 있고자 하는 것이 아니다. 지금의 공동체에 안주하는 것이 아니라 여기에서 힘을 얻고 하나님의 자녀답게 성장해서, 일반 순과 공동체로 이동해 잘 정착해야 하는 것이다.

이러한 발판이 마련되자 이후로 젊은 부부들이 계속해서 공동체에 소속되었고 신앙의 위기를 극복한 이들이 공동체의 여러 방면에서 적극적으로 섬기고 있다.

유모차를 끌고 젊은 부부들이 다시 기도의 자리로, 공동체 안으로 모여들고 있다. 나라와 열방을 품었던 청년의 때처럼 다시 한번 주님 앞에서 새로워지고 있다. 하나님의 시선으로 가정과 세상을 바라보며 잊고 있던 비전을 찾아가고 있다.

안개도 모인다, '온라인커뮤니티'

코로나19가 전 세계로 확산되던 2020년, 사회적 거리두기가 시작되면서 모든 집회가 전면적으로 금지되었고, 이와 함께 공동체의 모임과 활동도 중단되었다. 그렇다고 교회가 교회 됨을 멈출 수는 없었다.

온누리교회는 유튜브와 CGN을 통한 온라인 예배로 전환하고, 공동체들도 온라인으로 순예배를 드렸다. 미디어를 통해서라도 성도가 함께할 수 있는 기반을 마련한 것이다. 성도들의 개인 영성을 위해 하루 20분 공동체 성경 읽기와 큐티를 적극 활용했고, 여성사역부 주관의 나라를 위한 매일기도에 참여했다. 또한 온라인 화상회의 프로그램(ZOOM)으로 순예배와 성경공부 등을 진행하면서 새로운 방식의 공동체 운영을 경험하게 되었다. 온라인으로 어디서나 순예배가 가능해지자 성도들은 삶을 지속적으로 나눌 수 있게 되었다.

코로나19는 교회가 이전에는 경험하지 못한 위기였다. 그러나 공동체는 교회가 직면한 위기를 돌파하는 데 기꺼이 실험의 장이 되어 주었다. 비대면이었지만 방송과 줌(ZOOM)이라는 도구를 통해 순예배와 양육 프로그램이 가능하다는 것을 보았고 이는 매우 성공적이었다. 만나지 못해도 모일 수 있고, 나누는 것이 가능하다는 것을 경험한 것이다. 무엇보다 하나님은 온라인을 통해서도 성도들에게 풍성한 은혜를 부어 주신다는 것을 깨닫게 되었다.

이것은 또 하나의 새로운 공동체를 탄생시키는 계기가 되었다. 여러 사정으로 교회에 나오기 어려운 이들, 예배는 드리지만 공동체 활동을 하지 않는 성도들을 대상으로 이른바 '온라인커뮤니티'라는 새로운 공동체를 만들어 보기로 했다.

이 사람들이 과연 모일 수 있을까? 온라인으로 과연 양육과 돌봄이 이루어질 수 있을까?

그러나 이미 약 1년 동안 온라인을 통한 공동체 활동이 가능하다는 것을 경험했기에 이런 새로운 방식의 공동체 모델에 과감히 도전할 수 있었다. 또한 당시 새들백교회가 하고 있던 온라인 사역 모델을 참고해 시간과 공간적 어려움을 최소화하면서 공동체 활동을 할 수 있는 방안을 연구했다.

만 20세 이상이면 누구나 참여할 수 있고, 온누리교회 공동체에 소속되지 않은 국내외 성도들도 함께할 수 있는 '온라인커뮤니티'가 2021년에 본격적으로 시작되었다.

온라인예배로 공동체의 주변에서 중심으로

공동체와 순에 소속되지 않고 예배만 드리는 성도를 교회에서는 '안개 성도'라고 부른다. 이들을 대상으로 설문조사를 한 적이 있는데, 이를 통해 외롭게 신앙생활을 이어 가고 있는 이들의 마음을 알 수 있었다. 이들은 신앙생활을 하고 싶지 않은 것이 아니었다. 스스로도 늘 반쪽 교인 같은 느낌을 갖고 있었고, 언젠가는 자신도 지금보다는 적극적으로 신앙생활을 하고 싶은 열망이 있었다. 교회 안에서 교제하고 관계를 형성하는 데 두려움이 있지만 어렵고 힘든 문제를 만났을 때 교회의 도움을 받고 싶어 했다.

그 마음에 조금 더 자연스럽게 다가가기 위해서 기존 공동체와는 차별화된 용어를 사용하기로 했다. 순은 플러그(Plug, 온누리교회에서는 플럭이라 칭함), 순장은 플럭 리더, 순원은 플럭 멤버 등으로 부르고 있다. 온라인 공간에서 새롭게 시작하는 신앙생활에 대한 기대감을 주기 위해서였다. 플럭은 콘센트에 꽂는 플러그를 의미하는 것으로 온라인커뮤니티를 통해 안개 성도들을 교회 공동체에 연결시킨다는 의미를 담았다.

예배와 모임은 매주 화요일 오후 8시부터 한 시간 정도 줌(ZOOM)으로 진행한다. 온라인이지만 하나의 공동체로서 소속감을 주기 위해서 리더와 멤버들을 구성해 소그룹 모임도 갖는다. 메시지는 생명의 삶, 관계, 소통, 회복, 재정, 문화 등 주제별로 강의를 하고, 소그룹 나눔도 한다. 주중에는 카카오톡 단체방에서 큐티와 기도 나눔을 하며 교제하고 있다. 그리고 상반기와 하반기에 한 번씩 오프라인으로 대면 모임도 갖는다. 코로나19 기간에 시작되어 지금까지 33개의 플러그(소그룹)가 운영되고 있으며, 공동체 멤버는 천 명을 넘었다.

교회는 비록 비대면이지만 혼자가 아닌 공동체 안에 있게 된 안개 성도들이 어디서든 신앙의 끈을 놓지 않고 언젠가는 다시 교회 안으로 들어오기를 소망하면서 그들을 보살피고 있다.

멤버들 중에는 다시 교회에 등록을 하고 지역 공동체에 소속되어 순 활동을 시작한 성도들도 있다. 그 사이 온라인 양육을 통해 리더로 세워진 성도도 있다.

"교회에서 섬기던 사역을 그만두면서 공동체와도 단절된 채 힘든 시간을 보냈습니다. 그러던 중 온라인커뮤니티를 통해 다시 공동체 모임을 시작하게 되었고, 차츰 소속감도 생기게 되었습니다. 훈련을 받고 리더로 섬기게 되었는데, 온라인커뮤니티에서 가족의 장례와 세례식도 도와주셨어요. 정말 감사합니다"(온라인커뮤니티 김명란 성도).

"저는 강원도 홍천 외곽에 살고 있습니다. 이곳에 정착하는 과정은 너무도 외로웠습니다. 근처에 교회가 없어 예배를 드리려면 멀리 춘천이나 남양주로 가야 했는데 온라인커뮤니티를 알게 되어 가뭄에 단비를 만난 것 같았습니다. 온라인이지만 사람들을 만난다는 것이 기뻐 매주 화요일 저녁을 기다렸습니다. 이제는 멀게만 느껴졌던 남양주 온누리교회에 등록해 대면 예배도 드리고 순 활동도 하고 있습니다"(남양주 온누리교회 김명록 성도).

온라인커뮤니티에서는 일본, 중국, 멕시코 등 해외 멤버들도 활동하고 있다. 물리적 제약을 받는 환경에서 목회적 돌봄의 사각지대에 있던 성도들이 온라인 공동체로 모여들고 있는 것이다.

온라인 공동체는 변화의 시대를 온라인으로 해결하겠다는 의미로 구성된 것이 아니다. 안개 성도들이 교회의 끈을 놓지 않게 하기 위한 마지막 보루였다. 온라인으로는 다 채워질 수 없는 신앙의 부분을, 교회 안에서 더욱 뜨겁게 이어 갈 수 있도록 돕는 통로가 되고자 했다.

성령님은 시간과 공간을 초월해 역사하셨고, 온라인을 통해 안개 성도들을 만지셨다. 그리고 교회는 공동체와 단절된 성도들이 언젠가는 지역 공동체에 소속되어 활동할 수 있도록 자신감과 기대감을 심어 주며 그들을 섬기고 있다.

그 일을 위해 방송 4시간 전부터 준비하는 헌신자들이 있다. 라이브 방송을 위해 카메라를 설치하고 무대를 세팅한다. 대부분이 장비에 대한 전문 지식도 없이 그저 섬김의 마음으로 자원한 성도들이다. 이렇게 헌신된 기획 팀원들이 하나하나 배워 가며 온라인커뮤니티 멤버들을 위해 영상을 제작하고 있다. 이것이 바로 교회 공동체가 가지고 있는 위대한 힘이다.

온누리교회는 변화하는 목회 환경에 맞춰 적극적으로 대처하고자 지혜를 모으고 있다. 새로운 공동체가 생기면 그 필요를 꼼꼼하게 살피고 준비해 실행에 옮긴다. 이 같은 교회의 열심으로 꼭 필요한 순간에 꼭 필요한 공동체가 세워졌다. 그 과정에는 그리스도의 몸 된 교회가 무엇인지 가르쳐 주시는 성령님의 인도하심이 있었고, 한 영혼의 소중함을 깨달은 순종하는 성도들이 있었다.

쪽방촌에 부는 희망의 바람, '남대문 희망공동체'

남대문 쪽방촌에서 하루 벌어 하루를 살아가는 이들의 공동체가 있다. '남대문 희망공동체'는 2023년부터 하나의 독립된 공동체로서 그 형태를 갖춰 나가고 있다. 사회 활동으로 어느 정도 돈을 버는 사람들은 시의 도움을 받아 임대 아파트라도 갈 수 있지만 그마저도 어려운 이들이 살고 있는 곳이 쪽방촌이다. 삶의 막다른 골목에서 어떻게든 살아 보고자 모인 이곳에 공동체가 세워졌다.

처음에는 온누리교회 사회선교 팀에서 사역을 시작한 곳이었다. 김희숙 권사가 이곳 쪽방촌 안에 카페를 열어 큐티방을 운영해 왔는데 지금은 온누리교회 권사들이 맡고 있다. 김 권사는 동네 사랑방처럼 누구든, 언제든 마음 편히 오라고 문을 열었다. 집집마다 다니며 안부를 묻고, 보살피며 사람들을 끌고 왔다. 그 사랑에 이끌려 몇몇이 큐티를 하러 카페로 찾아왔다. 그런데 지금은 자발적으로 쪽방촌 사람들이 모여 이곳에서 순예배를 드리고 있다.

또한 일대일 대외사역 팀을 통해서 많은 이가 일대일 동반자 과정을 수료하기도 했다. 성령님의 놀라운 역사는 쪽방촌에서도 어김없이 일어났다. 일대일 제자양육을 받으며 어둡던 과거의 삶을 청산하고 조금씩 변해 가는 사람들이 생겼다.

남대문 희망공동체 성도들에게 일대일 제자양육을 했던 정재환 집사는 그 기적을 고스란히 지켜보았다.

"저와 일대일을 했던 분은 과거에 강력 범죄를 저지르고 조폭에도 몸을 담았던 분이었습니다. 출소한 뒤 희망공동체에 들어왔는데, 일대일을 함께하면서 그분의 인생 여정을 듣게 되었습니다. 저나 사람들은 '지금껏 이렇게 살아온 사람이 과연 변화될 수 있겠는가?' 하는 눈으로 바라보았지만, 일대일 제자양육을 하며 그분의 삶이 하루하루 달라지는 걸 보면서 오히려 제가 큰 은혜를 받게 되었습니다."

그는 아직 일대일 양육자 과정을 이수하지는 않았지만 만나는 사람들마다 일대일 제자양육을 받아 보라고 전하고 있다. 언젠가는 이들 중에서도 누군가를 가르치고, 그리스도의 제자로 세우는 이가 반드시 나올 것이다.

온누리교회는 순예배를 할 수 있고, 큐티를 하고, 일대일을 할 수 있다면 공동체를 세우는 것이 가능하도록 되어 있다. 그에 따라 세상에서 희망이 보이지 않던 남대문 쪽방촌에도 새롭게 공동체가 세워져 작은 교회를 만들어 가고 있다. 다른 공동체와 마찬가지로 이곳 사람들도 말씀으로 새로워지고 성령님께서 어루만지심으로 삶에 변화가 일어나고 있다. 2024년부터는 새가족 모임에도 남대문 희망공동체 성도들이 참석해 환영을 받고 있다.

이들에게 필요한 것을 공급해 주는 것으로 교회가 할 일을 다했다고 생각할 수도 있다. 하지만 온누리교회는 그것에 그치지 않고 하나의 아름다운 공동체로서 사명을 감당하는 성도로 성장하는 것을 목표로 한다. 남대문 희망공동체는 주님의 관심은 어떻게든 한 영혼이라도 변화시키는 것이며, 그 일을 공동체를 통해 하신다는 것을 보여 주고 있다.

온누리교회는 직면하게 되는 다양한 어려움 속에서도 물러서지 않고, 그것을 오히려 목회의 새로운 기회로 삼아 적극적으로 돌파해 나갔다. IMF 금융 위기로 수많은 남성이 실직과 삶의 위기를 겪었을 때, 교회는 그들에게 위로와 회복의 자리가 되어 주었다. 코로나19로 세상이 멈췄을 때는, 온라인을 통해 예배와 돌봄의 끈을 놓지 않으며 위기를 이겨냈으며, 공동체를 세우는 사명으로까지 나아갔다.

온누리교회는 '한 영혼을 위한 일이라면 가성비를 따지지 않는 것, 그것이 바로 교회여야 한다'는 목회 철학을 붙잡았다. 한 사람이 예수님의 참된 제자로 세워지기까지 수많은 사람의 사랑과 헌신, 물질과 기도가 들어가더라도 기꺼이 감당하는 곳이 교회이다. 한 사람이 변화되고 새로워지는 것은 결코 세상의 가치로는 평가할 수 없는 것이기 때문이다.

무엇보다 우리가 보지 못하는 곳에서 소외당하고 있는 이들이 없는지, 연약해진 영역은 없는지 살피며 하나님의 눈길이 어디를 향하고 있는지 열심히 따라가고자 한다. 이러한 분명한 철학이 있기에, 온누리교회는 다양한 실험적 공동체에 과감히 도전할 수 있었다. 교회는 하나님의 창조 섭리에 따라 열린 마음으로 늘 새로운 것을 추구하고, 새로운 모습으로 성도의 필요를 채워야 한다. 필요와 돌봄의 이유가 생길 때마다 공동체들이 생기고, 그곳에서 다시 생명력이 피어나게 해야 한다.

교회는 공동체의 숫자를 늘리는 데 목적이 있지 않다. 오히려 공동체에 속해 있던 한 사람 한 사람이 흩어져 예수님을 전하고 제자 삼도록 하는 것이 나아갈 방향이다. 이때 교회는 그들의 전초기지로서의 역할을 감당하게 된다. 이것이 바로 공동체가 존재하는 이유이다. 그것을 위해 온누리교회는 오늘도 실험적인 새로운 공동체들을 꿈꾸고 있다.

4.
다음 세대를 위한 공동체

차세대사역도 선교사역이다

1980년대 후반 무렵, 온누리교회는 이번에도 뭔가 새로운 시도를 구상하고 있었다. 그것은 아이들을 위한 특별한 교회학교를 만드는 것이었다. 기존의 방식처럼 아이들을 관리하고 돌보는 차원이 아니라 온누리교회만의 차별성을 가진 교회학교에 대한 꿈이었다. 그 꿈은 아이들이 말씀 가운데 비전을 품는 것. 그래서 차세대사역은 교육이 아니라 선교여야 한다는 분명한 목적과 방향성을 담아 내는 것이었다.

우선 자료를 수집하고 연구하기 시작했다. 한국교회뿐 아니라 미국 교회 중에서 차세대사역이 잘되는 곳을 견학하기도 했다.

변화는 1996년 하용조 목사가 미국 순방을 다녀온 뒤부터 시작됐다. 차세대 아이들을 어떻게 양육하고 돌볼 것인가를 고민하던 때, 교회학교의 교육과 행사를 창조성, 관계, 재미 등으로 특색 있게 운영하던 윌로우크릭교회의 프로그램을 교회학교 상황에 맞게 접목해 본 것이다. 일반적인 분반 공부나 설교 대신 다양한 아이디어를 활용해 영성훈련과 제자양육으로 나아갔다.

교회는 차세대사역을 위해 아낌없이 지원했다. 교역자들이 새로운 시도를 하려 할 때 하용조 목사는 한 번도 마다 않고 적극 지원했다. 전도사 시절부터 교회학교사역을 맡았던 이재훈 목사는 어느 날 미국에서 어린이사역을 위한 컨퍼런스가 열리고 있다는 소식을 듣고 포스터를 들고 무작정 하용조 목사를 찾아갔다.

"목사님, 저 여기 가서 배워 오고 싶습니다."

허락을 받은 이 목사는 당시 차세대사역 전체를 담당하던 강부호 목사와 파트 교역자들과 함께 컨퍼런스에 다녀왔다. 재정이 부족해도 한 명이라도 더 같이 배우길 원했기 때문이다. 하용조 목사는 여기에 추가적인 재정도 지원해 주었다. 이렇게 교회학교 교역자들은 발로 뛰며 차세대사역을 공부했다. 이재훈 목사는 위임목사가 된 후에도 차세대에 대한 관심과 지원을 아끼지 않고 있다.

컨퍼런스에 다녀온 후, 교역자들은 아이들을 가르치는 학교의 역할보다는 차세대만의 고유한 공동체성이 드러나는 것에 초점을 맞추고자 했다. 우선 그 의지를 담아 교회학교 이름을 '꿈이 자라는 땅'으로 바꾸었다. 우리의 아이들이 교회 안에서 마음껏 꿈꾸고, 교회가 그 꿈을 일구어 갈 수 있는 땅이 되기를 바랐다.

유치부나 아동부, 중고등부라는 명칭 대신 중고등부는 '파워 웨이브(Power Wave)'라는 새로운 이름 아래 조직적으로 사역을 만들어 나가기 시작했고, 미취학 아동부(2~7세)는 '예수님의 꿈아이(예꿈)'로, 초등부(8~13세)는 '꿈이 자라는 땅(꿈땅)'으로 이름 짓고 새출발을 했다.

이에 따라 공동체 안에서 사용하는 호칭도 바뀌었다. 부장집사를 코치로 변경하고 선배 교사이자 코치로서 훈련하고 같이 뛴다는 의미를 부여했다. 직분자 임명 기준도 파격적으로 바뀌 나이가 많지 않아도 교사 경험이 많고 노하우를 가진 사람을 코치로 세웠다.

성경에서도 이름의 변화는 새로운 터닝 포인트를 의미했다. 아브람을 아브라함으로 부르셨을 때, 야곱을 이스라엘로 바꾸어 주셨을 때 그들의 인생이 새롭게 변화된 것처럼, 온누리교회 교회학교도 이름에 담긴 비밀한 꿈을 안고 새로운 전환점을 선포한 것이다.

제일 먼저, 교회학교의 개념을 재정립했다. 어른들이 예배를 드리는 동안 아이들을 돌보는 동시에 성경을 가르치는 탁아 개념에서 벗어나 차세대 공동체가 스스로 자신의 세대를 전도하는 선교적 비전을 품는 공동체로 재정립한 것이다.

1997년 '좋은 친구 성령님'이라는 주제로 어린이 성령 집회가 열렸다. 천여 명의 어린이와 부모들이 모였는데, 성인이 아닌 초등학생을 대상으로 열린 집회라는 점에서 한국교회의 주목을 받았다. 당시 이 집회에서 많은 어린이가 예수님을 구주로 고백하며 결신하는 역사가 있었다. 아이들에게도 놀라운 성령님의 임재가 있었고, 이 모습을 지켜본 많은 부모와 성도들도 큰 감동을 받았다.

이재훈 목사는 어린이도 성령을 받고 하나님 안에서 뜨겁게 신앙생활을 할 수 있으며 그리스도의 제자가 될 수 있다고 강조했다. 따라서 그들을 단순한 돌봄이 아닌 신앙의 주체로 키워야 한다고 했다.

온누리교회는 2024년부터 초등학생들에게 아동 세례를 주고 있다. 그동안 대한예수교장로회(통합)에서 유아 세례(0-2세)와 세례(13세 이상), 입교만 인정했던 교단 헌법이 개정되면서 온누리교회도 7~12세 어린이들에게 8주의 교육을 부모와 함께 받으면 당당하게 교회 구성원으로 인정하며, 세례 교인으로서의 삶을 살도록 하고 있다. 아이들도 얼마든지 믿음의 주체가 될 수 있다는 생각에서이다.

온누리교회가 추구하는 제자훈련과 선교에 대해서도 어린이라고 예외는 아니었다. 사도행전 29장을 써 내려가는 그리스도인의 사명을 감당하기 위해서 '세계를 품은 아이들(세품아)' 등 선교적 접근을 기반으로 한 제자훈련학교를 연령별로 진행하고 있다. 어려서부터 타 문화에 대해 배우며 선교에 참여할 수 있도록 돕기 위해서이다.

아이들은 토요일에 노는 것을 포기하고 이 자리에 나왔다. 주체적으로 모임에 참여하며 스스로 하나님의 자녀로서의 정체성을 발견해 갔다. 교회는 이렇게 체계적인 훈련을 통해 세상을 품는 아이들로, 선교적 세계관을 가진 차세대 주역으로 아이들을 양육하고 있다.

초등부부터 중고등부 캠프 등 대부분의 주요 행사들은 뜨거운 성령 집회의 형식으로 진행된다. 여름과 겨울방학에 열리는 전국 규모의 청소년 집회인 '패션(Passion)'도 일반적인 수련회가 아닌 성령 집회라고 할 수 있다.

처음 '패션(Passion)'을 주제로 집회가 열렸을 때, 하용조 목사는 청소년들의 엄청난 열기를 지켜보고, 매년 집회를 열자고 제안했다. 이후 '패션(Passion)'이라는 이름의 집회로 자리 잡게 되었다. 학원을 포기하고 3일씩 집회에 참여하는 것은 아이들에게도 큰 도전이었다. 그런데도 청소년들은 예배의 자리로 모여들었다. 마치 지난날 한국교회가 부흥하던 시기의 뜨거움이 이 집회에서 재현되는 듯했다.

어느 해에는 영하 10℃의 추운 날씨에도 조금이라도 앞에서 예배하고자 자유 시간도 포기하고 일찍부터 예배당 앞에 줄을 섰다. 교사들이 여유롭게 와도 괜찮다고 말했지만 한파에도 아랑곳하지 않고 2시간이 넘도록 줄을 서기도 했다. 그런데 해가 지나도 이 예배를 기다리는 줄은 줄어들지 않았고 오히려 이 '패션(Passion)' 집회의 문화가 되었다. 그러자 진행 팀은 학생들이 춥지 않도록 야외 난로부터 천막 등 여러 방법을 고안해 준비했다. 성령님의 강력한 역사 속에서 5천여 명의 청소년들이 밤늦게까지 예배를 드렸고, 그 열정은 누구도 막지 못했다. 하나님을 만나는 아이들의 순전한 믿음으로 가득한 자리였다.

무엇보다 온누리교회의 선교에 대한 비전이 고스란히 이어진 것이 바로 아웃리치였다. 그때까지만 해도 한국교회에서 어린이와 청소년이 선교지에 간다는 것은 상상하기 어려운 일이었다. 특히 중고등부 학생들은 여름성경학교를 진행하기 어려운 농어촌 지역을 찾아가 교사들과 팀을 이루어 보조교사로 섬기고, 마을에 벽화를 그려 주며, 전도에 나서는 등 성인 공동체 못지않게 섬기고 있다. 아웃리치를 통해 더 넓은 세계에서 그 크신 사랑의 하나님을 만난 아이들은 이전보다 더욱 예배를 사랑하게 되었고 일상의 삶도 달라졌다.

아이들, 그리스도의 제자로 자라다

입시 경쟁이 치열해진 이 시대에 아이들에게 신앙훈련을 하는 것이 매우 어려워졌다. 그럼에도 불구하고 어떻게 하면 우리 아이들을 그리스도의 제자로, 영적 지도자로 키워 갈 수 있을까? 이것은 다음 세대의 신앙 전수 방법에 대한 고민으로 이어졌다.

온누리교회는 무엇보다 아이들이 하나님과의 바른 관계 속에서 건강한 신앙인으로 자라 가도록 온 힘을 쏟고 있다. 그러기 위해서는 말씀 묵상과 기도 훈련이 아이들의 삶에서도 기본이 되어야 한다고 보았고,

이를 바탕으로 신앙 전수의 노력을 다방면으로 시도하고 있다.

안타깝게도 법제화된 공교육의 테두리 안에서는 공식적인 신앙교육이 어렵게 되었고, 가정에서도 부모 세대에서 자녀 세대로 신앙이 전수되는 경우가 과거에 비해 현저히 떨어졌다. 이런 위기 속에서 교회는 가정과 협력해 아이들이 교회를 떠나지 않고 하나님을 붙들 수 있는 신앙교육을 어떻게 할 것인가를 두고 깊이 고민하게 되었다.

온누리교회 차세대사역의 특징 중 하나는 부모가 교사가 되어 자녀를 신앙으로 양육하고 가정에서 예배할 수 있도록 필요한 도구와 자료를 제공한다는 점이다. 부모와 같이 큐티를 통해 말씀을 읽고 나누며, 생명의 빵으로 오신 예수님의 말씀을 매일 먹어야 한다는 의미로 말씀 식빵을 만들어 현관문에 붙이고 말씀을 기억한다. 이렇게 사춘기 이전의 아이들은 부모와 함께할 수 있는 프로그램을 통해 가정에서 신앙 문화를 익히고 있다.

이를 위해 먼저 부모가 기독교적 세계관을 가져야 하므로, 마더와이즈, 목요어머니기도회 등을 통해 부모의 신앙 성장을 돕고 있다. 신앙교육의 모판인 가정이 얼마나 중요한지 알기에 교회 차원의 시도가 끊임없이 이뤄지고 있는 것이다.

1년에 180절의 성경 말씀을 암송하는 프로그램인 '샤이닝키즈'를 만들었을 때 아이들이 말씀으로 한글을 익히며 하나님이 누구신가 알고 싶어 했다. 부모들은 아이들의 성장을 보며 말씀으로 양육하겠다는 일념으로 열심을 내게 되었다.

매일 시간을 정해 말씀을 묵상하는 습관을 들이기 위해 여름방학에는 '큐티 하고 빙수 먹자', 겨울방학에는 '큐티 하고 고구마 먹자'를 시도했다. 참여 일수에 따라서 간식을 보내 주었는데 참여 인원이 6천 명이 넘어섰고, 이것은 차세대 공동체 안에 정착하게 되었다.

무슨 사역이든 1년을 하면 이벤트이지만 10년을 하면 문화로 정착한다는 생각으로 차세대 공동체는 계속해서 문화를 만드는 작업을 해나가고 있다.

온누리교회 차세대사역의 또 하나의 특징은, 중고등부 아이들의 신앙교육이 교회에서 학교 생활로 확대되고 있다는 점이다. 중고등부를 '파워웨이브(Power Wave)'로 이름 붙인 것은 말씀과 기도의 능력이 파도처럼 흘러 온 세계에 영향력을 끼치고자 함이었다. 교회 안의 학생들을 넘어 교회 밖의 학생들에까지 영향을 미치는 새로운 청소년사역을 하겠다는 선포였다. 먼저 서울 시내 모든 중고등학교에 학교 중보기도 모임을 세우는 것을 꿈꾸었다.

학생들은 자신들이 어떤 기도를 해야 할지 배우기를 원했다. 2000년 무렵, 정덕희 교사를 비롯한 몇몇 교사들의 노력으로 중보기도학교가 만들어졌다. 이 모임은 학생들이 운영했는데 선배들은 후배들을 가르쳤고, 후배들은 또다시 헬퍼로서 다음 후배들을 훈련시켰다. 이렇게 훈련받은 학생들은 자신의 학교로 돌아가 직접 기도 모임을 인도하며 학교와 친구들을 위해 기도했다. 청소년들이 나라와 민족을 위해 기도하고, 자신의 세대를 위해 중보하는 사람이 된 것이다.

기도 모임이 일어나자 불가능하게 보였던 학교 안의 전도가 일어났다. 자신들이 기도하던 학교의 문제들이 선하게 해결되고, 무엇보다 함께 기도했을 때 많은 아이의 가정이 회복되는 역사가 일어났다. 자신의 비전과 길을 찾아가는 과정에서도 기도는 큰 힘이 되었다. 이렇게 학교와 친구들을 위해 기도하는 동안 오히려 자신이 영적으로 성장했음을 학생들은 깨달았다. 뿐만 아니라 아이들은 복음을 잘 전하기 위해 스스로 전도훈련에 참여하고 말씀도 암송하며 워십을 배웠다.

이렇게 아이들이 학교에서 예배자로 서 가는 모습을 보며, 2006년 당시 중등부 전도사였던 양성민 목사는 주일만이 아니라 학교에서도 매일 아침 예배를 드린다면 학생들의 신앙이 매일 바로 설 수 있지 않을까 생각했다. 그래서 매일 아침 학교로 찾아가 아이들과 함께 예배를 드리기로 했다.

아침 7시, 주일 하루가 아닌 7일 모두 하나님 앞에 나아가자는 의미로 '세븐업(7UP)'이라는 모임을 만들었다. 아침에 일어나 학교에 가기도 힘들어하는 아이들이 과연 나올 수 있을까? 그런데 놀랍게도 아이들은 7시에 모여들었다. 양 목사는 학교 앞 빵집이나 패스트푸드점에서 아이들과 함께 큐티를 하고 기도하는 시간을 가졌다. 시간이 지날수록 참여하는 학생들의 열정이 교역자를 넘어섰다. 중간고사 기간이 다가오자 양 목사가 시험 기간에는 쉬는 것이 어떻겠냐고 했더니 학생들은 오히려 "시험 기간일수록 큐티하고 시험을 봐야죠" 했다.

아침잠을 포기하고 기도하러 나오는 아이들의 열정에 교역자와 교사들이 더 도전을 받았다. 등교 전에 모여 말씀으로 하루를 열고 기도하는 학교 큐티 모임으로 세븐업이 지역마다 만들어졌다. 학업에 지치고 피곤할 텐데도 신기하게도 아침 등굣길에 아이들이 모였다. 말씀으로 하루를 시작하는 기쁨을 아이들도 맛본 것이다. 여기에는 무엇보다 교역자와 교사들의 헌신이 큰 몫을 차지했다. 교사들은 출근하기 전 학교로 찾아가 월요일부터 토요일까지 큐티를 인도하고 아이들의 고민거리도 나눴다. 지원비보다 더 많은 금액의 간식비가 나가도 교사들은 사비로 메웠다. 이러한 교사들의 헌신이 있기에 지금까지 중고등부사역의 대표 프로그램으로 진행될 수 있었다.

2010년 당시 중학교 펜싱 선수였던 정현우 학생은 선배들의 괴롭힘을 피해 화장실에서 몰래 큐티를 하고 있었다. 그러다 한 선배에게 걸린 것이 오히려 복음을 전하는 기회가 되어 그 학교에 세븐업이 만들어졌다. 이후 다른 종목의 선수들까지 모여 예배를 드리게 되었고, 4명으로 시작한 모임이 23명까지 모이게 되었다. 이렇게 세븐업에 얽힌 간증은 쌓여 갔다. 세븐업을 통해 점심시간에 큐티 모임을 하는 학교도 생겼고, 40~50명이 함께 예배하는 자율 동아리가 세워진 학교도 있다. 2025년 현재 951명의 아이들이 세븐업에 참여하고 있다.

삼삼오오 모여 말씀을 먹는 아이들의 일상이 언젠가는 잊지 못할 은혜의 자리였음을 알게 될 것이다. 그리고 우리는 한 명의 아이를 위해서라도 그 아침에 달려가는 교사들의 헌신이 있기에 이 모임이 가능했다는 걸 잘 안다. 그 사랑과 헌신을 먹고 성장한 아이들은 차세대 공동체에서 교사로 헌신해 섬기고 있다. 꿈이 자라는 땅을 밟고 그리스도의 제자로 살아가고 있다.

헌신과 함께하는 비전

최근 한국교회가 겪고 있는 어려움 중 하나는 교회 안에 아이들이 줄어들면서 교회학교가 사라지거나 축소된다는 사실이다. 그럼에도 온누리교회의 차세대 공동체가 유지되는 데는 몇 가지 요인이 있다.

모든 교회가 그렇겠지만 온누리교회 역시 차세대사역을 이끄는 동력 가운데 가장 중요한 핵심에는 교사가 있다. 초기 교사 그룹은 온누리교회 창립 멤버들이었는데, 그 시절의 은혜가 자연스럽게 아이들을 향한 사랑과 열심으로 연결되었다. 당시 20대 나이에 교사로 섬겼던 황종연 목사는 온누리교회 교사들의 헌신이 그때부터 매우 남달랐다고 기억한다. 교사로 한번 섬기면 평생을 헌신해야 한다는 분위기가 있었고, 무엇보다 교사라는 자부심과 열정이 대단히 컸다고 한다.

차세대사역은 우리의 아이들을 믿음의 사람으로, 예수님의 제자로 키우는 일이다. 그 일을 위해 사랑과 관심을 끊임없이 공급해 줄 수 있는 교사를 세우는 것은 매우 중요하다.

교사는 마치 목회자의 콜링처럼 하나님의 부르심 가운데 시작하는 경우가 많다. 그래서 차세대 공동체에는 하나님이 부어 주신 마음으로 20년 이상 장기 근속하는 교사들이 많다. 10년, 20년 오래 섬기는 교사들은 온누리교회의 큰 자산이다. 책임감과 성실함으로 묵묵히 그 자리를 지켜 온 이들이 젊은 교사들과 조화를 이루며 아름다운 연합을 이루고 있다. 교사대학에도 꾸준히 많은 성도가 지원하고 있다는 것은 온누리교회에 부어 주신 크나큰 은혜라고 할 수 있다.

이러한 교사들을 격려하고 돕는 일은 매우 중요하다. 교사는 땀을 쏟은 만큼 열매를 보지 못할 때도 있고, 무수한 기다림과 인내의 시간을 견뎌야 할 때도 있다. 그러다 보면 지쳐서 내려놓고 싶을 때가 온다. 그럼에도 책임감 때문에 내려놓지 못하는 경우가 있는데, 온누리교회는 이런 교사들을 위해 안식년 제도를 도입하고, 교육위원회를 두어 교사들의 필요를 파악하며 협력하고 있다. 현재 45명의 장로가 매주 부서를 돌며 무엇이 필요한지 세밀하게 살피며 섬기고 있다. 이렇게 많은 장로가 교육부서를 섬기고 있는 것은 매우 고무적인 일이라고 할 수 있다.

또한 교사들을 기도로 돕는 숨은 조력자들도 많다. 2002년부터 꿈땅에서 섬기고 있는 이사라 교사는 이상자 권사 집으로 유년1부 교사들과 함께 초대를 받아 간 적이 있다. 그때 이상자 권사가 새벽마다 중보하고 있다는 기도노트를 보여 주었는데, 거기에는 교사들이 제출한 기도 제목들이 빼곡히 적혀 있었다. 이사라 교사는 이 권사의 낡은 기도노트에 적힌 자신의 기도 제목을 보고 큰 감동을 받았다. 얼굴도 한 번 본 적 없는데 이토록 진심을 다해 중보기도한다는 데 놀랐고, 보이지 않는 곳에서 누군가 기도하고 있다는 것을 확인시켜 주신 하나님께 감사했다. 그날 이후로 그는 빚진 자의 마음으로 아이들을 더욱 섬기게 되었다.

교사 공동체가 든든히 세워지면 그 안에서 무수한 아이디어가 쏟아져 나온다. 교회는 교역자와 교사들이 마음껏 새로운 도전에 나설 수 있도록 최선을 다해 돕고 있다.

이러한 도전에는 꿈땅 사역자 시절의 이재훈 목사도 큰 몫을 했다. 아이들을 대상으로 하는 사역은 가능한 한 창의적이고 재미있어야 한다는 것이 이 목사의 생각이었다.

온누리교회 어린이날 축제가 만들어진 것도 이런 생각의 연장선상에서였다. 이재훈 목사는 '아이들을 놀게 하려면 어른들이 불편해야 한다'라는 생각으로 당시 교회 주차장을 과감하게 폐쇄시키고 그곳에 놀이기구를 설치해 아이들을 위한 놀이동산으로 꾸몄다. 그동안 어린이날 행사를 부서 안에서만 진행했던 것과 달리 교회 전체가 집중하는 행사로 만든 것이다.

예산이 넉넉해서 시도했던 것이 아니다. 그저 아이들을 향한 마음 하나로 시작한 것이다. 그때 에젤선교회의 홍정희 권사 등이 바자회를 열어 힘을 보탰고, 성인 공동체 성도들도 적극적으로 도와 예산을 마련했다. 당시로선 매우 파격적인 대규모 어린이사역이었다. 1년 차 전임 교역자가 시도하기엔 무모한 도전이었다. 하지만 아이들은 어린이날의 즐거움을 만끽할 수 있었다. 이후 이 행사는 점점 더 규모도 있고 짜임새도 탄탄한 어린이날 축제로 서빙고와 양재, 도곡 등 캠퍼스별로 진행되고 있다.

교사들의 도전과 헌신은 차세대사역에서 사용하고 있는 교재에서도 빛이 난다. 교사들은 매년 국내외에서 진행되는 차세대를 위한 컨퍼런스에 참여해 교육의 흐름을 파악하고, 기독교 교육학자들의 연구 서적을 살피며 다양한 시도를 하고 있다.

특히 아이들이 말씀을 삶에 적용할 수 있는 교재를 만들고자 오랜 시간 고민하고 연구를 거듭하고 있다. 교사들은 큐티와 소그룹, 주일설교 교재 등을 직접 제작하는가 하면, 연령별 신앙 발달에 맞는 해외 교재를 번역해 아이들의 상황과 정서에 맞게 커리큘럼을 만들고 있다. 그 결과물이 바로 영유아부 교재인 〈예수님의 꿈아이: 예꿈〉이다. 가정에서도 성경 말씀을 경험하고 생활화하도록 구성했는데, 이제는 한국교회의 유아 교육을 대표하는 자료로 활용되고 있다. 교사들의 땀과 노력이 담긴 교재들은 이외에도 취학 아동용 〈예수님이 좋아요〉, 청소년을 위한 〈세이노트〉가 있다.

온누리교회의 차세대 공동체가 이렇게 유지 발전되는 이유 중 하나는 차세대 교역자들이 장기적으로 사역을 책임지기 때문이다. 과거에는 1년 겨우 사역하고 다른 사역지로 떠나 버려 어려움이 많았다. 하지만 지금은 차세대 교역자들이 비교적 안정적으로 유지되고 있어서 큰 힘이 되고 있다.

이 모든 것의 바탕에는 결국 어른들의 차세대에 대한 관심이 자리하고 있다. 지역에 있는 온누리 캠퍼스교회들은 차세대 공동체를 위한 공간이 열악해 주변의 다른 건물을 빌려 쓰는 형편이다. 그런데 얼마 전 부천 온누리교회는 아이들을 위한 공간을 마련하기 위해 교회 지하에 있는 식당을 없애기로 했다. 어른들은 식당이 없어 불편하겠지만 그 공간을 기꺼이 차세대가 사용할 수 있도록 내어준 것이다. 예산이나 공간을 마련한다는 것은 마음이 있기 때문이다. 차세대사역이란 큰 교회여서 가능하고 작은 교회라 어려운 것이 아니다. 아이들의 신앙교육에 관심이 있다면 얼마든지 열매를 맺을 수 있다.

세계관이 삶의 여정을 결정한다. 온누리교회에 이어져 온 영적 유산을 내면화한 아이들이 바로 다음 세대를 이끌어 갈 그리스도의 제자들이다.

청년 부흥의 힘, '화요성령집회와 홀리스타'

화요일이 되면 청년부 단톡방이 분주해진다. 누군가 "오늘 화성?" 하고 운을 띄우면 그때부터 줄줄이 댓글들이 달리며 시끌벅적해지는데 이것은 온누리교회 청년들의 하나의 문화가 되었다. 평일인데도 화요성령집회에 참석한 청년들로 교회가 북적거린다.

이 집회는 대학부와 청년부가 함께 모여 예배하며 기도하는 자리이다. 학교와 일터에서 지치고 갈급해진 청년들이 다시 말씀으로 채워지고 성령의 임재 가운데 치유와 회복이 일어나는 시간이다. 온누리교회 청년들이 이 예배를 '火요성령집회'라고도 표현하는 이유는 그만큼 성령의 역사로 가득한 뜨거운 찬양과 기도의 시간이기 때문이다.

이 예배는 교역자들이 아닌 청년들의 간절한 요청에 의해서 시작되었다. 청년들은 주일예배만이 아니라 주중에도 예배를 드리길 원했다. 평일에도 자신들의 일상이 무너지지 않도록 영적 채움의 시간을 갖고 싶어 했다.

이 시간이 뜨거울 수밖에 없는 이유는 쉼과 영적 회복을 위해 달려온 청년들에게 깊은 위로의 메시지들이 전해지기 때문이다. 매월 주제에 맞는 예배를 기획하고 청년들이 공감하고 적용할 수 있는 말씀들이 선포된다. 대학생과 직장인 청년들은 캠퍼스와 일터에서 겪는 고민을 말씀 가운데 해결받으며 치유를 경험한다. 이것이 청년들이 열심히 참석할 수 있는 동기부여가 되고 있다.

특히 이 시간은 공간과 시간의 제약이 없다. 주일예배는 이어서 다음 예배가 있기 때문에 정해진 시간에 장소를 비워 줘야만 한다. 은혜 가운데 계속 머물고 싶어도 어쩔 수 없이 마쳐야 하는 아쉬움이 있다. 그런데 이 시간만큼은 그런 걱정을 할 필요가 없다. 은혜를 받은 만큼 얼마든지 마음껏 예배를 드릴 수 있고, 아무런 방해 없이 남아서 밤새도록 기도할 수도 있다. 제한 없는 예배의 감격과 은혜, 그것이 화요성령집회가 뜨거운 이유이자 온누리교회 청년 부흥을 이끄는 동력이 되고 있다.

온누리교회 청년부는 명확한 목회 철학이 있다. 그것은 인풋(input: 공급)과 아웃풋(output:결과)의 아름다운 선순환이다. 예배와 양육을 통한 인풋과 선교와 사역이라는 아웃풋이 충족될 때 예수 그리스도 안에서 즐겁게 신앙생활을 할 수 있는 것이다. 어느 한쪽에만 초점이 맞춰지면 치우쳐 균형을 잃게 마련이고, 물을 대주지 않으면 아무리 좋은 땅도 메말라 곡식을 낼 수 없게 된다.

종종 청년들을 일꾼으로 생각하는 경향이 있어서 한국교회 청년들이 지쳐서 교회를 떠나는 경우가 있다. 온누리교회는 예배와 큐티, 일대일 제자양육, 온누리 바이블 클럽(OBC) 등을 통해 끊임없이 말씀과 영적 공급을 하고 있다. 청년들은 그 공급에서 오는 힘과 능력으로 건강하게 섬기며 나눈다. 그리고 그 섬김에서 얻은 은혜로 또다시 말씀과 양육을 받는 선순환이 일어나고 있다.

신선한 것은 이 아웃풋의 주도권이 교역자들에게 있는 것이 아니라 청년들에게 있다는 점이다. 강제가 아니라 자발적으로 도전하도록 기회의 문을 열어 주는 것, 이 같은 목회 철학이 계속해서 청년들을 역동성 있게 만드는 비결이라고 할 수 있다.

화요성령집회 역시 청년들이 중심이 되어 기획 팀을 만들고 예배를 재구성했다. 이렇게 청년들의 자발적인 참여가 청년 부흥을 이끌고 있다. 교회는 따라오라고 말하지 않는다. 그들의 이야기를 들어주고 그들이 예배의 중심으로 나오도록 도울 뿐이다.

또 하나의 독특한 온누리교회 청년 문화는 바로 청년들의 새벽기도 모임인 '홀리스타'이다. 한국교회의 특징 중 하나가 새벽기도인데, 홀리스타는 교회가 아닌 도심 한복판에서 드리는 새벽예배이다. 청년들이 직장이나 집 근처에서 말씀과 기도로 하루를 시작할 수 있도록 만든 기도 모임이다. 출근하기도 바쁜 평일이지만 매일 새벽 6시 반이면 카페나 식당에 모여 말씀을 듣고 함께 기도한다. 대부분 직장인이 많은 지역을 중심으로 운영되고 있는데 많을 때는 12곳에서 동시에 예배드린 적도 있다. 코로나19 기간에 잠시 온라인 형태로 운영되었다가 재개되어 현재는 7곳(강남, 서초, 광화문, 여의도, 대학로, 양재, 분당)에서 열리고 있다.

교회 밖 도심 속에서 청년부 새벽기도가 시작된 것은 한 큐티 모임에서 비롯되었다. 2006년 무렵, 당시 김창섭 전도사(바울공동체)가 신사동 스타벅스 커피숍에서 아침에 청년들과 큐티 모임을 가졌는데, 그 모임이 부흥하면서 다른 공동체로도 확산되었다. 이후 곳곳에서 아침 큐티 모임이 일어나게 되었고, 이것이 정착되어 청년들의 새벽예배로 전환되었다.

청년들은 평일에도 말씀을 묵상하며 함께 기도하고 싶어 했다. 일상의 삶에서 힘을 얻게 되자 너도 나도 모이게 되었고, 등교나 출근하기 전에 예배하는 시간을 갖게 된 것이다. 교역자들도 참석해 말씀을 전하고,

함께 기도한다. 그 말씀과 기도가 오늘을 살아가는 청년들에게 더없이 큰 힘이 되고 있다.

지금은 온누리교회 청년들만이 아니라 주변 지역 직장인들과 다른 교회 청년들도 자유롭게 참여하고 있다. 이른 새벽, 카페에 불이 켜져 있는 걸 보고 무슨 일인가 궁금해서 들어오는 사람도 있고, 커피 마시러 왔다가 홀리스타에 합류하게 된 경우도 있다.

출근 전 직장인이 모인다는 것이 결코 쉬운 일이 아닐 텐데도 이들은 그 새벽바람을 뚫고 나와 하루의 시작을 하나님과 함께한다. 일터에서 그리스도인으로 살아가길 기도 가운데 다시 한번 결심하는 것이다.

이 새벽기도회가 지속 가능할 수 있었던 데는 교회가 그들이 오기를 기다리고 있지만 않았기 때문이다. 예배를 드리고 싶어 하는 이들이 있다면 오라 하지 않고 거기로 찾아간 것이다. 교회가 삶의 자리로 찾아가 기도할 곳이 되어 준 것이다. 세상에서 구별되게 살라고 말만 하는 것이 아니라 그들이 용기를 갖고 일어설 수 있도록 끊임없이 영적 공급을 제공해 준 것이다.

> "주일예배를 드리고도 다음 날 아침이면 출근할 걱정에 눌려 지각하기 일쑤였는데 새벽예배를 결단하며 설레는 마음으로 일어나게 되었습니다. 예배를 통해 내가 가진 문제보다 주님께 시선을 돌릴 수 있었고 하루를 감당할 힘을 공급받을 수 있었습니다"(여호수아공동체 김○○ 자매).

"일주일에 하루도 제대로 기도하는 날이 없었습니다. 그런데 어느 날, 돌아가신 이희돈 박사님(전 세계무역센터협회 총재)의 간증을 듣게 되었는데, 1년의 절반을 해외로 출장을 다니고 15분마다 스케줄을 체크해야 할 정도로 바빴지만 오히려 새벽기도를 해야 하루를 제대로 보낼 수 있었다는 말씀을 듣고 저도 새벽기도를 사모하게 되었습니다. 실제로 홀리스타로 시작하는 하루는 시간 관리가 잘되며, 기쁨으로 하루를 시작할 수 있습니다. 알람이 울릴 때는 조금이라도 더 자고 싶지만 그것을 이겨 내고 홀리스타를 가는 길엔 기대감으로 가득한 은혜가 있습니다"(SNS공동체 유○○ 자매).

이 시간을 경험할수록 청년들의 삶도 달라져 갔다. 새벽예배에 가기 위해 생활 패턴을 바꾸는 청년들도 있었다. 일찍 자기 위해 식사도 가볍게 하니 몸도 건강해지고 영도 회복되었다고 고백한다.

홀리스타는 어디든 모인 곳이 기도의 처소요 예배의 자리임을 입증했다. 직장과 사회에서 선한 영향력을 끼치는 청년들의 새벽예배가 곳곳에서 불을 밝혀 주기를 기대하고 있다.

선교하는 청년 프로젝트

'배워서 남 주냐'는 말은 온누리교회 청년들에게는 상용되지 않는다. 자신의 배움을 기꺼이 남을 위해 쓰고 있기 때문이다.

2020년 여름방학이 시작되었는데, 당시 코로나19로 인해 매년 해 오던 아웃리치를 갈 수 없는 상황이 되었다. 그렇다면 어떤 일을 도울 수 있을까 청년들은 생각했다. 그때 학교에 가지 못하는 선교사 자녀들에게 온라인으로 과외를 해보자는 아이디어가 나왔다.

코로나19 이전부터 교육 선교에 관심이 많던 최성민 목사(대학청년부 본부장)는 당시 맡고 있던 허브 공동체 안에서 뜻을 함께하는 청년들과 이 사역을 실행해 보기로 했다. 선교지에서 학업에 어려움을 겪고 있는 자녀들을 위해 줌(zoom)을 통해 교과목 학습을 가르치는 이른바 '배워서 남 주자(배남프) 프로젝트'를 시작한 것이다.

이 사역을 위해서는 다양한 과목과 수준에 맞는 교육이 필요한데 온누리교회 안에는 준비된 청년들이 있었다. 이들을 연결해 주었고, 청년들은 자신들이 가지고 있는 달란트를 활용해 성심성의껏 가르쳤다. 국어, 영어, 수학, 과학, 역사 등 기본 교과목 외에 외국어 등 다양한 과목을 화상으로 교육했고, 이밖에도 원하는 과목이 있으면 전문가와 청년들을 모집해 수업을 연결해 주었다.

이 사역은 누룩처럼 번져 나가 청년들의 참여 문의가 이어졌고 어느새 대학청년부 전체 사역으로 확장되었다. 현재 402명의 대학 청년 멘토들이 유치부부터 고등부까지 전 세계 선교지에 있는 아이들에게 학습

지원을 하며 하나님의 비전과 꿈을 심어 주고 있다.

해외 선교사와 자녀들의 만족도도 매우 높았다. 선교사들의 가장 큰 고민 중 하나가 자녀들의 교육과 진로였다. 선교사역에 매진하느라 자녀들의 교육을 제대로 돌보는 것이 어렵고, 아이들은 현지에서 학업을 해 나가는 것에 많은 어려움을 겪고 있었기 때문이다.

선교사들은 자녀의 부족한 학업을 이끌어 준 청년들의 사랑과 수고에 더없이 고마워했다. 오지에서 학업의 기회를 얻게 되어 배움의 즐거움을 누리고 있다는 후기가 이어졌다. 외로운 곳에서 아이들은 이 시간을 기다렸다. 이렇게 '배남프'에 대한 소문이 선교사들 사이에서 빠르게 퍼져 나가자 오히려 가르칠 멘토가 부족해 수업 신청을 다 받지 못할 정도가 되었다.

어느새 '배남프'를 통해 수업을 듣던 아이들이 성장해서 멘토로 섬기는 경우도 생겼다. 이렇게 선교지의 아이들은 청년들의 헌신을 통해 비전을 발견하는가 하면, 그들을 따라 봉사와 헌신을 결단하고 있다.

배남프는 이제 선교사 자녀들뿐만 아니라 국내 다문화 이주민 가정의 자녀나 지역 교회 등 교육의 사각지대에 있는 아이들에게로 섬김을 확대하고 있다

'배남프'는 처음부터 목회자가 아닌 청년들 중심으로 운영되었다. 청년들은 교육 환경이 어려운 아이들을 가르치며 한 영혼에 대한 하나님의 마음을 깨닫고 있으며, 자신의 배움이 기꺼이 남을 돕는 도구로 쓰이길 바라고 있다.

온누리교회 청년 공동체가 아름다운 건 자신들의 문제에만 매몰되

지 않고 이렇게 세상과 이웃을 향해 나아가고 있다는 데 있다. 2000년대 이후 금융 위기와 불황, 청년실업 등 우리나라에 어려운 상황이 있을 때마다 온누리교회 청년들은 지역 사회에 사랑과 희망을 나누는 '희망 코리아 프로젝트'를 진행해 왔다. 여기에서 시작된 정신이 지금은 어려운 이웃에게 쌀을 비롯한 생필품을 나누는 사역으로 이어지고 있다.

여기에는 숨은 미션이 하나 있다. 온누리교회의 이름이 드러나지 않게 하는 것이다. 전달할 물품의 포장과 배달까지 모두 청년들의 손을 거치지만 지역 교회들의 이름을 빌려 함께 돕고 있다. 여기에서 청년들은 나누면서 받는 기쁨이 무엇인지를 배우고 있다.

청년들의 자발적 참여가 빛나는 사역은 아웃리치이다. Acts29 비전에 따라 국내외 그리스도의 복음과 사랑이 필요한 곳으로 찾아가는 단기선교 프로그램이다. 교회 창립부터 시작된 아웃리치는 매년 4천~5천 명의 청년들이 참여하고 있는데 2024년에는 해외 25개국과 국내 80여 개 지역을 섬겼다. 사도행전적 교회에 대한 온누리교회의 정체성을 청년들이 이렇듯 뜨겁게 이어 가고 있다.

이러한 여름 선교의 시즌을 알리고 이 세대를 향한 주님의 마음을 재확인하는 예배 컨퍼런스 '카운트다운(Countdown)'이 2011년부터 열리고 있다. 그해 6월, 10만 명의 청년 선교사 파송을 선포했던 잠실 집회에서는 8천 명의 청년들이 참석해 보내는 선교사, 가는 선교사로 헌신하기로 작정했다. 이후 이 집회는 아웃리치를 떠나는 청년들이 예수님의 사랑을 실천하고 복음을 전하기 위해 결단하는 시간으로 자리 잡고 있다. 청년들은 자신을 향한 하나님의 부르심이 무엇인지 깨닫고 선교에 대한 열정을 가슴에 품었다.

이렇게 청년 선교사들을 일으키고자 한 하용조 목사의 간절한 열망은 FA(Frontier Agency)라는 청년 선교 운동을 만드는 계기가 되었다. 지금까지 20기수 동안 매년 많은 청년이 이 훈련을 통해 삶의 새로운 전환점을 맞고 있으며, 선교 현장을 실질적으로 경험해 본 청년들은 선교사로 헌신하고 있다.

한편, 온누리교회 대학부는 최근 기독교에 대한 부정적인 시선으로 인해 대학 캠퍼스에서 예배와 전도의 불씨가 꺼져 가고 있는 현실을 안타깝게 여기며 눈물로 기도하고 있었다. 이 시대 청년들과 소통할 방법을 모색하던 중 캠퍼스로 찾아가 크리스천 문화를 전파하는 집회를 시도해 보기로 했다. 다시 한번 캠퍼스 안에 복음의 불씨를 지피고자 캠퍼스의 선교단체들과 연합해 이른바 '희망노트'라는 전도집회를 열었다. 채플 시간을 활용해 CCM 가수의 공연과 크리스천 연예인들의 간증과 특강 등을 콘서트 형식으로 진행해 대학생들의 눈높이에 맞췄다.

참석한 대학생들의 반응은 뜨거웠다. 한 대학교 집회에서 어느 여학생이 최성민 목사를 찾아왔다. 그동안 자신이 크리스천인 것을 드러내지 않았는데 이제는 용기를 내어 하나님을 전해 보겠다고 했다. 또한 어느 학생은 살아갈 이유를 찾지 못해 끝없이 방황했는데 지금에서야 하나님의 사랑을 깨닫게 되었고, 그동안 떠나 있던 교회로 다시 돌아가고 싶다고 고백했다.

10년째 이어지는 이 집회를 통해 예수 그리스도를 영접하는 결신자들이 꾸준히 늘어나고 있다. 잊고 있던 비전을 다시 발견하는 청년들도 있고, 잃어버린 인생의 의미와 희망을 발견하는 학생들도 있다.

많은 대학 캠퍼스가 영적 전쟁터가 되어 크리스쳔 청년들이 자신이 크리스쳔임을 당당하게 드러내지 못하는 형편에 있다. 그러는 사이 전도의 기회는 점점 사라지고, 기독교에 대한 배타적인 문화가 형성되었다. 이런 대학 캠퍼스에서 온누리교회 청년들은 예수 그리스도를 전하며 다시 희망을 이야기하고 있다. 세상 속에서 절망하며 목적지를 찾지 못하는 청년들에게, 외로움과 우울에 갇혀 다른 곳에서 구원을 찾으려는 청년들에게 진짜 희망이 어디 있는지를 알려 주고 있다.

희망노트는 이재훈 목사의 목회 철학을 실천한 것이기도 했다. 이 목사는 불신자가 교회에 찾아오도록 하기보다는 교회가 그들을 찾아가, 교회가 아닌 제3의 지대에서 복음을 전하는 것이 필요하다고 강조했다. 이에 따라 온누리교회 청년들은 믿지 않는 젊은 영혼이 많은 캠퍼스를 찾아가 전도집회를 열고, 채플이 없는 캠퍼스에서는 기독동아리와 연합해 재학생들과 함께 예배를 세우고 있다. 도전하는 청년 공동체답게 말이다.

교회 밖으로 나간 청년 공동체

온누리교회 대학청년부는 현재 총 11개의 공동체(대학부 3개, 청년부 8개)로 이루어져 있다. 각 공동체별로 담당 목회자와 찬양 팀, 청년 리더십이 세워져 있고, 다양한 시간과 장소에서 예배를 드리며 저마다의 영적 색깔과 비전을 품고 자율적으로 활동하고 있다.

1986년 여호수아 공동체로 청년부가 시작된 이후 지난 40년간 대학청년부 내에 여러 공동체가 시기와 목적에 따라 분리되거나 통합되고, 또다시 새롭게 개척하는 과정을 겪어 왔다.

특히 20여 년 전부터 온누리교회는 청년들과 함께 다양한 목회적 시도를 해왔다. 극장이나 클럽 등에서 예배를 드린 것인데 당시로서는 상당히 파격적인 시도였다. 세상을 향한 선교의 비전을 가진 교회였기에 할 수 있는 도전이었다.

2003년 바울 공동체가 서울 종로에 있는 허리우드 극장에서 예배를 드리기 시작했다. M2(miracl maker) 공동체와 갈렙 공동체는 홍대 클럽과 강남 신사동에 위치한 리버사이드 나이트클럽 등에서 예배를 드렸다. 누군가는 '나이트클럽에서 예배를 드린다고?' '왜 이렇게까지 하는가?' 하고 의문을 가졌다. 그러나 이유는 분명했다. 예수 그리스도로 도심을 변화시키겠다는 목적이었다. 복음을 들어야 할 사람이 있는 곳으로 찾아가겠다는 의지였다. 복음을 들고 곳곳으로 흩어진 초대교회 성도들처럼, 청년 공동체는 교회 밖으로 나갔다.

하지만 결코 쉽지 않은 도전이었다. 예배 공간이 나이트클럽이다 보니, 밤새 술 담배로 찌든 곳에서 예배를 드린다는 것이 참으로 고역이었다. 매캐한 담배 냄새는 아침이 되어도 가시지 않았다. 청년들은 이른 아침부터 나와서 청소를 했다. 환풍기를 틀고 지난밤 유흥의 잔해물을 치우는 일부터 시작했다. 그런데 이러한 수고가 오히려 청년들에게 뜨거운 기도의 열정을 불러일으켰다. 하나님이 자신들을 부르신 것은 이러한 도심을 새롭게 하기 위한 것임을 잘 알기 때문이었다.

예배를 드리는 도중에도 취객들이 들어와 방해했고, 어느 날은 지역의 조직폭력배들이 찾아와 으름장을 놓기도 했다. 하지만 그럴수록 청년들은 예배를 지키고자 하는 마음이 커져 갔고, 고난과 핍박 속에서도 소명을 따랐던 초대교회의 마음을 품게 되었다. 이 마음은 예배가 끝난 후 노방전도로 이어졌다. 쫓겨나기를 수없이 반복하면서도 청년들은 복음을 전했다. 그들이 성장해 지금의 온누리교회 안수집사, 장로, 권사가 되었고, 여전히 이 땅의 복음화를 위해 기도하고 있다.

특별히 양재의 J4U(Just 4 U)는 2030 젊은이들을 위한 맞춤전도집회에 참여한 청년들 가운데 예수님을 영접하게 된 사람들이 모인 공동체이다. 놀랍게도 결신자들이 모여서 만든 이 공동체는 지금까지도 건강하게 유지되고 있다.

2015년에는 젊음의 거리 대학로에 청년 희망 공간 '이룸'을 오픈하고 누구나 함께 예배를 드릴 수 있도록 열린예배를 드리기 시작했다. 또한 여러 공동체가 연합해 문화예술인들을 위한 새로운 공동체가 만들어지기도 했다. 교회 밖에서 예배를 드리는 공동체를 효과적으로 지원하기 위해서 공동체가 구성되기도 하고, 증권사가 밀집되어 있는 여의도에서 예배하는 공동체도 탄생했다.

이러한 공동체들은 명확한 대상을 향해 찾아가는 공동체이다. 더구나 이들은 온누리교회라는 이름표를 달지 않고 예배를 드린다. 오직 복음을 전하고 예배를 세우기 위한 본질적인 목적에서 모였음을 분명히 하기 위해서이다. 이들이 사용하는 건물에는 어디를 봐도 온누리교회라는 이름이 없다. 지역 교회로부터 교회 사이즈를 넓히려고 한다는 불필요한 오해를 받지 않기 위해서이다. 교회를 세운 것이 아니고 공간을 빌린 것이기 때문에 지역 교회들도 마음을 열고 함께 소통하고 있다.

하용조 목사는 일찍부터 청년들을 교회 밖으로 보냈다. 20년이 지난 지금까지 여전히 교회를 벗어나 여의도로, 대학로로 청년들이 가는 이유는 세상에 복음을 전하고자 하는 변함없는 목적 때문이다. 교회를 키우는 것이 목적이 아니라 예배가 없는 곳에 예배를 세우는 일, 그 순전한 목적을 위해 나가는 것이다.

대학청년부의 모든 공동체는 많은 변화를 거치며 지금의 모습을 갖추게 되었다. 그러나 부르심이 있다면 언제든 또다시 변화할 준비가 되어 있다. 각 공동체는 지금의 모습을 유지하는 데 힘쓰지 않는다. 언제든 하나님의 부르심을 따라 순종하며 유연하게 변화해 갈 것이다.

온누리교회 대학청년부는 매우 큰 규모이다. 그중 대학부는 30% 이상이 교회 출석한 지 1~2년 된 청년들이다. 청년들이 교회를 떠나는 이 시대에 온누리교회에 청년들이 모여드는 이유가 무엇이냐고 사람들은 묻는다.

온누리교회가 세워진 때부터 지금까지 목회 리더십은 바뀌었어도 청년들을 향한 사랑과 지원에는 변함이 없었다. 또한 공동체마다 담당 목회자들을 세워 권한을 주고, 청년들이 자체적으로 사역을 진행할 수 있도록 했다. 독립된 권한과 자율성은 보다 창의적인 공동체로 성장하는 원동력이 되었다.

그리고 온누리교회 안에 있는 사회 각 분야의 크리스천 리더 240명이 멘토로 대학청년부를 섬기고 있다. 그들은 신앙의 선배로서 본을 보이며 청년들의 상담자이자 조력자의 역할을 맡고 있다. 20년간 이어져 온 멘토들의 헌신은 청년들이 세상에서 쏟아져 나오는 질문들에 답할 수 있도록 길을 안내해 줬고, 청년 부흥의 큰 역할을 담당해 왔다.

이 모든 것이 유기적으로 움직일 수 있었던 것은 부르신 목적을 분명하게 알기 때문이다. 그 사명을 위해서는 변화를 두려워하지 않았기 때문이다. 공동체의 부흥은 이러한 순종에 있다. 하나님의 비전과 부르심 앞에 기꺼이 응답하는 것이다.

5.
교회가 교회를 낳는다

Acts29의 행진, '온누리 캠퍼스교회'

교회는 예수님의 꿈이다

2002년 무렵, 부천 지역에 있는 한 교회(열방교회)가 목회자의 사정으로 리더십에 공백이 생기면서 어려움에 처하게 되었다. 목회자도 없이 예배를 드리던 이 교회는 온누리교회에 도움을 요청했다. 성도 30여 명이 출석하는 상가 건물의 작은 교회였는데, 하용조 목사는 안타까운 마음에 이 요청을 받아들였고, 당시 부목사였던 이재훈 목사를 파송해 교회를 세우도록 했다. 그리고 광명, 부천, 부평, 인천 지역에 거주하던 온누리교회의 '광명인천공동체' 성도들을 보내며 "여러분이 여기에서 사도행전적 바로 그 교회의 모델이 되어 주십시오. 지역의 교회들과 협력하여 함께 부흥하십시오"라고 당부했다.

성도들은 순종했고, 2002년 12월, 열방교회 성도들과 온누리교회 광명인천공동체 150명이 함께 교회를 세웠다. 이것이 온누리교회 첫 번째 캠퍼스교회의 출발이었다.

부천 지역에 캠퍼스교회를 시작하면서 2003년 3월, 하용조 목사는 이른바 Acts29 비전을 선포했다. 사도행전은 28장에서 끝난 것이 아니라 이 시대에도 계속해서 써 내려가야 한다는 의미였다. 사도행전의 초대교회 성도들이 그러했던 것처럼 국내외 사방으로 흩어져 예수 그리스도의 증인으로서 살아가며 사도행전적 교회를 함께 실천해 나가자는 것이다.

"예수님의 꿈은 두 가지입니다. 하나는 십자가이고, 또 하나는 교회를 세우는 것입니다."

하 목사는 이를 계기로 선교적 교회라는 목회 방향을 더욱 확고히 했다. 예배가 없는 곳에 예배가 일어나고, 교회가 필요한 곳에 교회를 세우겠다는 것이다.

다시 뜨거운 예배가 시작되자, 부천 온누리교회는 창립 2년이 채 되지 않아 1,800명으로 크게 성장했다. 교회가 부흥하면서 예배당을 이전해야 할 때가 되자, 부천 온누리교회는 부천 성시화(聖市化)라는 꿈을 품고 대규모 나이트클럽이 밀집한 부천 유흥가로 자리를 옮겨 예배를 드렸다. 성도들은 전도를 하다 숱하게 고초를 겪어야 했지만 그럴수록 놀랍게도 성도의 수는 늘어 갔다. 30명으로 시작했던 교회는 현재 새로운 예배당에서 3천 명이 예배드리는 100배의 성장을 이루며 지역을 섬기고 있다.

하용조 목사는 온누리교회의 선교적 정체성을 함께 나눌 수 있다면 어디든 모여 예배하자고 했다. 그리고 교회의 개척은 한 사람의 역량에 의지하는 것이 아니라 교회의 비전과 시스템이 함께 만들어 가는 것임을 강조했다. 즉 교회는 교회가 낳는 것이지, 한 개인이 낳는 것이 아니라고 말이다. 이 비전은 성도들 사이에서 선교와 복음에 대한 뜨거운 열정을 다시 한번 불러일으켰다.

교회가 교회를 낳고

이렇게 부천을 시작으로 곧이어 수원과 대전, 남양주에 캠퍼스교회가 설립되었다. 이후 평택, 인천, 강동, 양지, 영종에 이어 2024년에는 열 번째 캠퍼스인 제주 온누리교회가 설립되며 사도행전 29장의 기록을 써 내려가고 있다.

Acts29 비전에 따라 국내에 세워진 교회를 캠퍼스교회라고 부르는데, 이것은 일반적인 지교회 개념이 아니라 공동체의 확장이라고 할 수 있다. 캠퍼스교회는 온누리교회가 추구하는 공동체의 재생산과 동일한 모토로 발전해 왔다. 그동안 교회 안에서 공동체가 또 다른 공동체를 낳아 온 것처럼 교회가 교회를 낳으며 확장되었다.

부천 캠퍼스가 부흥하며 인천 캠퍼스를 낳았고, 수원 캠퍼스를 통해 평택 캠퍼스가 세워졌다. 그리고 대전 캠퍼스에서 세종 교육관이 탄생했다.

캠퍼스교회는 온누리교회의 규모를 늘리려고 세운 게 아니었다. 오히려 흩어지기 위해 세워졌다. 캠퍼스교회는 출발부터 지교회와 달랐다. 먼저 현지 지역 교회에서 설립 요청이 왔다. 보통의 지교회는 본교회에 출석하는 성도들 중 거리가 먼 성도들을 위해 그 지역에 부지를 매입하고 거기에 교회를 세우는 방식으로 운영된다. 하지만 온누리 캠퍼스 교회는 그 지역에서 사역하던 현지 교회가 온누리교회의 비전과 양육 프로그램을 배워 사도행전적 교회를 함께 세우고 싶다는 열망으로 시작된다.

부천 캠퍼스뿐만 아니라 최근에 세워진 제주 캠퍼스 역시 기존에 있던 지역 교회(드림교회)의 요청에 의해 목회자를 파송했다. 근처에 온누리교회 제주선교훈련센터(JATC)를 건축하면서 협력하고 비전을 공유해 온 교회였다. 이 교회도 리더십에 어려움이 생기면서 온누리교회가 맡아 주길 요청해 왔고 이에 캠퍼스교회로 전환되었다.

　캠퍼스의 비전은 물론 운영까지도 서빙고와 양재캠퍼스를 비롯해 모든 캠퍼스교회가 동일하게 진행된다. 매주 같은 본문의 설교 말씀과 목회적 방향을 가지고 예배를 드리며, 전 캠퍼스가 CGN과 퐁당 등을 통해 제공되는 예배 설교와 양육 프로그램을 활용한다. 순예배를 포함해 큐티와 일대일 제자양육도 동일한 방식으로 운영된다. 그밖에 캠퍼스교회의 자립에 필요한 모든 프로그램을 아낌없이 지원하고 있다. 이렇게 모든 캠퍼스교회는 본교회와 유기적 관계를 가지고 전체 사역과 비전을 긴밀하게 공유하는 하나의 공동체라고 할 수 있다.

　일단 캠퍼스교회가 세워지면 그 지역에 살고 있는 공동체가 섬기도록 한다. 다니던 교회를 옮기는 일은 결코 쉬운 결정이 아니다. 하지만 성숙한 성도들은 리더십에 순종했고, 지역 교회를 섬기기 위해 캠퍼스교회로 이동하는 희생을 기꺼이 감당했다. 모든 캠퍼스교회는 이런 공동체의 헌신이 큰 밑거름이 되었다.

　파송된 공동체 성도들은 지역 교회 성도들과 융합되고자 노력하며 함께 협력해 새로운 교회를 세워 갔다. 초기 세팅을 돕고 다시 본교회로 복귀하는 것이 아니라 캠퍼스교회가 온전한 교회로 세워지기까지 헌신하며 그곳에서 자리를 잡았다.

　청년들을 파송해서 세운 캠퍼스교회도 있다. 건대 온누리교회는 양재 여호수아공동체 청년 569명이 파송되어 건국대에서 예배를 드렸다. 열악한 환경 속에서도 청년들이 모여 부흥의 역사를 기록해 갔다. 건대 캠퍼스는 2010년 강동구 천호동으로 이전해 강동 온누리교회로 이름을 변경했는데 이곳에서 성장한 많은 청년이 하나님의 부르심을 받고 사역자와 목회자로 파송되었다.

차세대에 집중하는 건강한 교회

캠퍼스교회의 특징 중 하나는 대부분 차세대의 비율이 매우 높다는 점이다. 부천에 이어 곧바로 세워진 수원 온누리교회는 차세대 부흥이 놀랍게 일어난 곳이다. 전체 성도의 40% 가까이가 차세대이고, 교회학교는 9개 부서로 활동하면서 주중 프로그램까지 운영하고 있어 지역 학부모들의 큰 관심을 모으고 있다.

인천 캠퍼스 역시 차세대가 부흥하며 캠퍼스교회의 표준이 되는 건강한 교회로 성장했다. 어려움에 처한 어느 순식구를 위해 지하 예배 처소에서 새벽마다 중보기도를 하던 인천 공동체는 Acts29의 비전이 기폭제가 되어 2006년 50명의 성도가 함께 교회를 세웠다. 매주 예배드릴 곳이 없어 여기저기 전전하며 주일예배를 드렸는데도 오히려 성도 수는 늘어났다. 다른 교회 성도가 기도하러 왔다가 지하에서 예배드리는 모습을 보고 하나님의 감동으로 1억 원을 헌금하는 일도 있었다. 2021년 드디어 새 예배당이 건축되었지만 코로나19로 모이지 못하는 어려움을 겪기도 했는데, 성도들은 기도와 사역을 포기하지 않았다. 이후 아이들이 교회로 몰려들면서 50명으로 시작한 교회는 차세대만 2천 명이 모일 정도로 부흥했다.

용인에 위치한 양지캠퍼스는 전원에 온 느낌을 준다. 덕분에 젊은 부부들이 멀리서도 찾아와 차세대와 가정사역 프로그램이 활발하게 진행되고 있다.

지역과 함께 성장하는 캠퍼스교회

또한 캠퍼스교회들은 다양한 방식으로 지역민을 위한 선교적 사명을 감당하고 있는데, 특별히 이 땅에 들어온 이주민들을 섬기고 복음을 전하는 다문화 선교 교회로서의 역할을 하고 있다. 많은 캠퍼스교회가 외국어 예배를 드리고 있으며, 이주민사역을 하는 주변의 온누리M센터와 협력해 섬기고 있다.

평택 캠퍼스는 기도처로 시작해 3년 만에 교회가 세워지게 되었는데, '송탄순' '평택순'이 모체가 되었다. 지역 사회와 이주민 커뮤니티에 큰 영향을 미치는 교회로서 평택 M센터와 연계해 이주민 지원 사역을 활발하게 진행하고 있다. 또한 미군 부대 관련 성도들과 지역의 영어권 성도들을 위해서 순이 만들어지고 영어예배 팀도 구성했다.

구리 남양주 공동체를 중심으로 창립한 남양주 캠퍼스는 도농 복합 단지로 외국인 근로자들이 많고 탈북민도 상당수가 있는 지역에 위치해 있다. 매주 농장과 공장을 순회하며 외국인 근로자들을 사랑으로 섬기고 있는데, 이 사역은 정식 온누리M미션사역이 되었다. 온누리교회는 하용조 목사가 목회하던 시절부터 공동체가 자체적으로 하는 사역이 부흥해 그 가지를 뻗어 나가면 그 사역을 인정하고 지원해 주었다. 이것을

'담쟁이 넝쿨'사역이라고 부르는데, 온누리교회의 많은 사역이 이런 방식으로 정착했다.

이 사역으로 자연스럽게 인도와 네팔 중심의 힌디어예배가 세워지게 되었는데, 이 교회에서 훈련받은 외국인 근로자 중에는 자신의 고향으로 돌아가 복음의 불모지에서 신학교를 운영하고 교회를 세우는 이들도 생겼다.

남양주 M센터도 남양주 캠퍼스교회에서 비롯되었는데, 남양주에서 유일하게 개척된 탈북민 예배 또한 이 교회에서 7년째 이어지고 있다. 녹록하지 않은 형편과 시설이지만 시대적 요청에 따라 묵묵하게 이웃들을 섬기며 작지만 내실 있는 교회로 그 사명을 다하고 있다.

이렇게 캠퍼스교회들은 온누리교회이지만, 온누리교회의 복제 교회는 아니다. 각 지역의 필요에 따라 세워졌고, 사역의 다양성을 존중하며 저마다 특색 있는 교회로 성장하고 있다.

2003년 당시 청년사역을 맡고 있던 라준석 목사는 매주 청년들과 함께 전국을 다니며 찬양 아웃리치를 했다. 그런 그가 대한민국 중간 지점에 있는 대전에 캠퍼스교회를 세워 남쪽 사역의 거점으로 삼고 싶다는 뜻을 전했다. 그렇게 시작한 대전 캠퍼스는 창립예배 당시 본당에 의자 몇 개와 최소한의 음향 장비만 갖추고 문을 열었다. 기존의 온누리 교인도 하나 없는 상태에서 교회 안내문도 없이 오직 사도행전적 교회를 실천해 보겠다는 열정과 용기 하나로 발을 내딛었다. 이후 이곳은 청년들의 화요성령집회뿐만 아니라 목요일마다 교파를 초월해 전국의 청소년들을 위한 패션 집회를 개최하며 뜨거운 찬양과 예배로 가득한 교회로 자리매김했다. 게다가 순과 다락방이 늘어나면서, 대전 온누리교회에서 공동체를 분리해 본교회의 도움 없이 세종 교육관을 설립하고 자체적으로 예배를 드리고 있다.

캠퍼스교회는 지역 교회에 선한 영향력을 끼치며 함께 성장해 나가는 것을 목표로 하고 있다. 캠퍼스교회를 통해 주변의 교회들이 스스로 역동적인 교회로 변화해 보고자 하는 시도들이 일어났다.

국제도시 영종에 있는 지역 교회들은 온누리교회 캠퍼스가 세워지는 것을 환영했다. 2023년 영종 온누리교회가 개척하면서 지역 교회들이 연합해 집회를 열었고, 성도들을 양육해 지역을 위한 섬김이 역할을 맡도록 하는 등 지역 교회들이 함께 성장하고 있다.

영종 캠퍼스는 한 기업인의 헌금으로 건축되었는데, 교회 건축물은 북극 탐험을 하던 폐선박의 뱃머리를 새롭게 활용해 '하늘로 향하는 항해'라는 주제로 영혼을 구원하는 구조선의 역할을 감당하겠다는 뜻을 담았다. 이곳은 외형만으로도 영종의 핫플레이스가 되었다.

예상치 못하게 교회 건물을 헌물받게 되면서 도육환 목사는 기존의 온누리교회 공동체도 없이 완전히 새로운 성도들과 함께 개척을 하게 되었다. 인천 캠퍼스에 있던 이승배 장로가 대표 장로를 맡아 섬기고, 인근의 부천 캠퍼스와 김포 공동체 등 일대일 양육 팀들이 협력했다. 그리고 다른 캠퍼스들도 아웃리치로 찾아와 2년 만에 빠르게 자리를 잡을 수 있었다.

받은 은혜는 또 다른 은혜를 낳았다. 성도들은 교회를 선물로 받은 은혜에 감사하며 자신들도 교회를 하나님께 드리기로 결단하고 선교지

교회 설립을 위한 헌금에 동참했다.

이렇게 하나의 캠퍼스가 일정 수준으로 자립할 때까지 본교회뿐 아니라 캠퍼스들이 함께 협력하고 있다. 캠퍼스들은 예배당을 건축할 때마다 십시일반으로 도왔고, 캠퍼스별로 자매결연도 맺어 부족하고 열악한 부분을 서로 메워 갔다. 성가대와 예배 팀이 찾아가 섬기기도 하고, 모든 캠퍼스가 한 성령으로 예배하는 기회를 만들기 위해 '원스피릿 컨퍼런스' 등을 함께 개최하기도 했다. 캠퍼스교회들은 이렇게 서로의 단점을 메워 주고 장점을 공유하며 동반 성장을 하고 있다. 캠퍼스가 캠퍼스를 돕는다는 점에서 이미 한 몸을 이룬 아름다운 교회로 성장하고 있는 것이다.

이렇게 전국 10개의 캠퍼스 외에도 함께 모여 예배하는 3곳의 기도처가 문을 열었다. 충남 서산 기도처, 경북 봉화군 만리산 정상에 위치한 봉화 기도처, 경기도 광주시 진새골 기도처 등이 세워져 예배를 드리고 있다. 삼삼오오 모이는 예배 처소에서 시작한 공동체들이 지난 20여 년간 Acts29 비전을 따라 교회가 교회를 낳는 일을 함께하며 사도행전적 교회를 세워 가고 있다.

인사권이나 재정권이 서울 서빙고 캠퍼스에 속해 있는데도 불구하고 많은 사역을 지역 캠퍼스들이 해내고 있다. 비전에 동참한 성도들이 이 모든 일을 하나님께서 하신다는 것을 깊이 믿고 있기 때문이다.

한국교회에서 이러한 멀티사이트 처치(Multi-site Church)가 성공할 수 있었던 것은, 서빙고와 양재를 포함한 12개 캠퍼스교회가 하나의 교회로서 유기적으로 연결되어, 교회가 교회를 낳는 온누리교회만의 선교적 교회(Missionary Church) 모델을 제시했기 때문이라고 볼 수 있다.

하용조 목사는 마지막까지 "온누리 왕국을 만들면 망합니다. 작은 교회가 되어야 합니다"라고 외쳤다. 이 메시지를 기억하며 규모가 큰 교회가 아닌 작지만 건강한 교회를 지향해 왔다. 캠퍼스교회가 세워짐으로써 해당 지역에 하나님 나라가 확장되고, 주변의 많은 교회와 협력해 함께 성장하는 공동체를 이루는 것을 꿈꾸었다. 이를 위해 캠퍼스교회의 사역은 지금도 계속되고 있다.

땅끝까지 복음을, '해외 비전교회'

온누리의 DNA가 세계로 이식되다

Acts29의 행진은 국내뿐 아니라 해외에서도 동시다발적으로 이어졌다. 온누리 해외 비전교회 역시 세워지는 방식은 국내와 크게 다르지 않았다. 예배와 은혜를 간절히 사모하는 사람들이 기도의 자리로 모였고, 하나님의 뜻에 따라 그곳에 교회가 세워졌다.

사도행전적 교회의 꿈은 국내를 넘어 해외로 뜨겁게 번져 나갔고, 현재까지 미주 지역(12), 오세아니아(2), 일본(7), 중동(1), 그외 아시아 지역(7) 등 총 29개의 비전교회가 세계 각지에 세워졌다.

무엇보다 해외 비전교회는 선교하는 교회라는 정체성을 가지고 있다. 과거에는 그 지역의 선교를 위해 주로 선교사를 파송해 교회를 세우는 방식이었다. 그러나 Acts29 비전이 선포된 이후에는 해외 비전교회가 본격적으로 세워지기 시작하면서, 각 지역에 세워진 교회 자체가 현지 선교사의 역할을 감당하게 되었다고 할 수 있다.

미주 지역에 여러 교회가 세워지면서 목회 대상이 한인들까지 확대되었지만, 애초에 현지인을 예수님의 제자로 세우기 위해 시작된 교회인 만큼, 한인들뿐만 아니라 현지인과 다양한 문화권의 성도들이 함께하는 공동체를 지향하고 있다. 그래서 비전교회는 단순한 한인 교회의 개념이 아니다. 현지 선교와 네트워크를 구축하는 선교의 거점이라고 할 수 있다.

특히 지리적 특성을 활용함으로써 국내 교회가 접근하기 어려운 사역에도 보다 적극적으로 나설 수 있으며, 인근에 있는 여러 비전교회가 힘을 모아 훨씬 더 강력하고 효과적인 사역을 펼칠 수 있다. 이처럼 해외 비전교회는 선교의 전초기지로서 매우 유용하며, 그 존재 자체가 큰 의미를 지닌다. 그것이 가능한 이유는 건립된 모든 비전교회가 온누리교회의 선교 비전과 DNA를 공유하면서 성장하기 때문이다. 하나님의 말씀과 성령을 따라 살아가는 공동체로서, 큐티와 일대일 제자양육으로 하나님을 만나고 제자로 자라며 동시에 제자를 낳는 기쁨을 경험하는 것이다. 또한 CGN의 각국 지사에서 제공하는 지역별 특성에 맞는 복음 콘텐츠와 퐁당 양육 프로그램으로 훈련하면서 영적으로 성장하고 있다.

분명한 것은, 온누리교회의 시스템을 그대로 복제해 동일한 교회를 세우는 것이 목표가 아니라는 사실이다. 온누리교회가 가진 선교적 비전에 동참하는 사람들이 모여 교회를 세우고, 하나님 나라를 확장시켜 나가는 것에 초점이 맞춰져 있다. 그 일을 위해 모든 교회가 긴밀하게 연계되고 협력하며 하나의 교회로 나아가고 있다. 본교회는 목회자를 파송하고 사역 팀을 아웃리치로 파송해 필요한 부분을 돕고 있다. 이렇게 기초가 세워진 교회들은 목회적 환경에 따라 최선을 다해 맡겨진 사명을 감당하고 있다.

복음의 불모지 일본에서부터

해외 비전교회가 제일 먼저 세워진 나라는 일본이다. 현재 7개 도시에 교회가 세워졌다. 그런데 일본은 그곳에 교회가 있다는 것 자체가 선교라고 할 수 있다. 수많은 우상과 영적 메마름 가운데 있는 일본에서 이들 비전교회들은 일본인을 예수 그리스도의 품으로 인도하기 위해 일본어예배와 한국어예배를 동시에 드리며 힘을 쏟고 있다.

시작은 오사카와 동경이었다. 두 교회는 일본에 세워진 비전교회 중 가장 큰 교회이다. 일본은 선교하기 어려운 나라로 알려진 만큼 대부분의 교회가 평균 30여 명이 모이는 작은 교회이다. 그런 가운데서 동경 온누리교회는 700여 명이 모인다. 놀라운 성장이 아닐 수 없다.

오사카 온누리교회는 2003년 3월에 창립한 최초의 해외 비전교회이다. 한 일본인 사업가가 상가 건물 3층을 예배당으로 기증하면서 교회가 시작되었다. 김사무엘 목사가 주말마다 일본으로 건너가 예배를 드리며 섬겼던 교회이다. 이 교회는 가정사역 프로그램으로 부흥했는데, 20년이 넘도록 노숙인들에게 따뜻한 음식을 나누고 있다. 특히 국제도시에 세워진 만큼 성도들이 노방전도를 하면서 선교사를 키워 세계로 파송시키는 꿈을 그리고 있다.

동경 온누리교회는 한국에서 온 많은 아웃리치 팀들이 동역한 교회이다. 교회의 문턱을 낮추고자 북카페를 운영하면서 생활 속의 교회로 현지인들에게 다가가고 있다. 특히 큐티와 일대일 제자양육을 하면서 젊은 부모들에게 하나님의 은혜가 뜨겁게 부어졌다. 변화가 일어나자 부모들은 자녀들을 위한 교회학교를 개설해 달라고 요청했고, 차세대를 위한 자발적인 헌신과 봉사가 이어지고 있다.

이렇게 일본 곳곳에서 하나님의 역사가 일어나고 있다. 천년 고도인 교토 온누리교회도 교인이 30명밖에 되지 않지만 일본 선교의 핵심 도시이기에 더욱 강력한 성령의 역사를 간구하고 있다. 고유의 일본색이 짙고 불교의 영향이 큰 지역이라 교회가 성장하기 쉽지 않지만, 작은 교회들이 힘을 합해 다양한 연합 전도집회를 개최하면서 한 영혼을 품는 교회로 자리 잡고 있다.

또한 한국의 캠퍼스교회들이 이주민 근로자들을 섬기고 있는 것처럼, 나고야 온누리교회 역시 근로자로 온 외국인들을 섬기고 있다. 특히 중국인 성도들을 통해서 어려움을 겪고 있는 중국 선교에 귀하게 쓰임 받고 있다.

요코하마 온누리교회는 '교회는 사람이 아니라 하나님이 세우신다'는 것을 경험했다. 많은 어려움 속에서도 사역을 포기하지 않았고 기적처럼 교회가 세워졌다. 10년간 한국에서 아웃리치 팀이 찾아와 헌신한 것에 감동받은 성도들은 이제 자신들도 섬길 곳을 찾아 아웃리치를 떠나고 있다. 언젠가 한 성도가 청각장애를 가진 부부를 돕기 위해 수화를 배웠는데 이것이 외부로 알려져 이 교회로 수화를 배우고자 찾아오는 사람들이 늘어나게 되었고, 그들에게 복음이 전해지는 놀라운 역사가 일어났다. 게다가 수화 팀까지 만들어져 여러 교회와 단체를 섬기고 있다.

산지에 위치한 우에다 온누리교회는 일본이 초고령사회로 접어든 만큼 노인사역을 활발하게 펼치고 있다. 원래 일본인 목회자가 사역하던 곳이었는데 목회를 그만두면서 당시 암 투병으로 일본에 머물고 있던 하용조 목사에게 교회를 맡아 달라고 요청해 세워지게 되었다. 서울 온누리교회에서 건축 팀과 아웃리치 팀이 수차례 왕복하며 리모델링을 했는데, 일손이 부족해 투병 중이던 하 목사도 직접 망치를 들고 작업을 도왔다. 연로한 성도들이 불편한 몸을 이끌고서도 빠짐없이 주일예배에 참석하는 모습은 많은 이에게 깊은 감동과 신앙의 도전을 주고 있다.

초창기 온누리교회 성도들이 선교를 위해 흩어지던 시기에, 조성록 장로가 선교사로 파송되어 세운 교회가 야치오 온누리교회이다. 그는 열정을 다해 교회를 섬기고 은퇴한 후 이 교회를 온누리교회에 맡기면서 비전교회로 전환되었다. 이렇게 일본은 Acts29의 비전이 선포되기 이전부터 많은 분이 선교의 길을 내고 있었다. 이 교회는 일본 현지 교회에서는 보기 드물게 중고등학생들이 활발하게 사역에 참여하고 있다. 차세대가 주도하는 예배가 되면서 세대 간의 교제도 자연스레 이뤄지고 있다. 이렇듯 비전교회를 통해 일본 안에서 새로운 선교의 열풍이 일어나고 있다는 점은 상당히 고무적이다.

젊은이가 모이는 미주 지역으로

미주 지역의 경우는, 현재 대부분의 비전교회가 책임 목회자 시스템으로 운영되어 독립적인 재정과 인사권을 가지고 사역하고 있다. 그동안은 서울 온누리교회에서 파송된 목회자가 사역을 담당했지만, 언제든지 본교회에서 부르면 돌아가야 하므로 목회에 제약이 따르고 안정성 면에서도 한계가 있었다. 그러나 책임 목회자 시스템으로 전환되면서, 파송된 목회자가 담임목사로 세워져 보다 안정적이고 지속적으로 사역할 수 있는 기반이 마련되었다. 아직 지역별 여건과 환경이 갖추어지지 않은 곳도 있지만, 앞으로 가능한 모든 비전교회가 이 시스템을 통해 안정적으로 정착할 수 있도록 추진하고 있다.

　미주 지역은 주로 한국 교민들이 모여 있어 이민 교회의 성격을 띠고 있지만, 단순한 이민 교회에 머무르지 않고 선교에 힘쓰며 '교회를 낳는 교회'로 성장하고 있다. 얼바인 온누리교회가 샌디에이고 온누리교회를, LA 온누리교회가 산타모니카 온누리교회를 세우는 등 이곳 역시 Acts29 비전을 적극적으로 실천하고 있다.

　미주 지역에서 가장 먼저 세워진 교회는 얼바인 온누리교회이다. 미국 내 비전교회들의 중심축으로서 다양한 사역의 견인차 역할을 하고 있다. 김수광 장로 가정의 헌신으로 임마누엘 재단을 통해 예배당이 준비되었는데, 장소에 대한 어려움이 해결됨으로써 교회는 눈에 띄게 발전했다. 무엇보다 이 교회가 모범적으로 성장함으로써, 미주 지역에 또 다른 교회들이 세워질 수 있는 든든한 기반이 되었고, 작은 교회들을 지원하며 견고한 버팀목 역할을 하고 있다. 특히 한국과 지리적으로 멀리 떨어진 남미 지역을 위한 선교 기지로서도 그 역할을 충실히 감당하고 있다.

　얼바인 온누리교회의 헌신적인 지원으로 세워진 샌디에이고 온누리교회 역시 미국 서부 최남단 국경에 위치한 지리적 특성 덕분에, 멕시코 선교의 전초기지로서 활약하고 있다. 공동체에 바이오와 반도체 연구직 종사자가 많은 샌디에이고 온누리교회는 코로나19 기간 동안 예배 처소를 잃은 지역 교회들에 교회 공간을 무료로 제공했다. 어려운 시기에 이웃을 돕는 참된 교회의 본을 보여 준 것이다.

　한편, LA 온누리교회는 미국 내 라틴계 히스패닉을 대상으로 전도와 봉사 활동을 활발히 펼치고 있다. 이는 국내 교회들이 쉽게 접근하기 어려운 사역이라는 점에서 특별한 의미가 있다. 전통적으로 한인 인구가 많은 지역임에도 불구하고, 기존의 이민 교회와 달리 선교를 사역의 최우선 과제로 삼아 중남미 선교의 핵심 역할을 충실히 감당하고 있다.

이러저러한 어려움을 겪고 있는 미국 내 여러 이민 교회들이 온누리교회에 동역을 요청하고 있다. 앵커리지 교회와 포틀랜드 교회가 대표적인데, 온누리교회와 함께하면서 수많은 역경을 눈물과 기도로 극복하고 복음의 통로로 거듭나고 있다. 포틀랜드 온누리교회는 이전부터 경배와찬양 학교를 통해 뜨거운 찬양이 드려지던 곳으로, 1년 만에 예배당을 갖게 되면서 내적 치유와 샤이닝글로리사역 등을 통해 많은 이민 가정에 치유와 회복의 역사가 일어났다.

서부 해안의 휴양 도시인 산타모니카 온누리교회는 최근 대기업 지사들과 게임 회사들이 들어서면서 30대 젊은 부부들이 크게 늘어났다. 아내와 자녀들이 예배를 드리는 동안 교회 밖을 맴돌던 남편들이 순예배에 참여하며 새가족으로 정착하는 경우가 많아졌고, 교회는 이러한 초신자 양육에 집중하며 건강한 가정을 세우는 사역을 활발히 진행하고 있다.

국내 캠퍼스교회들이 그렇듯이, 미국의 비전교회들은 차세대와 청년에 관심을 가지고 그들에게 신앙을 전수하는 데 힘을 쏟고 있다. 성경공부 모임으로 출발한 시카고 온누리교회는 청년을 향한 열정이 뜨겁다. 대학생과 차세대의 교육을 위해 다양한 사역을 시도하는 한편, K 컬처 열풍으로 한국을 알고자 하는 현지인들에게 한국 문화를 소개하며 전도에 힘쓰고 있다.

특히 괌 온누리교회는 괌 내에서 차세대가 가장 많이 모이는 교회로 알려져 있다. 창고처럼 사용되던 공간을 키즈 카페 못지않은 예배 공간으로 리모델링해, 아이들이 마음껏 예배드리며 꿈을 키워 갈 수 있도록 하는 등 차세대사역에 지원을 아끼지 않고 있다. 특히 규모는 작지만 관광지라는 지역적 특성을 살려, 매년 한국의 농어촌 미자립 교회 사모들을 초청해 지친 몸과 영혼이 쉼을 누릴 수 있도록 섬기고 있다.

이외에도 보스턴 온누리교회와 뉴욕 IN2교회는 이 시대의 젊은이들이 복음으로 새로워지길 소망하며 사역에 힘쓰고 있다. 예수 그리스도를 통해 변화된 맨해튼의 청년들은 다시 복음을 들고 전 세계로 나가고 있다. 전문직 젊은 세대가 중심인 뉴저지 온누리교회는 이들을 새로운 세대의 선교사로 세우기 위한 다양한 프로그램을 운영하고 있다. 그리고 북미에 있는 밴쿠버 온누리교회는 다양한 인종이 함께 살아가는 모자이크 공동체로, 캐나다 원주민 선교를 비롯해 시리아 난민 사역 등에 힘쓰고 있다.

이처럼 미국에 세워진 12개의 비전교회는 각자의 자리에서 사역을 감당하며 기꺼이 흩어져 땅끝까지 복음을 전하고 있다.

복음의 길이라면 어디든지 간다

오세아니아 지역의 비전교회는 미주 지역과 유사한 환경에서 사역하고 있다. 오세아니아는 약 9만 명의 한인이 거주하고 있으며, 무려

275개의 언어가 사용되는 다문화 사회이다. 이런 지역에서 비전교회가 감당해야 할 선교적 사명은 매우 막중하다고 할 수 있다.

시드니 온누리교회와 오클랜드 온누리교회는 모두 규모 있는 이민교회였으나, 보다 새로운 사역의 방향을 모색하며 온누리교회에 동역을 요청했고, 이에 따라 비전교회로 전환되었다. 이 두 교회는 온누리교회의 목회 철학에 깊이 공감하고 선교에 전념하기로 결단하면서 비전교회로 함께하게 된 것이다. 시드니 온누리교회는 호주 사회에서 소외되고 박해받는 원주민들을 위한 선교에 힘쓰는 한편, 회복축제 등을 통해 교민 사회에도 큰 영향을 끼치고 있다. 뉴질랜드의 오클랜드 온누리교회 역시 성도들의 영성 훈련에 집중할 뿐만 아니라, 교단과 교파를 초월한 연합사역을 통해 오세아니아 선교에 적극적으로 동참하고 있다.

이외에도 중동의 아부다비 교회 역시 온누리교회로 전환되었다. 이 교회는 주로 비즈니스 목적으로 중동에 들어간 성도들이 모여 형성된 공동체였으며, 초대 목사로 노규석 목사가 파송되면서 비공개적으로 활동하는 선교사들을 지원하고, 중동 선교의 중요한 베이스캠프 역할을 감당하게 되었다.

베트남의 호치민 온누리교회 역시 선교가 쉽지 않은 공산국가의 환경 속에서도, 장기 체류 중인 교민들을 섬기며 선교의 연결 고리 역할을 충실히 감당하고 있다.

이처럼 세계 각지에 세워진 29개 비전교회는 서로 유기적인 관계를 맺으며 선교의 비전과 목회적 경험을 나누고 있다.

하용조 목사는 Acts29 비전을 선포하며, 국내 캠퍼스교회와 해외 비전교회를 세우는 이유에 대해 이렇게 설명했다.

"온누리교회는 세력을 확장하기 위해 존재하지 않습니다. 온누리교회는 죽기 위해 존재합니다. 희생하기 위해 존재합니다. 온누리로 모이는 것을 그만하고 흩어지자는 것입니다. 헌신된 마음으로 하나님의 교회를 세우자는 것입니다. 다른 것은 시간이 지나면 다 없어지겠으나 주님 오실 때까지 없어지지 않는 것은 교회뿐입니다. 이것은 우리가 주님 오실 때까지 해야 하는 일입니다."

하용조 목사는 이 사명을 위해 온누리교회가 가진 사람과 물질, 프로그램 등을 아낌없이 나누어 주자고 강조했다. 예수님께서 자신을 온전히 내어주신 것처럼, 우리도 모든 것을 내어놓고 기꺼이 희생 제물이 되어야 한다고 역설했다. 그렇게 헌신하고 흩어질 때, 바로 그때부터 사도행전 29장이 시작될 것이라고 그는 믿었다.

그러므로 온누리교회는 요청이 있을 때마다 사역자를 파송하고, 지원하며, 함께 예배하는 일에 힘쓰고 있다. 복음을 전할 수 있고, 선교의 길을 열 수만 있다면 언제든지 필요한 모든 것을 아끼지 않고 보냈다. 선교의 비전을 나누고 동참할 사람들이 있다면 그곳이 어디든 상관하지 않았다. 이는 온누리교회의 규모 확장이 목적이 아니라, 하나님 나라를 한 뼘이라도 더 확장해 나가기 위한 헌신이었다.

사업, 직장, 유학, 이민 등 다양한 이유로 떠난 온누리교회 성도들은 자신을 선교사로 여기며 비전교회 사역을 적극적으로 도왔다.

하나의 교회가 세워질 때마다 수많은 간증이 쌓여 갔다. 어떤 성도는 자신의 건물을 기꺼이 예배 처소로 내놓았고, 또 누군가의 헌신으로 예배당이 마련되기도 했다. 예배할 곳이 없어 방황할 때에도 하나님은 부흥의 역사를 부어 주셨다. 작은 교회들의 헌금이 모여 또 한 교회가 세워졌고, '이곳에 교회가 세워질 수 있을까?' 의구심이 들 만큼 불가능해 보이던 일들이 하나님의 역사로 가능한 일이 되었다. 하나님의 역사를 목도한 성도들은 마음을 다해 섬기고 복음을 전했다. 그 모두의 마음은 오직 선교를 향한 한마음이었다.

하나님은 오늘도 교회를 통해 한국과 전 세계의 복음이 필요한 곳에서 일하시며 세상을 변화시키고 계신다. 이 교회들이 계속해서 교회가 교회를 낳으며 땅끝까지 이르는 사도행전을 써 내려가길 바라시면서 말이다.

3

교회는
선교적 실험
공동체이다

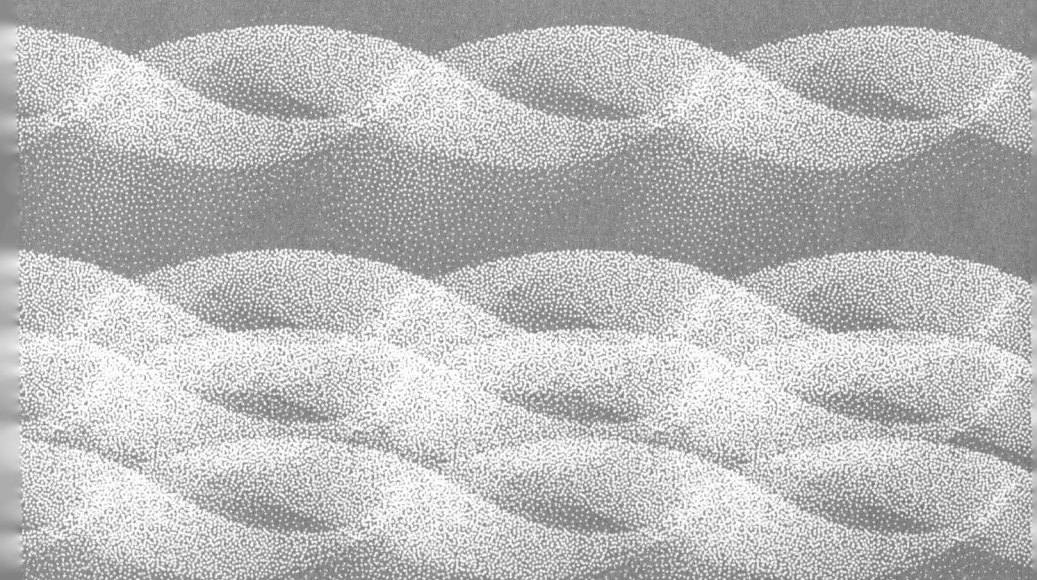

1.
사도행전적 실험 공동체를 꿈꾸다

사도행전적 바로 그 교회, '2천/1만 비전'

무모해도 도전하니 길이 열렸다

1994년 온누리교회 창립 10주년을 앞두고 '2천/1만 비전'을 선포했다. 2천 명의 선교사를 파송하고, 은사를 따라 복음을 전할 만 명의 전문 사역자를 세우겠다는 계획이었다. 당시 성도 수는 6천~7천 명 정도였기에 이 비전은 무모해 보였다. 그러나 이 비전은 단순히 숫자에 의미를 둔 것이 아니었다. 이 선포는 모든 성도가 하나님의 선교에 동참할 수 있도록 양육하고 파송하겠다는 초기의 목회 철학을 구체화한 것이다. 이후 교회는 1995년 1월 '2천/1만 위원회'를 발족해 본격적으로 이 사역의 출발을 알렸고, 해마다 전 성도를 대상으로 선교대회를 열었다.

비전이 선포된 이후 교회에는 많은 변화가 나타나기 시작했다. 교회는 빠른 속도로 부흥했고 선교 중심으로 방향성이 생겼다. 교회는 성도들이 각 영역에서 은사에 맞게 사역할 수 있도록 훈련하고 준비시키는 일에 집중했다. 초등학생 훈련학교인 요셉학교에서부터 청소년을 위한 다윗학교, 대학생 훈련학교, 용평 헌신자 훈련학교, 노인들을 위한 모세학교까지 연령별 훈련학교들이 체계화됐다.

1995년 신년 칼럼에서 하용조 목사는 온누리교회의 모든 안수집사는 사역자 수준으로 전문성을 갖추라고 요청했다. 성도들 개개인이 영적 성장을 위해 교회 내 다양한 프로그램을 통해 훈련받고 궁극적으로는 선교에 동참하라는 것이다.

그 결과 놀라운 일들이 일어났다. 성도들의 가슴에 선교의 비전이 새겨졌고 '파송하고 떠나는 영성'이 만들어졌다. 교회의 목회자, 장로, 리더들이 선교사로 헌신했고 이들을 위한 중보기도 모임이 여기저기 생겨나기 시작했다. 1996년 4월 부활주일에는 918명의 성도가 선교사와 사역자로 헌신했고 이후에도 매년 선교 헌신자들이 나왔다.

1995년 5월, 양재 횃불회관에서 '95 세계선교대회(GCOWE '95)'가 열렸다. 이 대회는 전 세계 200여 국가에서 4,500여 명의 선교 지도자들이 모여 세계 복음화와 미전도 종족 선교를 논의하고 기도하는 모임이었다. 이미 2천/1만 비전을 선포하고 선교에 강력한 드라이브를 걸고 있던 온누리교회는 이 대회의 준비 과정에서부터 대회 섬김까지 적극적으로 참여했다.

또한 미전도 종족 선교의 필요성을 깨닫고 창립 11주년에 한양대학교에서 전 성도가 모인가운데 미전도 종족 입양대회를 열었다. 선교 현장에서 어떤 사역을 할지 구체적인 목표와 대상이 생긴 것이다. 현재까지 온누리교회는 15개 미전도 종족을 공동체별로 입양해 품고 기도하고 있다. 각 지역 공동체들은 입양한 해당 종족의 필요를 살피고 그들의 삶이 실제적으로 변화할 수 있는 방법을 모색해 돕고 있다. 또한 공동체마다 책임 선교지를 정해 선교사들을 지원하고 그 지역으로 아웃리치를 떠났다.

선교사로 헌신한 성도들을 위해 전문적인 선교 훈련 프로그램이 구성되었다. 장단기 선교사를 훈련하기 위해 세워진 온누리이천만훈련원은 이후 온누리세계선교센터(OWMC)가 되었다가 2010년에는 Acts29 비전빌리지로 규모와 범위를 확대해 가며 성장했다. 한편, 대학생과 청년을 위한 단기선교 프로젝트(FA)는 전 세대가 선교에 뜨거운 열망을 갖도록 했다.

온누리교회는 이 비전을 선포한 뒤 본격적으로 세계 선교 현황과 정보를 검토, 분석하고 선교단체와 협력을 강화함으로써 선교하는 교회로서 자리매김해 나갔다.

2천/1만 비전은 온누리교회에 선교의 불을 지폈을 뿐 아니라 교회를 건강하게 만들어 갔다. 만 명의 사역자 세움은 성도들이 저마다의 부르심을 발견하며 교회가 해야 할 일이 무엇인지를 더욱 깊이 이해하는 계기가 되었다. 이를 통해 교회의 여러 사역 분야에서 리더가 세워졌고 하나님이 주신 비전과 그 비전을 이루기 위한 성도들의 헌신이 공동체에 생명력을 불어넣었다.

온누리교회가 이처럼 선교에 헌신하고 있을 때 가슴 아픈 소식들도 전해졌다. 2000년 새해 첫날, 중국에서 학원 선교와 비즈니스를 통해 복음을 전하던 박승철 선교사가 뜻밖의 교통사고로 순교한 것이다. 2004년에는 온누리교회 선교 리더였던 김사무엘 선교사가 이라크에서 사역하다 혈액암으로 소천했다. 2005년에는 중국의 권소망 선교사가 교통사고로, 인도네시아 전광호 선교사는 폐암으로 순직했다. 이런 소식이 전해질 때마다 교회는 큰 충격과 슬픔에 빠졌다. 선교지에서 들려온 이런 비보는 성도들로 하여금 선교란 희생과 대가가 따르는 과업임을 깨닫게 했다.

그러나 이런 아픔도 성도들의 헌신을 멈추게 할 수는 없었다. 온누리교회는 2007년에 1천 번째 선교사를 파송했고, 2018년에는 마침내 2천 번째 선교사를 파송했다. 하지만 교회는 '2천 명 선교사 파송'의 비전이 성취되었다고 보지 않았다. 2대 위임목사인 이재훈 목사는 이 비전은 누적으로 2천 명이 아니라 현장에서 활동하는 선교사 2천 명을 의미한다고 비전을 재정의했다.

이재훈 목사는 선교는 우리 힘에 부치도록 해야 할 일이라고 말한다. 땅끝까지 복음을 전하겠다는 2천/1만 비전은 온누리교회 여정 속에서 계속되어야 할 신앙의 선언이며 앞으로도 이루어 가야 할 선교적 비전이다.

사도행전은 계속되어야 한다, 'Acts29 비전'

2003년 3월 주일예배에서 하용조 목사는 새로운 비전으로 Acts29를 선포했다. 이 비전은 기존의 '2천/1만' 비전을 대체하는 것이 아니라 계승하고 보완하는 것이다. 성경 속 사도행전(Acts)은 28장으로 끝나지만, 복음은 아직도 땅끝까지 증거되지 못했다. 교회의 역사는 사도행전의 복음 전파 사역이 끝나지 않았다는 것을 보여 준다. 성령님은 여전히 쉬지 않고 예수 그리스도의 복음을 땅끝까지 증거하고 계신다. 교회를 통해 그렇게 하신다.

사도행전의 선교는 항상 전도와 교회 개척을 중심으로 이루어졌다. 교회가 또 다른 교회를 개척하는 방식이다. 'Acts29 비전'은 아직 끝나지 않은 사도행전의 다음 장을 함께 써 내려가자는 것인데, 바로 교회가 교회를 낳는 방법을 통해 그렇게 하자는 것이다.

사도행전 29장은 낯선 땅으로 떠나는 것부터

교회는 세상에 대한 책임이 있다. 교회는 세상의 소금과 빛이 되어야 한다. 하나님 나라의 누룩과 겨자씨로서 자신이 속한 지역 사회에 거룩한 영향을 미쳐야 한다. 그런 의미에서 교회가 세상의 희망이다. 그런 의미에서 'Acts29 비전' 선포는 기존의 '2천/1만 비전'에 '교회가 교회를 낳는 방법'을 통한 선교라는 새로운 방법론을 제시한 것이다.

2004년 온누리교회는 선교지에서뿐만 아니라 국내에서도 'Acts29 비전'을 적용하기 시작했다. 온누리교회는 교회의 목회 비전과 사역 시스템을 여러 지역 교회와 나누며 함께 그리스도의 복음을 전하는 사도행전적 교회를 확산하고자 했다. 부천 캠퍼스교회를 시작으로 제주도까지 국내 12개의 캠퍼스교회가 세워졌고, 미국과 일본 등 전 세계에 29개의 해외 비전교회가 건립되었다. 놀라운 것은 지역에 세워진 교회를 통해 자연스럽게 또 다른 교회가 개척되는 역사가 일어난 것이다. 해외 비전교회들도 서로 비전을 공유하며 교회가 교회를 낳는 일을 이어 가고 있다. 특히 미개척 선교지에 교회가 세워지면서 선교 네트워크를 형성해 가고 있다. 이렇게 세워진 교회들은 지역 사회를 섬기며 선교의 거점으로서 그 역할을 담당하고 있다.

익숙한 곳을 떠나 낯선 곳으로 흩어지려면 불편함과 어려움을 감수하며 헌신을 각오해야 한다. 하용조 목사는 사도행전에는 성령의 능력과 기적이 나타날 뿐 아니라, 예수의 이름으로 말미암아 당하는 수많은 고난도 기록되어 있음을 강조했다.

"예수님을 믿는다는 것은 축복과 함께 십자가의 고난에 동참하는 것입니다. 주님을 위해 희생하고, 주님의 복음을 위해 헌신하는 공동체가 되어야 합니다."

성도들은 그 불편과 어려움을 각오하며 순종했다. 교회가 세워진 지역으로 공동체가 파송되었고, 지역 교회와 함께 고난을 견디며 사도행전적 교회를 세워 갔다. 이 일은 온누리교회만의 일이 아니라, 모든 교회가 한 몸이 되어 함께 이루어 가야 할 사명이다. 교회의 사명은 복음을 전하는 일이기 때문이다.

하용조 목사가 시작한 이러한 멀티사이트 비전은 이재훈 목사에 의해 더욱 적극적으로 이어졌다. 이 목사는 온누리교회가 단순히 조직적 구조만 갖춘 멀티사이트 교회가 된다면, 외적인 부러움은 살 수 있어도 영적 영향력과 감동은 줄 수 없다고 말했다. 목회자가 아니라 교회가 교회를 세워야 하며, 성도들이 흩어져 지역으로 들어가 건강한 교회를 계속 세워야 한다면서 시스템과 성도 중심의 교회를 만들고, 교회가 없는 곳에 교회를 개척하는 운동을 하자고 강조했다.

선교의 비전을 품을수록 성도들의 신앙은 더욱 살아서 꿈틀거렸다. 이 비전은 성도들의 삶 속에서 성령의 역사를 기대하게 했다. 오순절 성령의 임재를 경험한 이들이 각지로 흩어져 그리스도의 증인이 되었던 것처럼, 성도들은 성령의 능력에 힘입어 하나님이 주신 사명을 감당하고자 했다.

Acts29 비전은 선교를 위한 도전적이고 모험적인 실험이었다. 온누리교회 성도들에게 선교적 DNA가 심겨져 있었기에, 캠퍼스교회, 비전교회, 선교지 교회로 흩어져서도 창의적으로 선교에 동참할 수 있었다.

현재 한국 사회는 급속히 다문화 사회로 변화하고 있다. 국내 이주민 수는 300만 명에 이르고, 이들 대부분은 지방이나 산업단지 주변에서 생활하고 있다. 이에 남양주, 인천, 수원, 평택 등 온누리의 캠퍼스교회들은 이주민·다문화사역에 적극적으로 나서며 외국인을 위한 예배를 세워 가는 한편, 다른 지역 교회들의 이주민사역도 지원하고 있다.

해외 29개 비전교회들 역시 지역을 나누어 세계 선교에 적극 참여하고 있다. 일본의 비전교회들은 일본인을 위한 문화 전도 집회인 '러브소나타'를 함께 섬기고 있으며, 북미의 비전교회들은 라틴아메리카 선교를, 아부다비 온누리교회는 중동 선교에 헌신적으로 동참하고 있다.

온누리교회의 두란노해외선교회(TIM)는 2006년 미주 두란노해외선교회(TIMA)를 창립한 데 이어 일본 비전교회를 중심으로 일본 두란노해외선교회(TIMJ)를, 이후 북아프리카와 중동 지역에 지역별 지부를 설치했다.

또한 세계 곳곳에서 사역하는 선교사와 한인 디아스포라를 위해 CGN을 설립해 목회적 소프트웨어를 공유하며 교파와 교단을 넘어 연약한 교회들을 도왔다.

Acts29 비전빌리지는 선교사들뿐만 아니라 성도들을 위한 선교 훈련의 장이 되었다. 이를 통해 훈련되고 준비된 성도들이 복음이 필요한 지역으로 나아가도록 했다.

오늘날 선교 흐름에서 교회의 중요성이 점점 약화되는 경향이 있다. 그러나 하나님의 선교는 반드시 교회를 중심으로 이루어져야 한다. 왜냐하면 교회는 하나님께서 복음을 맡기신 유일한 공동체이기 때문이다. 성경 중심의 교회, 복음 중심의 교회, 선교 중심의 교회, 긍휼을 실천하는 교회 그리고 그리스도의 문화를 심는 교회들이 세상 곳곳에 세워진다고 상상해 보라. 얼마나 놀라운 일들이 일어나겠는가.

사도행전은 아직 끝나지 않았다. 성령께서는 지금도 교회를 통해, 성도들의 삶을 통해, 전 세계 곳곳에서 하나님의 구속 이야기를 계속 써 내려가고 계신다.

예수를 위한 바보가 되다, '예수바보행전'

세상에서 바보라는 소리를 들어도 좋은 사람이 있을까? 그런데 이재훈 목사는 오히려 그런 삶을 살자고 제안했다. 2015년 온누리교회 창립 30주년을 맞이하면서 이재훈 목사는 성도들에게 또 하나의 새로운 비전을 제시했다. 이른바 '예수바보행전(Fools for Christ)'이다. '예수님을 위해 바보로 살아가는 사람들의 행전'이라는 뜻이다.

이재훈 목사는 '예수 바보'의 의미를 이렇게 설명했다.

"예수님은 우리를 위해 기꺼이 바보가 되셨습니다. 당시 사람들이 추구하던 경쟁과 이기심, 탐욕과 위선의 길과 전혀 다른 길을 선택하셨습니다. 그렇게 살지 않아도 되는데, 굳이 그렇게 사셨기에 세상의 눈에는 그분이 바보처럼 보였습니다. 하늘 영광을 버리고 인간의 몸으로 오시고, 마침내 십자가를 지신 분. 우리를 구원하기 위해, 우리를 사랑하시기에, 예수님은 기꺼이 바보가 되신 것입니다."

예수님은 인간을 위해 이 땅에 오셨고, 십자가에 자신을 내어주신 분이다. 그분의 삶의 방식은 사랑과 섬김이었다. 자신의 유익 대신 소외된 사람들과 함께하고, 그들의 필요를 채우는 일에 나서는 삶이었다.

초대교회 성도들도 세상 사람들이 이해할 수 없는 삶을 살았다. 세상의 성공과 이익이 아닌 예수님이 걸으신 그 길을 따라 사랑과 희생의 삶을 산 것이다. 손해를 아까워하지 않고 희생을 두려워하지 않는 것. 사도행전은 예수님을 위해 기꺼이 이러한 삶을 살아가는 사람들의 행전이었다.

그렇다면 사도행전적 교회의 꿈을 가진 온누리교회야말로 그 길을 따라야 하지 않겠는가. 온누리교회는 성도들과 함께 예수님을 위한 아름다운 바보의 길을 선택하기로 결정했다.

그러기 위해서는 무엇보다 예수님을 바로 보는 것이 중요했다. 그래서 이재훈 목사는 말씀과 기도의 삶을 더욱 강조했다. 말씀과 기도로 예수님이 어떤 분인지 깊이 깨달을 때 비로소 예수님과 같은 영향력을 나타낼 수 있기 때문이다.

우리는 위험한 바보이다

바보의 삶을 자처할 수 있는 힘은 사랑에서 나온다. 우리는 그것이 사랑이 없이는 결코 할 수 없는 일임을 조롱과 멸시를 견디신 예수님의 십자가 사랑에서 이미 경험했다. 그 예수님의 바보 사랑을 체험하고 나면 예수님의 마음으로 이웃을 보살피게 된다. 예수님의 삶은 우리가 어떻게 살아가야 하는지를 명확하게 보여 준다. 예수님은 사람들의 아픔과 고통을 외면하지 않으셨고, 사랑과 긍휼로 다가가셨다.

온누리교회는 지난 40년간 하나님께서 주신 비전을 따라 꾸준히 성장하고 변화한 비전이 이끄는 교회였다. '2천/1만' 'Acts29' 비전이 선교의 외적 목표를 제시했다면 '예수바보행전'의 선포는 성도들의 내적 태도를 돌아보게 하는 비전이다. 이재훈 목사는 온누리교회 40년의 역사를 돌아보며 "선교의 불기둥으로 인도함을 받은 광야 40년"의 여정이었다고 말한다. 온누리교회는 끊임없이 익숙한 것들을 포기하고, 오직 선교의 부르심을 따라 광야와 같이 낯설고 새로운 환경 속에서 선교의 길을 개척해 온 교회였다는 것이다.

온누리교회는 비전이 이끄는 교회였기에 리더십이 바뀌고 세대가 바뀌는 중에도 흔들림 없이 선교적 교회라는 정체성을 유지할 수 있었다. 비전이 주는 거룩한 부담감은 온누리교회를 교만에서 지켜 주었고, 성도들이 성령의 임재를 경험하며 더욱 단단한 공동체로 나아가게 하는 이정표가 되었다.

무엇보다 이 비전들은 온누리교회가 선교를 위한 실험 공동체가 될 수 있었던 원동력이었다. 온누리교회는 실험을 지향하는 공동체로서 처음부터 지금까지 선교적 실험 공동체로 존재해 왔다. 그래서 이재훈 목사는 온누리교회가 위험한 교회가 되기를 바란다고 역설적으로 표현했다.

"예수님을 믿고 하나님의 부르심을 따라 산 사람들은 다 위험한 인생을 살았습니다. 그러나 그들은 그 위험을 두려워하지 않았습니다. 사도행전적 교회는 이 세상의 위험을 감수하고 모험하는 성도들을 통해 세워집니다. 예수님을 믿는 믿음이야말로 하나님과 함께하는 모험입니다."

이 목사는 온누리교회가 이러한 모험을 두려워하지 않는 교회가 되기를 소망했다. 선교를 위해서라면 위험하더라도 도전하고 실험하며 앞으로 나아가는 교회가 되어야 한다고 말이다. 교회는 이런 모험이 없을 때 쇠퇴하게 된다.

온누리교회는 '연약한 교회' '낮아진 교회'를 추구하고 있다. '낮은 곳, 더 낮은 곳으로' 향하는 교회가 되어야 한다는 것이다. 그 시선에는 우리 사회의 연약한 이들을 향한 따뜻한 마음이 담겨 있다. 예수님의 삶을 본받아 세상과 이웃이 처한 아픔을 돌아보고, 사회적 약자에 관심을 가지며, 그들의 필요를 채워 주고자 하는 하나님의 시선을 갖는 것이다.

선교 현장은 땅끝만이 아니다. 우리가 살아가는 일상의 삶 또한 선교의 소중한 터전이다. 온누리교회는 예수님의 사랑을 전하는 사회선교 사역을 강화하고, 지역 사회를 섬기는 일도 지속적으로 확대해 왔다.

교회의 역할은 이러한 사랑과 섬김을 통해 예수님이 어떠한 분인지를 세상에 바로 보여 주는 일이다. 예수님을 세상에 올바르게 드러내는 것이다. 사랑과 희생은 예수님을 전하는 강력한 도구이며, 세상은 이러한 섬김을 통해 예수님의 사랑을 경험하게 된다.

이재훈 목사는 교회가 일회성 이벤트가 아닌 지속 가능하게 세상을 섬길 때, 세상은 교회를 칭찬할 것이며 구원받는 사람의 수가 날마다 더해질 것이라고 말한다. 그것은 곧 교회가 세상에 선한 영향력을 주고 있다는 반증이기도 하니 말이다. 그러므로 섬김은 어리석어 보이나 가장 지혜로운 방식이다. 교회는 예수님의 사랑을 드러내는 아름다운 예수바보 공동체여야 한다.

다른 사람을 돕고 선교하는 일은 쉬운 일이 아니다. 온누리교회처럼 대형 교회이기 때문에 선교하는 것도 아니다. 이재훈 목사는 처음 부임하고 교회에 상당한 액수의 부채가 있는 것을 보고 매우 놀랐다고 한다. 재정적인 부담에 선교비를 줄이고 싶은 유혹도 있었다. 그러나 하나님을 신뢰하고 더 적극적으로 선교하는 위험한 길을 선택했다. 그랬을 때 교회는 더욱 성장했고 성도들은 선교 비전으로 한마음이 되었다.

언젠가 그는 온누리교회 선교의 자부심에 대해 이렇게 언급한 적이 있다.

"온누리교회가 선교사 파송을 많이 안 하고, 선교 후원금을 많이 안 보내고, CGN을 안 했으면, 서울 시내에 큰 교회 건물 10개는 지었을 것입니다. 그러나 그렇게 하지 않았습니다. 온누리교회가 갖는 자부심은 선교사역과 온 세계에 복음을 증거하는 일, 저개발 국가를 돕고, 많은 선교 기관과 선교사를 후원하는 일입니다."

선교하는 교회, 이것이 온누리교회가 품어 온 거룩한 자부심이다. 교회는 땅끝까지 복음을 전해야 하는 사명을 지녔다. 교회가 교회를 낳고, 예수님 때문에 기꺼이 자신의 삶을 헌신하며 이웃을 섬기는 예수 바보로 살아가는 공동체, 그것이 온누리교회이다.

2.
온누리 '열린예배'와 '맞춤전도'

모두에게 열린 '열린예배'

하용조 목사는 전도는 아버지의 마음이라고 했다. 집을 떠나 방황하는 아들 때문에 가슴 아파하며, 그가 돌아오길 간절히 기다리는 탕자 이야기 속 그 아버지의 마음 말이다.

온누리교회는 이런 아버지의 마음을 품고 잃어버린 영혼에 대해 교회가 어떻게 다가가야 할지 고민했다. 이러한 고민은 서빙고 예배당 건물에서부터 고스란히 느낄 수 있다. 온누리교회는 예배당을 건축하면서 교회 안에 누구나 올 수 있는 커피숍을 열었고, 서점과 문화 공연을 할 수 있는 소극장을 만들었다. 지금은 여러 교회가 지역 주민을 위해 이런 공간들을 조성해 교회의 문턱을 낮추는 방법으로 활용하지만, 1980년대 당시만 해도 다른 교회에서는 찾아보기 힘든 하나의 문화 충격이었다.

당시로서는 교회 안에 이런 공간을 둔다는 것이 파격적인 시도였지만, 교회는 신앙생활을 하는 사람만이 가는 곳이 아니라 누구라도 올 수 있다는 메시지를 교회 공간에서부터 전달하고자 했다. 무엇보다 시대에 맞는 방법으로 다가가야 그 시대를 사는 사람들을 구원할 수 있다는 목회 철학에 따른 것이었다. 누구든지 부담 없이 교회 안으로 들어와 누리다가 자연스럽게 복음의 길로 인도될 수 있기를 바랐다.

하용조 목사는 교회가 전도를 멈추는 순간 썩기 시작한다고 경고하며 영혼 구원에 지속적인 노력을 기울이고자 했다. 그 무렵, 세상은 빠르게 변해 가는데 교회의 전도 방식은 고인 물처럼 구태의연해서 새로운 시도가 필요하다는 목소리가 나오기 시작했다. 그렇다면 무엇이든 시도해 봐야 했다.

시대 공감으로 탄생한 열린예배

하용조 목사는 당시 미국 교회에 큰 영향을 미치고 있던 여러 건강한 복음주의 교회들을 탐방하며 새로운 방법을 모색했다. 특히 1996년 온누리교회 리더들과 미국 윌로우크릭교회를 방문한 일은 온누리교회 목회 시스템에 많은 변화를 가져오는 계기가 되었다.

미국의 대형 교회 중 하나인 윌로우크릭교회는 성도의 85%가 이 교회에 와서 처음 예수님을 믿은 초신자들이었다. 특별히 불신자 전도에 많은 노력을 기울이고 있는 교회였다. 뿐만 아니라 예수님에게 관심은 있으나 예수님에 대해 잘 모르는 사람들, 교회에 부정적이거나 상처를 가진 구도자들을 위한 예배(Seeker's Service)로 엄청난 부흥을 일으켰다. 이들에게 좀 더 가까이 다가가기 위해 강대상을 없애거나 음악과 춤, 드라마 등을 활용해 맞춤 예배를 드렸다. 지금껏 한국교회가 경험해 보지 못한 예배 형식이었다.

이러한 예배와 전도 방법 등은 온누리교회에 새로운 영감을 주었다. 어떻게 하면 이러한 구도자들이 마음 문을 열 수 있을까, 어떻게 하면 이들이 와서 예수님을 믿고 구원받을 수 있을까를 고민하던 하용조 목사는 미국을 다녀온 리더들과 온누리교회 상황에 맞는 방식을 찾고자 연구했다.

이런 예배의 모델을 가져와 적용하는 것은 당시 한국교회 분위기상

상당한 용기와 결단이 필요했다. 그러나 한 영혼이라도 주님 앞으로 나오게 할 수 있다면 시도해 볼 필요가 있다고 여겼다.

참석자들의 반응은 의외로 뜨거웠다. 예배에 거부감 없이 녹아들었고, 공연과 함께하면서 마음의 빗장을 열었다. 이런 실험을 거쳐 다음 해인 1997년 1월부터는 매주 토요일에 구도자를 위한 '열린예배'가 본격적으로 시작되었다.

이 예배가 시작된 1990년대 후반에는 '열린음악회'라는 TV 프로그램이 꽤 인기를 끌고 있었다. 그동안 장르의 구분이 엄격했던 클래식과 대중가요가 한 무대에 올랐을 때 대중들은 매우 신선한 충격을 받았다. 스튜디오가 아닌 야외 무대라는 공간적 시도도 신선했다. 이렇게 취향과 관심이 다른 사람들이 함께 즐길 수 있는 무대가 주목받던 때에 온누리교회는 이런 시대적 변화와 공감대 속에서 '열린예배'를 기획했다.

열린예배는 이름 그대로 새신자들에게 열려 있는 예배이다. 교회에 대한 선입관이나 닫힌 마음을 여는 예배이며, 그동안 알지 못했던 하나님을 만나는 예배이다. 무엇보다 이 예배는 전도에 초점을 맞춘 예배이다. 워십 댄스, 스킷 드라마, 뮤지컬, 노래 공연과 특별 간증 등으로 꾸며졌는데, 온누리교회에 다니는 여러 연예인 성도들이 공연 무대와 간증으로 섬기면서 전도의 기회로 삼았다. 또한 설교는 예수 그리스도를 소개하는 형식으로 진행되었는데 믿지 않는 사람들에게도 친숙한 노래나 영화, 영상, 그림 등을 토대로 복음을 제시했다. 설교자는 양복 대신 자유로운 의상을 입었고, 설교 방식도 그들의 언어와 감성을 가지고 다가갔다.

당시로선 이런 낯선 예배 형식도 교회에서 대중가요를 부르는 것도 곱지 않은 시선을 받기에 충분했다. 하지만 온누리교회는 오직 잃어버린 영혼에 대한 관심 속에서 창의적인 예배의 모델을 한국교회에 보여주고자 했다. 그리고 열린예배는 복음의 본질은 놓치지 않으면서 전도의 형식은 시대에 따라 달라질 수 있다는 것을 입증해 보였다. 하용조 목사는 예수 그리스도를 통한 구원이라는 명제는 결코 타협할 수 없지만 본질과 목적이 아닌 수단은 바꿀 수 있다고 강조했다. 변해도 되는 건 얼마든지 바꿀 수 있다고 말이다.

현재 열린예배는 주일 6부 예배인 '열린새신자예배'로 드려지고 있다. 지금까지 이 예배를 통해 많은 사람이 하나님을 만나는 역사가 일어났다. 결과적으로 이런 시도는 매우 성공적이었다. 이 예배를 통해 교회 밖에 있던 사람들이 마음의 문을 열고 주님 앞으로 좀 더 가까이 다가올 수 있었다.

한국교회에도 적잖은 영향을 주었다. 여러 교회에서 구도자들을 위한 예배를 시작하게 되었고, 전도 문화에도 변화의 바람이 불기 시작했다.

온누리교회도 열린예배 이후 전도 방법에 대해 더 깊은 연구와 분석을 하면서 문화에 복음을 싣는 노력을 지속적으로 해왔다. 1999년 전도집회에서는 첫날을 발레 공연으로 집회를 대신하기도 했다. 공연은 예수님을 만난 성경 속 인물들을 소개하는 내용이었다. 말씀 대신 문화 공연으로 복음을 소개함으로써 사람들이 예수님을 경험하게 만드는 방식이었다.

온누리교회는 이처럼 한 영혼을 위해서는 복음을 제외한 어떤 벽도 허물 수 있다는 전도 철학을 발전시켰고, 문화를 통한 전도는 온누리교회만의 특별한 전도 방식으로 꽃피우게 되었다.

전도는 시대를 초월한 교회의 본질적 사명이다. 세상을 향한 사랑 때문에 이 땅에 예수님을 보내신 그 뜨겁고도 간절한 하나님 아버지의 마음을 어떻게든 알리는 것이 교회의 사명이다. 그 일을 위해 온누리교회는 열린예배, 열린 전도로 문을 열어 놓고 사람들을 주님 앞으로 초대하고 있다.

여러 사람에게 여러 모양으로 '맞춤전도'

예수님처럼 눈높이에 맞춰 복음을 전하다

이재훈 목사가 새가족사역을 담당하던 때였다. 1996년에서 2000년은 온누리교회의 성도 수가 급증하던 시기였다. 그중에는 온누리교회를 통해 예수님을 처음 믿은 성도들도 있지만 이미 다른 교회에서 신앙생활을 하다가 온 성도도 많았다. 어느 날 문득 이 목사는 이런 생각을 했다.

'만일 교회를 처음 다니게 된 성도보다 다른 교회에서 온 성도가 훨씬 더 많으면 어떻게 되는 거지? 온누리교회가 과연 사도행전적 교회가 되는 비전을 이룰 수 있을까?'

이 목사는 새가족사역 담당목사로서 불신자 전도에 대한 거룩한 부담감이 생겼다. 결국 하용조 목사를 찾아가 교회에 한 번도 와본 적 없는 이들을 전도하는 사역을 하고 싶다고 제안했고, 하 목사는 그 뜻을 흔쾌히 받아 주어 불신자 전도사역을 전담하는 전도사역본부가 신설되었다.

그즈음 이 목사는《세계 최고 기업들의 CRM 전략》이라는 책을 접하게 되었다. 'CRM'이란 (Customer Relationship Management) 한마디로 '고객 관계 관리'이다. 기업은 효과적인 제품 판매를 위해 소비자와 돈독한 관계를 갖는 게 매우 중요하다고 여기는데, 이를 위해 타깃 소비자의 필요를 분석하여 맞춤형 판매 전략을 세운다는 내용이었다. 순간 이 목사는 거룩한 질투심이 솟구쳤다.

'세상의 기업도 사람의 마음을 얻고자 이토록 연구하는데, 교회는 복음을 전하기 위해 과연 어떤 노력을 기울이고 있는가?'

이 목사는 기업의 CRM 경영 전략에서 힌트를 얻어 새로운 전도사역을 연구하기 시작했다.

'교회가 어떻게 하면 지혜롭고 창의적으로 복음을 전할 수 있을까?'

그 고민 끝에 다다른 것이 바로 '맞춤전도'이다. 기존의 온누리교회 전도집회를 대상별로 세분화하고, 대규모보다 대상자에 맞는 인원을 초청해 그들의 눈높이에 맞게 복음을 전하는 전도의 새로운 패러다임을 제안한 것이다. 하용조 목사는 이 목사의 의견을 적극 지지해 주었고 당장 실행에 옮길 수 있도록 도왔다.

온누리교회의 맞춤전도는 이렇게 탄생했다. 맞춤전도는 전도 대상자를 연령과 성별, 직업, 문화적 배경과 필요 등에 따라서 세분화하고 그들의 눈높이와 공감대에 맞게 기획된 그야말로 맞춤형 전도이다. 그런데 놀랍게도 이것은 예수님의 전도 방식이었다. 예수님이 성육신하신 것 자체가 우리를 위한 특별한 맞춤이었고, 공생애 기간 동안 두루 다니며 하신 것이 바로 맞춤전도였다.

예수님은 복음을 전하실 때 듣는 대상의 수준과 필요에 따라 각각 다른 방법으로 전하셨다. 니고데모에게는 거듭남으로 들어갈 수 있는 하나님 나라에 대해 설명하셨고(요 3:3), 아무도 없는 대낮에 몰래 물을 길러 나온 우물가 여인에게는 영원히 목마르지 않는 물로 구원을 설명하셨다(요 4:4-14). 사람들의 따가운 눈총을 받는 세리장 삭개오에게는 직접 다가가 이름을 불러 주시며 그 집에 머물겠다고 하셨다(눅 19:5). 이렇게 각 사람의 사회적 문화적 눈높이에 맞춰 접근하고 초청을 하신 것이다.

이것이야말로 온누리교회가 추구하는 맞춤전도의 원리이다. 예수님께서 그러셨던 것처럼 교회 역시 믿지 않는 사람들의 눈높이를 맞추겠다는 의지였다.

성경 속 사도 바울의 전도 방법 역시 같았다. 바울은 사람들을 얻기 위해 율법 없는 사람처럼도 되고 연약한 사람처럼도 되었다. 바울이 여러 사람에게 여러 모양으로 다가간 것은 어떻게든 몇 사람이라도 더 구원하기 위해서였다(고전 9:21-22). 바울은 이렇게 오직 한 사람이라도 주님 앞으로 인도하고자 하는 간절한 열망을 가진 사람이었다.

온누리교회의 맞춤전도는 이러한 성경적 전도 방법에 따라 체계화되었다. 전도자가 아닌 철저히 전도 대상자를 중심으로 '어떻게 전도할 것인가'를 고민했다. 그러기 위해서는 무엇보다 전도집회 대상자를 세분화해야 했다. 그래야 대상자들을 더욱 세밀하게 연구하고, 그들의 삶에 공감하면서 더 적극적인 소통 방법을 찾아낼 수 있기 때문이다. 전도는 그 사람이 복음을 들을 수 있도록 마음의 문을 여는 작업이다. 그러니 최대한 그들의 언어와 필요가 무엇인지를 찾아 복음과 만날 수 있는 접촉점을 찾아내는 것이 중요하다고 할 수 있다. 그렇다고 복음의 본질이 달라지는 것은 아니다. 복음은 변하지 않으나 표현과 전달 방법은 전도 대상자에 따라 얼마든지 지혜롭고 유연하게 변주될 수 있다는 뜻이다.

2001년 12월, 드디어 첫 맞춤전도집회가 열렸다. 첫 시작은 40대 남성을 위한 집회 '비상구(EXIT)'였다. 40대 남성을 첫 대상자로 선정한 이유는 IMF를 겪으며 하루아침에 직장을 잃는 아픈 경험이 있는 세대였기 때문이다. 또한 당시 한 조사에 의하면 다른 연령대에 비해 삶에 대한 만족도가 가장 낮고 스트레스 또한 가장 많다고 나타났기 때문이다. 그렇다면 이들에게 필요한 것은 무엇일까? 교회가 찾은 접촉점은 쉼과 탈출의 '비상구'였다. 가장 위로가 필요한 세대에게 복음의 위로를 전하고 싶었다. 또한 교회 안에 40~50대의 믿지 않는 남편을 둔 여성 성도가 많은 터라 목회적으로도 가정의 회복을 위해 적극 나설 필요가 있었다.

이재훈 목사를 중심으로 광고 전문 사역자들이 팀을 이루어 대상자에 대한 다각적인 조사와 연구를 통해 복음의 접촉점을 찾아냈다. 홍보와 프로그램 기획도 모두 대상자에게 맞추어 기획되었다. 예배당 본당은 원형 테이블을 설치해 고급 레스토랑의 분위기를 연출했다. 맛있는 식사와 함께 테이블 위에 놓인 자신의 이름표까지, 그날만큼은 자신이 더없이 귀한 손님으로 초대받았다는 기분이 들도록 준비한 것이다. 이를 위해 하용조 목사까지 직접 나서서 의자를 날랐고, 많은 목회자와 성도가 이 집회를 위해 도왔다. 테이블 봉사자들은 표정과 의상까지 깔끔하게 맞추고 친절하고 따뜻한 섬김의 자세를 유지했다.

이렇게 만반의 준비를 끝냈다. 하지만 그동안의 전도집회와는 다른 데다 나이 제한까지 둔 이 집회가 과연 성공할지, 또 몇 명이나 참석할지 알 수 없었다.

그런데 막상 집회가 시작되자 그 누구도 예상치 못한 일이 일어났다. 우려와는 달리 3일간 진행된 집회에 750명의 남성이 참석한 것이다. 집회는 콘서트와 토크쇼 형식으로 진행되었다. 당시 40대 남성들이 좋아하는 가수 공연과 공감할 수 있는 스킷 드라마 등을 통해 앞만 보고 달려온 그들에게 최대한의 쉼과 위로를 제공하고자 했다.

참석자들의 호응은 뜨거웠다. 낯선 느낌도 잠시, 그들은 어느새 함께 웃고 박수 치며 분위기에 녹아들었다. 얼마 지나지 않아, 밖에서는 눈물을 보이지 않던 남성들이 그동안의 고단했던 마음을 내려놓고 반응하기 시작했다.

하용조 목사는 이들에게 메시지를 통해 주님의 위로를 전했다.

"진정한 쉼은 주님 안에만 있습니다. 무거운 짐을 내려놓고 쉬십시오. 주님 안에서 건강한 미래의 꿈을 되찾을 수 있습니다. 예수님은 자신의 목숨을 주신 유일한 친구입니다."

메시지가 선포되자 곳곳에서 눈물을 훔치기 시작했다. 교회도, 복음도 처음인 이들이 성령의 감동 속에서 그동안 알지 못했던 은혜를 경험하고 있었다.

"저는 이제껏 예수님을 세계 4대 성인 중 한 분일 뿐이며, 기독교인들을 그저 예수님을 광신적으로 믿는 사람이라고 생각했습니다. 처음에는 교회에 발을 들이는 것조차 어색했지만, 막상 참석해 보니 예상 밖의 교회 모습에 경계심이 금방 풀렸습니다. 목사님의 설교를 들으면서 저 자신을 돌아보게 되었는데, 저도 모르게 알 수 없는 눈물이 흐르면서 그동안 답답했던 마음과 억눌렸던 어깨가 가벼워지는 것을 느꼈습니다."

이날 많은 사람이 닫아 둔 마음의 빗장을 열고 복음을 받아들였다. 놀랍게도 참석자 중 73%가 예수님을 영접하는 역사가 일어났다.

집회를 마치고 난 후에는 결신자와 긍정적 반응을 보인 이들을 대상으로 후속 프로그램인 'Good News School'을 5주간 진행했다. 신앙의 기초 과정을 개설해서 전도집회가 일회성 이벤트로 끝나지 않고 이들이 하나님 안에서 신앙인으로 성장할 수 있도록 도운 것이다.

시대의 그릇에 복음을 담다

첫 집회가 성공하자 다음 집회도 희망을 갖고 도전할 수 있게 되었다. 다음 해부터는 연령대별로 남성 집회를 열었고, 그다음 해에는 여성들을 위한 집회를 열었다. 연령은 10년 단위로 구분했다. 비슷한 문화를 경험한 세대끼리 공감대를 형성하도록 하기 위해서였다.

첫 여성 대상자는 자신의 인생보다는 남편과 자녀를 위해 헌신한 44~55세 여성들이었다. 이들을 드라마의 주인공으로 초대한 '클라이맥스(Climax)' 집회였다. 특별히 여성 집회에서는 자녀들을 돌봐 줄 탁아방도 운영해 마음 편히 집회에 집중할 수 있도록 배려했다.

크리스천 여배우들의 간증과 토크쇼가 진행되었고, 참석자들은 자신이 하나님의 아름다운 보석임을 깨달으며 자아상의 회복을 경험했다. 시작부터 마치는 시간까지 감동과 눈물이 가득한 자리였다. 이날 주님의 초청에 응답한 결신자는 무려 80%에 달했다.

이렇게 맞춤전도집회가 거듭될수록 결신자와 긍정적으로 반응하는 사람들이 크게 늘었다. 무엇보다 처음 의도했던 대로, 온누리교회에 수평 이동이 아닌 불신자 중심의 전도가 많아졌다는 점에서 매우 고무적이었다.

연령별 맞춤전도가 자리를 잡게 되자 이번에는 직업별 맞춤전도를 시도했다. 여성민 목사를 중심으로 전도사역 팀은 의사, 교사, 간호사, IT 종사자, 금융인, 음악가, 외식업 종사자, 환경미화원, 육군사관학교 생도, 스포츠인, 방송작가 등 다양한 직업군을 대상으로 집회를 기획했다.

집회를 마친 후, 참석자들이 가장 많이 고백한 말은 "어떻게 나를 이렇게 잘 이해해 줄 수 있을까?"였다. 누군가 내 마음을 알아준다는 것만큼 큰 위로가 또 있을까? 맞춤전도를 제안한 이재훈 목사는 "하나님이 우리를 사랑하신다는 메시지를 전하려면, 예수님처럼 그들의 마음을 알고 다가서는 것이 절실했습니다"라고 설명했다.

전도 팀은 그들의 마음을 더 깊이 들여다보기 위해, 집회 6개월 전부터 대상자들에 대한 치밀한 분석에 들어갔다. 그들이 살아가는 방식, 직업의 구조, 겪고 있는 고통과 필요들을 하나하나 살피며, 어떻게 하면 그들에게 복음을 가장 적절하게 전할 수 있을지 하나님께 지혜를 구했다.

맞춤전도집회는 점차 다양한 기획 속에서 연령별, 직업별, 동질 그룹별은 물론, 외국인 근로자, 해외 현장, 온라인 전도 등으로 세분화되어 갔다. 이는 더 많은 사람에게 다양한 방식으로 다가가고자 한 끊임없는 시도였다. 특히 신혼부부, 임산부, 미혼 양육모, 발달장애인, 50대 동기 동창 등 동질 그룹을 위한 집회는, 서로 공감할 수 있는 환경 속에서 조금 더 친밀하게 하나님을 만날 수 있는 자리로 마련하고자 했다.

한편, 교회는 사회적 관심사에도 눈과 귀를 열었다. 2013년 신혼부부 집회를 기획할 당시, 결혼 1년 이내의 이혼 비율이 급증하고 있다는 보도가 있었다. 이에 그해 집회 대상자를 결혼 1년 차 부부로 정하고, 이 시기의 갈등을 지혜롭게 해결하는 방법을 배우고 가정을 아름답게 세울 수 있도록 도왔다.

'아빠, 캠핑 가자'는 최근 확산되는 캠핑 문화에 착안해 가족 전도로 기획된 프로그램으로, 아내가 남편을 전도하는 게 힘들었던 가정에는 자녀가 아빠를 초청하는 방식으로 가족 전도가 이뤄지도록 했다. 또 젊은 세대에게 인기 있는 즉석 사진인 '인생네컷'을 활용해 신앙을 떠났던 청년들이 부모와 함께 교회로 돌아와 '신앙 데이트'를 할 수 있도록 기획한 집회도 좋은 반응을 얻었다.

이처럼 교회는 시대의 흐름과 문화를 민감하게 읽으며, 새롭고 참신한 아이디어로 불신자들의 발걸음을 교회로 이끌었다.

복음을 담는 그릇은 계속해서 새로워졌다. 전도는 강요가 아니라 공감에서 시작되어야 한다는 믿음 때문이었다. 예수님께서 사람들의 삶 한가운데로 찾아가신 것처럼, 전도 역시 대상자의 삶과 고민 속으로 들어가야 한다고 믿었기 때문이다. 그렇게 맞춤전도집회는 점점 더 많은 사람이 복음으로 아픔과 상처를 치유하는 시간이 되었다.

무엇보다 이러한 맞춤전도는 교회의 전도사역에 새로운 활력을 불어넣었다. 그동안 전도가 어렵게만 느껴지던 성도들에게, 전도에 대한 자신감과 용기를 심어 주는 계기가 되었기 때문이다. 맞춤전도집회는 이제 전도본부 주관을 넘어 공동체별, 순별로까지 확대되었다. 수백 명이 모이는 대규모 집회부터 10~20명 단위의 소규모 모임까지, 다양한 형태의 전도집회가 열리면서 교회 전체가 전도에 참여하는 분위기가 자연스럽게 형성되었다.

한 순에서 전도집회를 준비하던 이향숙 권사는 아파트 엘리베이터에 이런 초청장을 붙였다.

> 그 누구보다 자신의 삶과 가정을 사랑한 당신, 박수와 존경을 보냅니다. 여기, 당신의 행복을 위한 자리가 마련되어 있습니다. 당신을 위해 비워 놓았습니다. 그 주인공이 되어 주십시오. - 온누리교회 담임목사

그러자 평소 인사만 나누던 이웃 두 사람이 찾아왔다. 초청 방식이 신기해서 와 봤다는 것이다. 작고 소소한 시도일지라도, 하나님은 사람들의 마음을 움직이셨다.

인원은 적고 규모는 작을지라도, 열매는 그 어느 때보다 풍성했다. 공동체는 공동체대로, 순은 순대로 성도들이 자발적으로 아이디어를 내고, 전도 대상자를 위해 함께 기도하면서 공동체가 더욱 하나 되고 성장해 갔다.

성도들은 전도 대상자를 품고 기도하며, 어떤 음식을 대접하면 좋을지, 어떤 프로그램을 준비하면 기뻐할지를 고민하며 준비했다. 이 모든 과정은 한 영혼을 향한 하나님의 마음을 배우는 귀한 기회가 되었다. 그렇게 사랑으로 수고한 만큼, 예수님 앞에 한 영혼이 나올 때마다 감사와 기쁨의 눈물을 흘릴 수밖에 없었다.

이러한 맞춤전도는 국내를 넘어 외국인 노동자와 국내 이주민, 캄보디아, 태국, 시리아 등의 난민 집회로도 확장되었다. 이에 따라 해외 맞춤 집회의 가능성도 함께 열어 가고 있다.

특히 맞춤전도집회를 통해 여러 의미 있는 공동체들이 형성되었다는 점은 매우 주목할 만하다. 예를 들어, 의사들을 위한 집회 '러브터치(Love Touch)' 이후 의료선교 팀이 결성되어 지금까지 20년 넘게 매년 선교 활동을 하고 있다. 또한 2004년, 2030 청년들을 위한 'Just 4 U' 집회에는 전도집회 사상 최대 인원인 2,651명이 참석했고, 그중 1,653명이 결신하는 놀라운 열매를 맺었다. 더욱 뜻깊은 것은, 이 집회 참석자들이 'Just 4 U'라는 이름의 공동체를 자발적으로 조직해 지금은 대학청년부 내 새신자를 맡아 양육하는 공동체로 성장했다는 점이다.

이외에도 가족과 떨어져 홀로 지내는 기러기 아빠들을 위한 집회 '슈퍼맨이 된 아빠'를 통해 만난 아버지들이 정기적으로 모여 서로를 격려하고 신앙적으로 함께 성장하고 있는 모습은 맞춤전도의 확장성과 지속 가능성을 잘 보여 준다.

2001년 처음 시작된 맞춤전도집회는 지금까지 총 70회 정도 열렸는데, 참석자 가운데 평균 61%가 결신하는 놀라운 열매를 맺었다(총 27,131명 참석, 16,595명 결신). 특히 불신자 전도가 꾸준히 이어지고 있다는 점은 온누리교회에 부어 주신 하나님의 특별한 은혜가 아닐 수 없다.

지금도 집회 때마다 감동과 눈물의 간증이 쏟아지고 있다. 해마다 열리는 65세 이상의 부모님을 위한 '행복드림 콘서트'에서는 매회 80%가 넘는 높은 결신율을 기록하고 있다. 자녀들은 믿지 않는 부모에게, 부모는 교회를 떠난 자녀에게 정성스럽게 편지를 쓰며 눈물로 초청했다. 어떤 이들은 자녀의 간절한 요청에 마지못해 참석했다가 생애 처음으로 교회에 들어서고, 예수님을 영접하게 되었다. 이후 세례를 받고 얼마 지나지 않아 소천한 부모님도 있다.

불교신자가 이 집회를 통해 예수님을 만나 개종하고 친구들을 교회로 인도한 일도 있고, 복음을 통해 변화된 이가 교회 리더로 성장하거나, 선교사로 헌신한 사례도 있다. 온누리교회가 불신자를 향한 마음을 포기하지 않았을 때, 이미 준비된 하나님의 기적과 역사가 쏟아졌다.

맞춤전도는 해를 거듭할수록 발전하여 온누리교회를 대표하는 전도 프로그램으로 자리 잡았다. 한국교회가 전도 위기를 맞고 기존의 전통적 방식이 한계를 드러낼 때, 맞춤전도는 그 대안으로 등장해 새로운 전도 모델을 제시했다. 전도를 어렵게 여기던 성도들에게 다시 전도의 용기를 심어 주었고, 교회 안에는 다시금 전도의 열기가 뜨겁게 타올랐다.

온누리교회의 전도사역은 하용조 목사의 '열린예배'에서 시작되어, 이재훈 목사의 '맞춤전도'를 통해 구체적이고 실천적인 방식으로 발전해 왔다. 온누리교회의 맞춤전도는 '복음을 어떻게 전할 것인가'에 대한 시대적 고민이 낳은 결실이었다.

하나님은 지금도 잃어버린 자를 찾아 구원의 길로 인도하길 원하신다. 온누리교회는 이 부르심에 응답하기 위해 교회의 문턱을 낮추고 문화에 복음을 싣고 사람들의 눈높이에 시선을 맞추며 잃어버린 자를 찾았다. 없던 길도 걷다 보면 길이 되듯, 한 영혼을 구할 수 있다면 언제든 새로운 길을 낼 각오로 길을 나섰다.

복음은 변하지 않지만, 복음을 담는 그릇은 날마다 새로워져야 한다. 온누리교회는 시대의 흐름을 민감하게 살피고, 이 시대 사람들을 하나님 앞으로 인도할 수 있는 방법을 끊임없이 연구하고 기도해 왔다. 그것이 바로 '맞춤전도'로 열매를 맺은 것이다.

맞춤전도는 단지 전략이나 방식에 머무르지 않는다. 이것은 한 영혼을 향한 철저한 사랑의 표현이다. 예수님처럼 상대의 눈높이에 맞춰 다가서려는 사랑의 실천이었다.

맞춤전도를 시작한 이유는 분명하다. 예수 그리스도를 알지 못하는 이들이 주님 앞으로 초대되어, 교회 안에서 구원의 기쁨을 마음껏 누리는 것이다. 그리고 그 꿈은 지금 이 순간에도, 집회 때마다 실현되고 있다. 급변하는 시대 속에서도 복음은 여전히 살아 역사하는 능력이다.

일본을 향한 맞춤전도, '러브소나타'

맞춤전도집회는 해외로도 그 영역이 확장되었다. 그중 하나가 바로 일본의 '러브소나타'이다. 2006년 말, 하용조 목사는 성도들에게 뜻밖의 선언을 했다.

"하나님께서 온누리교회의 모든 것을 가지고 일본으로 향하라는 마음을 주셨습니다."

그다음 해, 2007년은 한국교회에 역사적으로 의미 있는 평양대부흥 100주년이 되는 해였다. 그러나 하나님은 한국이 아닌 일본을 향해 나아가라는 감동을 주셨다. 어쩌면 하나님께서는 한국에 부어진 성령의 부흥이 일본 땅에도 임하기를 원하셨던 게 아닐까. 마침 그해 10월, 일본 CGN이 개국하면서 일본 교회에 부흥이 일어나길 뜨겁게 갈망하게 되었다.

일본을 향한 하나님의 부르심에 교회는 기도하기 시작했다. 투병 중이던 하용조 목사는 일주일에 세 번씩 투석을 하면서도 40일간의 특별새벽기도회를 이끌었다.

첫날부터 8천 명에 이르는 성도들이 기도회에 나왔다. 새벽 5시에 시작되는 기도회는 4시도 안 되어 이미 본당을 가득 채웠다. 한국인들에게는 역사적 상처와 감정의 골이 아직도 남아 있는 일본이 아닌가. 그럼에도 성도들은 매일 일본을 품고 기도했고, 기독교인이 1%도 되지 않는 복음의 불모지인 그곳에 부흥이 임하길 눈물로 간구했다. 집회가 열리기도 전에 이미 성도들은 하나님의 뜨거운 은혜로 타올랐다. 올림픽체

조경기장에서 열린 마지막 기도회에는 무려 2만 8천여 명이 참석했다. 하 목사는 그날 많은 성도가 만국기를 흔들며 하나님을 찬양하던 순간의 감격을 두고두고 잊지 못했다.

'러브소나타'로 이 땅에 기대가 생겼습니다

2007년, 드디어 일본인을 위한 맞춤전도집회인 '러브소나타'가 시작되었다. 러브소나타는 일본에 한류 열풍을 일으킨 인기 드라마 '겨울연가'(Winter Sonata)에서 이름을 가져와, 하나님의 사랑의 메시지를 담은 '러브소나타'라는 타이틀로 문을 열었다.

그동안 일본에서 열린 대규모 집회는 주로 일본의 기독교인들을 위한 집회였다. '러브소나타'는 맞춤전도집회답게 일본 안에 있는 불신자들을 위한 집회가 되고자 했다. 그러나 일본은 전도하기가 매우 어려운 나라 중 하나로 알려져 있다. 그런 곳에서 하나님을 믿지 않는 일본 사람들의 마음을 움직일 방법을 찾기란 쉽지 않았다.

고민 끝에 찾은 해답이 문화적 콘텐츠를 활용하는 것이었다. 일본에서 인기가 있는 한류 스타들을 초대한다면 일본인의 관심을 끌 수 있을 것 같았다. 그동안 온누리교회가 열린예배와 맞춤전도집회에서 쌓은 노하우를 총동원해 철저하게 일본인을 위한 맞춤전도로 준비했다. 일본인의 정서에 맞는 콘텐츠를 중심으로 한류 스타들의 간증과 다채로운 문화 공연으로 진행했다. 특히 앞으로 일본을 이끌어 갈 청소년들에게 복음을 전하기 위해 청소년들이 좋아하는 한국 가수나 배우를 초청했다.

첫 집회가 열리는 오키나와 후쿠오카 교회는 금식하며 기도로 준비했다. 하지만 일본 현지에서는 기대감도 컸지만 한편으로는 '과연 이런 대형 집회가 가능할까?' '교회들이 연합사역을 할 수 있을까?' 하는 우려 섞인 반응도 있었다. 그러나 막상 집회가 시작되자 하나님의 역사는 그 모든 두려움을 뛰어넘고도 남았다.

그해 3월 오키나와에서 첫 러브소나타가 열렸을 때, 집회 첫날부터 말할 수 없는 은혜가 쏟아졌다. 무려 2,800여 명의 일본인들이 몰려와 한 시간 전부터 줄을 섰다. 일본에서 과연 전도가 가능할까 하던 회의적 물음 앞에 하나님은 불가능한 일이 아님을 보여 주신 것이다. 공연 순서마다 일본인들의 호응은 매우 뜨거웠다. 울며 웃으며 마음의 문을 열었다. 그리고 그 중심에는 언제나 복음이 있었다. 하용조 목사는 800만이 넘는 우상이 있는 나라 일본에서, 인간이 만든 신이 아닌 진정으로 경배해야 할 참 하나님이 계심을 전했다. 일본을 향한 하나님의 사랑, 그것이 러브소나타의 시작이었기 때문이다.

"러브소나타는 일본을 향한 하나님의 사랑과 용서의 이야기입니다. 그분의 사랑은 포기하지 않는 사랑입니다. 생명을 다 바쳐 하는 사랑이요, 죽음과 파멸에서 우리를 구원하는 사랑입니다. 하나님의 이 사랑 앞에 나아오지 않겠습니까?"

복음의 선포에 많은 일본인이 손을 들고 앞으로 나왔다. 그 자리에서 100여 명이 결신했고, 또 다른 100여 명은 예수 그리스도에 대해 관심을 표했다. 이러한 기적 같은 일들이 일본 땅에서 시작되었다.

이후 후쿠오카, 도쿄, 삿포로 등 일본 전역으로 확산된 러브소나타는 매 집회마다 눈물과 회복으로 가득했고, 그리스도의 복음의 씨앗이 곳곳에 뿌려졌다.

특히 도쿄에서 열린 러브소나타는 한국과 일본 모두에게 잊을 수 없는 집회였다. 한국에서 5천여 명의 성도들이 집회를 섬기기 위해 자비량으로 참여했다. 그날 도쿄 슈퍼아레나에는 2만 명의 사람들이 참석해 홀을 가득 메웠다. 현지 목회자들은 전도집회에 이런 대규모 인원이 모였다는 것에 크게 놀라워했다. 한국과 일본 성가대 1천여 명이 한목소리로 하나님을 찬양했고, 청년 집회에서는 한국과 일본 청년들이 함께 어울려 뛰며 찬양을 올려드렸다. 예수님을 영접하기로 결심한 사람들과 이미 예수님을 믿고 있는 사람들에게 손전등을 켜게 했을 때 아레나홀은 불빛으로 가득했다.

이런 감동과 기적의 역사는 그동안 이 땅의 복음화를 위해 눈물로 기도해 온 많은 성도와 사역자에게 큰 위로와 용기를 주었다. 일본도 변할 수 있다는 희망을 갖게 된 것이다.

> "선교사의 무덤이라고 불리는 일본은 어떤 전도 방식에도 눈 하나 깜짝하지 않는 괴물이라고 생각했습니다. 하용조 목사님이 일본을 생각하면 눈물이 난다고 했는데, 이런 일본의 상황을 가슴으로 느꼈다고 생각합니다. 그런데 문화를 통한 전도 방식은 일본에 매우 효과적이란 걸 알았고, 러브소나타를 통해 이 땅에 기대가 생겼습니다"(풀가스펠 후쿠오카 교회 김일 목사).

하나님이 보여 주신 기적은 이것만이 아니었다. 특히 러브소나타는 한일 간의 연합도 이끌어 냈다. 한국과 일본의 정치·경제·문화·교육 분야 크리스천 리더들이 모여 '한일 리더십 포럼'을 열고 아시아 평화와 발전을 도모할 것을 다짐했다.

뿐만 아니라 러브소나타를 계기로 일본 현지 교회들이 교단과 교파를 뛰어넘어 적극적인 협력사역을 시작하게 되었고, 일본 교회는 점차 자생력을 갖추게 되었다. 러브소나타 집회 중 가스펠 나이트 프로그램은 일본 현지 교회들이 직접 주관해 진행한 것으로, 일본 교회의 사역이 성장하는 계기가 되었다. 이를 통해 성도들이 다시 전도에 헌신하면서 침체되었던 일본 기독교계에도 많은 변화가 일어나고 있다.

또한 국내 온누리 캠퍼스교회뿐만 아니라 일본에 세워진 해외 비전 교회들이 함께 동역하면서 일본 교회 부흥에 큰 힘을 실어 주었다. 캠퍼스교회는 러브소나타 개최지의 현지 교회와 결연을 맺어 집회 이후에도 큐티와 일대일, 아버지학교 등으로 일본 교회의 성장을 돕고 있다.

더욱이 이 집회가 총체적인 연합사역이라 할 수 있는 이유는, 러브소나타에 발맞춰 두란노서원이 일본 두란노와 협력하여 여러 기독교 도서를 일본어로 번역하고 각종 세미나를 기획함으로써 일본 사회 안에서 기독교 콘텐츠를 접할 수 있는 다양한 기회를 마련했기 때문이다. 여기에 CGN도 동참해 집회 현장을 생중계하면서, 러브소나타는 해마다 방송을 통해 일본 전역으로 확산되어 갔다.

무엇보다 매번 집회가 열릴 때마다 500여 명의 한국 성도가 일본으로 날아와 이른 새벽부터 밤까지 자원봉사자로 섬기는 모습에 참석자들과 일본 교회가 크게 감동했다. 한 일본 목회자는 자신들이 한국 성도들의 아낌없는 사랑과 섬김에 보답하는 길은 하나님 안에서 이 사랑을 전하며 잘 간직해 나가는 길뿐이라고 눈물로 고백했다.

누군가는 한국과 일본이 화해하는 것은 불가능하다고 말할지도 모른다. 그러나 하용조 목사는 그리스도인이 나선다면 반드시 가능한 일이라고 믿었다. 그는 이 꿈을 품고 러브소나타에 특별한 애정을 쏟았으며, 마지막 순간까지 하나님의 마음을 담아 선포했다.

"여러분은 이미 많은 것을 가지고 계십니다. 그러나 아무리 많은 것을 가졌어도 예수님이 없으면 아무것도 가진 것이 아닙니다. 저는 일본 땅 위에 오직 예수 그리스도께서 주인이 되시고 왕이 되시기를 간절히 바랍니다. 한국과 일본이 함께 힘을 모은다면, 반드시 기적이 일어날 것입니다. 그것은 교회의 부흥만이 아니라 민족의 부흥이 될 것입니다. 정치적인 갈등도, 경제적인 위기도 예수 그리스도 안에서 해결될 것입니다. 예수 그리스도만이 우리의 참된 희망이며, 유일한 대안입니다. 오늘, 우리 함께 그 일을 시작하지 않겠습니까?"

하용조 목사가 소천한 이후에도 러브소나타는 멈추지 않았다. 뒤를 이은 이재훈 목사 역시 일본을 향한 하나님의 포기하지 않는 사랑을 전하며 이 사역을 이어 갔다.

2007년 오키나와를 시작으로 2024년 효고 러브소나타에 이르기까지, 총 34회에 걸쳐 러브소나타가 열렸고, 매회 2천여 명의 일본 현지인들이 초청되었다. 지금까지 14만 3천여 명이 집회에 참석했고, 그 가운데 6,387명이 예수 그리스도를 영접하는 결신의 열매를 맺었다. 그리고 지금도 하나님의 역사는 계속되고 있다.

'러브소나타'의 이야기는 일본을 넘어 아시아 전역으로 퍼져 나갔다. 대만, 태국, 캄보디아, 심지어 시리아 난민 캠프에까지. 장소는 달라도 방향은 같았다. 대상자 중심의 전도, 문화 속에 자연스럽게 스며드는 복음, 그 중심에는 여전히 '사랑'이 있었다.

집회가 열리는 곳마다 현지인들의 관심은 뜨거웠고, 불교와 우상이 가득해 예수님의 이름조차 쉽게 꺼낼 수 없는 땅에서도 기적처럼 결신자들이 일어났다. 특히 2023년 튀르키예 대지진으로 고통받던 시리아 난민을 위한 집회에서는, 전쟁의 상처를 딛고 하나님을 만난 이용만 장로의 간증이 많은 난민에게 큰 위로와 희망이 되었다.

그 간증 영상은 폐허 속에 있던 이들에게 다시 살아갈 용기를 심어 주었고, 놀랍게도 복음을 접한 이들 중 일부는 하나님을 받아들이며 성경을 요청하기도 했다. 세상의 눈으로는 불가능해 보이는 땅에서, 하나님은 여전히 일하고 계셨다.

하용조 목사는 러브소나타를 두고 "하나님의 퍼즐 조각을 맞추어 가는 사역"이라고 고백한 바 있다. "시작은 일본 교회의 부흥이었으나 그 문이 중국을 향하고, 다시 중국과 함께 인도 선교에 나서는 꿈, 마침내 이슬람 세계까지 이어지는 하나님의 큰 그림이 보이기 시작했다"고 말이다. 러브소나타는 그 그림의 첫 조각이었다. 그래서 그는 "러브소나타는 하나님이 온누리교회에 주신 선물"이라고 표현했다.

러브소나타에는 구원의 기쁨이 있다. 그 기쁨을 위해 조건 없는 섬김과 연합이 있고, 사랑과 용서, 화해와 회복이 있다. 이 아름다운 이야기는 지금도 계속 다음 퍼즐 조각을 찾아가고 있다.

그리고 언젠가 하나님의 그림이 완성되는 날, 누군가 이렇게 물을지도 모른다.

"이 모든 시작은 어디에서 비롯된 것입니까?"

그때 우리는 이렇게 대답할 수 있을 것이다.

"그 시작은 바로, 교회의 순종이었습니다."

어디든 전도의 현장이다

온누리교회는 모든 사람을 복음으로 초대하기 위해 다양한 전도사역을 펼쳐 왔다. 여러 사람에게 여러 모양으로 전해 온 전도 방식은 맞춤 전도집회뿐만 아니라 복음이 가장 필요한 곳, 도움이 절실한 곳을 향했다. 하나님이 부르시면 어디든 찾아갔다. 그곳이 바로 전도의 현장이며 주님의 마음이 머무는 자리이기 때문이다.

병사들의 영혼을 책임지는, '군선교회'

온누리교회에서는 많은 현장 전도 팀이 운영되고 있다. 그중 하나가 영적 전선의 최전방, 바로 군선교회이다. 젊은이들이 가장 치열하게 자신의 존재와 인생의 방향을 고민하는 자리이기도 하다. 거기에서 복음을 만난 청년들은 삶의 시선이 완전히 달라지기도 한다.

온누리교회 군선교회는 군장병을 대상으로 하는 사역이 전무하던 시절, 강찬석 장로의 자발적인 헌신으로 시작되었다. 자식 같은 군인들 생각에 사비를 털어 무작정 군부대를 찾아다니며 복음을 전했다. 집회 때마다 뜨거운 성령의 임재를 경험하며 예수님을 영접하는 장병들이 폭발적으로 늘어났다. 반응이 뜨거워지자 부대의 요청으로 집회가 정기적으로 열리게 되었고 수많은 장병에게 복음을 전할 수 있었다.

특히 2011년부터 온누리교회가 논산 훈련소에서 열리는 진중세례식을 섬겼는데, 한 번에 무려 5,850명이 세례를 받는 기적 같은 일이 일어났다. 이는 세계 최대 규모의 세례로 기네스북에도 올랐다. 성도들은 청년의 때에 하나님을 만날 수 있는 이 사역을 위해 함께 기도하며 기꺼이 비전헌금을 모아 지원했다.

또한 20년 넘게 이어 온 군선교 기도 모임은 자녀를 군에 보낸 부모들의 뜨거운 눈물에서 시작되었다. 군인들도 나라를 위해 쉬지 않는데, 우리도 기도를 쉴 수 없다는 다짐이었다. 뿐만 아니라 CGN을 통해 복음의 기회를 제공하고, 일대일 제자양육과 문화 집회 등 맞춤형 콘텐츠가 젊은 장병들 속으로 들어가고 있다.

이 모든 여정의 중심에는 온누리교회의 전도 철학이 담겨 있다. 그것은 '한 영혼을 위한 모든 노력'이다. 군선교회는 청년 전도의 마지막 보루가 아닌 이 땅의 다음 세대를 하나님께 돌이키는 영적 부흥의 불씨가 되고 있다.

아플 때 친구가 되어 주는, '병원심방전도 팀'

복음은 인생의 가장 낮은 자리에도 어김없이 찾아간다. 온누리교회 로비 한쪽에 자리한 '병원 심방 요청 접수처'는 고통 가운데 있는 이들의 절박한 외침에 응답하기 위해 마련됐다. 사람의 마음이 가장 가난해지는 순간이 바로 육체의 질병 가운데 무력해지는 때이다. 그래서 병원 전도 팀에게는 특별한 심방 요청이 끊이지 않는다. 2004년부터 수도권과 전국 각지의 병원을 돌며 아픈 환자들과 가족, 간병인에게 복음을 전하고 있다. 심방 요청이 오면 아무리 먼 길도 마다하지 않고 달려가 아픈 이들의 손을 잡아 주고 위로하며 함께 기도한다.

　복음을 받아들인 이에겐 병상 세례를 베풀었고, 장례사역 팀이 별도로 운영될 때까지 장례를 맡아 섬겼다. 이렇게 병원사역은 단순한 방문이 아니라 한 영혼을 하나님께 인도하는 여정이었다.

　어느 날 오랜 해외 생활을 하다가 한국에 들어와 투병 생활을 하던 성도가 심방 요청을 했다. 그에게 가족이란 딸 하나뿐이었다. 그가 세상을 떠나기 전까지 사역 팀은 성심을 다해 찾아가 교제하고 함께 예배를 드렸다. 그가 세상을 떠났을 때는 장례를 도와 마지막 순간까지 동행해 주었다. 그 사랑을 오롯이 경험한 딸은 이후 자신도 병원사역 팀에 합류해 힘들고 아픈 이들을 섬기는 사역자로 헌신하게 되었다.

　안타깝게도 코로나19를 겪으며 병원 출입이 제한되면서 지금은 전화 심방과 중보기도로 사역을 하는 경우가 많지만, 환자 가족을 통한 복음전도를 통해 여전히 복음을 향한 걸음은 멈추지 않고 있다.

　찾아가는 전도는 삶의 마지막 순간을 보내고 있는 이들에게도 마찬가지였다. 2001년, 호스피스란 개념조차 생소하던 시절, 누군가의 마지막을 포기하지 않겠다는 소명 하나로 온누리 호스피스 전도사역이 시작되었다. 복음 전파는 삶의 마지막 순간까지도 포기해서는 안 되기 때문이다.

　병원사역의 일환으로 출발한 이 사역은 점차 체계를 갖춰 전국의 병원, 요양원 등과 협력해 자원봉사자들을 양성하면서 복음을 전하고 있다. 때론 미용과 목욕 등 작고 소소한 섬김을 통해 말보다 더 깊은 사랑과 위로로 다가갔다.

특이하게도 이 사역의 절반은 타 교회 교인들로 이루어져 있다. 어디서 어떻게 모였는지, 이름도 없이 빛도 없이 그저 묵묵히 그리스도의 사랑으로 복음을 전하는 동역자들이다. 자신도 말기암 환자였던 한 권사는 대중교통을 타고 몇 시간씩 걸려 병원을 방문하면서도 언제나 기쁨으로 천국 소망을 나눴다. 하나님의 사랑 없이는 불가능한 일들이다.

죽음을 앞둔 이들에게 영원한 생명과 참된 평안을 전하는 이 사역이야말로 사랑의 이름으로 할 수 있는 가장 아름다운 사역이다.

언제, 어디든 달려갑니다, '전도콜센터'

또한 온누리교회에는 특별한 콜센터가 하나 있다. 바로 전도콜센터 (02-3215-3377)이다. 세상에서는 위급한 순간 어디든 출동하는 긴급구조대 119가 있다면, 온누리교회에는 긴급한 전도의 요청을 듣고 달려가는 복음의 긴급구조대가 있다. 전도 요청이 들어오면 시간과 장소를 가리지 않고 신속하게 달려간다. 전도의 순간은 예고 없이 찾아오는 경우도 많다. 갑작스러운 입원이나 한시라도 급히 복음을 전해야 하는 순간도 있다. 복음을 전하고 싶지만 방법을 몰라 망설일 때도 있다. 그때 전도콜센터에 연락하면 훈련받은 전도 사역자들이 현장으로 찾아가 대신 전도해 주는 것이다.

"우리 엄마가 아파요. 예수님 믿고 천국 가셨으면 좋겠어요."

한 어린아이의 간절한 요청으로 아이의 엄마를 찾아가 복음을 전하기도 했다.

"아버지가 위독하신데, 꼭 복음을 전하고 싶습니다."

해외에서 걸려온 전화 한 통에도 사역자들은 주저 없이 병원으로 달려갔다. 복음을 전해야 할 그 순간을 놓치지 않기 위해서이다.

복음은 찾아가는 사랑이다. 예수님이 우리에게 먼저 오셨던 것처럼, 우리도 그 사랑으로 먼저 다가가는 것이 전도이다.

훈련으로 되는 전도

부담스럽게 들릴지 모르겠지만 전도는 선택이 아니다. 하나님의 사람으로 부르심을 받은 모두에게 주어진 영광스러운 사명이다. 이 사명을 감당하기 위해서는 배우고 훈련해야 한다. 온누리교회는 언제든 어디서든 복음을 전할 수 있는 전도자로 세우기 위해 여러 전도 훈련 프로그램을 운영하고 있다.

전도자가 전도자를 낳는, '전도폭발'

현재 많은 교회에서 진행되고 있는 '전도폭발'(Evangelism Explosion)은 미국 플로리다주에 위치한 제임스 케네디(James Kennedy) 목사에 의해 시작된 전도 훈련 프로그램이다. 온누리교회는 2005년, 이 프로그램을 한국교회의 현실에 맞게 적용하며 자체적으로 〈JUST EE〉라는 교재를 개발해 사용해 왔다.

이 프로그램은 단순한 전도에 그치지 않고, 제자 삼아 양육하는 전 과정이 균형 있게 이어지도록 구성되어 있다. 말씀 교육과 실전 훈련이 조화를 이루는 가운데, 훈련생은 실제 현장에서 복음을 전하며 그 진리를 몸으로 체득해 나간다.

여기서 '폭발'이란 단어는 단순히 감정적 열정을 의미하는 것이 아니라, 복음의 확산, 곧 영적 승법(乘法) 번식을 뜻한다. 훈련생이 전도자가 되고, 그 전도자가 다시 또 다른 훈련생을 세우는 방식으로 복음은 세대에서 세대로 전해진다. 훈련자와 훈련생은 팀을 이루어 움직인다. 훈련자는 영적 부모가 되어 훈련생을 제자로 삼고, 그 제자는 다시 또 다른 제자를 세우는 구조이다. 복음의 생명력이 한 사람에게서 또 다른 사람에게로 기하급수적으로 퍼져 나가는 것이라고 할 수 있다. 복음은 언제나 그렇게 번져 왔고, 앞으로도 그렇게 번져 갈 것이다.

초보자 역시 훈련의 흐름 안에서 실전에 투입되며, 복음을 직접 전하는 가운데 그 진리를 자신의 삶으로도 경험하게 된다. 그 결과, 그는 단순한 훈련생이 아닌 담대한 그리스도의 증인으로 세워져 간다. 복음을 전하는 그 여정 속에서 먼저 자신의 믿음이 새로워지고, 그 은혜로 또 다른 사람에게 복음을 전하는 기쁨을 누리게 되는 것이다.

5분이면 전도할 수 있다, '온누리전도학교'

온누리교회에는 또 하나의 전도 배움터가 있다. 바로 온누리전도학교이다. 하용조 목사는 누구나 쉽게 복음을 전할 수 있도록 온누리교회만의 복음전도지가 있기를 원했다. 그렇게 개발된 것이 바로 〈최고의 행복〉 전도지이다. 〈최고의 행복〉은 성경 전체의 복음 구조인 창조, 타락, 구속, 회복으로 구성되어 있다. 이 전도지는 불신자뿐 아니라 외국인, 아동, 노인 등 다양한 대상에게 복음을 전할 수 있도록 쉬운 언어와 직관적인 그림 아이콘으로 구성되어 있다. 놀라운 것은 글을 읽지 못해도, 말을 잘하지 못해도, 이 전도지에 담긴 그림 아이콘만으로도 복음이 전달되고 영혼이 변화되는 역사가 실제로 일어나고 있다는 점이다.

누구나, 언제나, 어디서든 단 5분 안에 복음을 전할 수 있도록 고안된 〈최고의 행복〉 전도지는, 모두를 전도자로 세울 수 있는 소중한 도구이다. 현재 28개국의 언어로 번역되어 아웃리치와 선교사들에게 유용하게 쓰이고 있다. 온누리전도학교에서는 이 전도지를 중심으로 10주간의 집중 훈련을 통해, 누구든지 복음을 쉽고 담대하게 전할 수 있도록 돕고 있다. 특히 '날마다 111 전도'는 온누리전도학교의 핵심 실천 운동이자 표어이다. 이는 '하루에, 한 사람 이상에게, 유일하신 예수님을 전하자'라는 결단으로, 훈련받은 한 사람 한 사람이 자신의 삶의 자리에서 복음을 전하는 생활 전도자로 살아가도록 돕는다.

온누리전도학교의 훈련은 머리에서 그치지 않는다. 관계전도나 노방전도, 아웃리치사역을 통해 현장으로 나아갈 때, 그 배운 복음은 살아 움직이는 능력이 된다.

2016년, 봉리교회 아웃리치에 참여한 한 팀은 한여름 뙤약볕 아래서 얼굴이 벌겋게 익을 정도로 마을을 누비며 집집마다 복음을 전했다. 그중 한 가정에서는, 오랜 우울증으로 삶의 의욕조차 잃고 있던 이가 이들의 방문을 받았다. 복음을 들은 그는 삶의 희망을 되찾았고, 이후 아침마다 배를 타고 예배의 자리를 찾아올 정도로 변화되었다.

이처럼 온누리전도학교의 사명자와 훈련생들은 날마다 전도 현장에서 '한 생명이 천하보다 귀하다'는 복음의 진리를 몸으로 체험하고 있다.

시대를 읽는 미래 전도

한국교회의 부흥은 언제나 복음의 능력을 믿고 나아갔던 전도자들의 발걸음을 통해 이루어졌다. 그러나 안타깝게도, 과거에 뜨거웠던 교회들의 전도 활동은 점차 위축되는 분위기이다. 거리전도를 꺼리는 사람들, 복음에 대한 경계심, 변화된 미디어 환경과 다양한 문화의 등장은 이전의 방식만으로는 세상을 설득하기 어려워졌다.

이 시대는 전도에 대한 새로운 전략을 요청하고 있다. 많은 교회가 이 문제 앞에서 깊이 고민하고 있으며, 모든 전도에는 시대를 꿰뚫는 하나님의 지혜가 필요하다. 복음이 흘러갈 수 있도록 세상과 소통하는 다리를 놓는 것, 그것이 바로 온누리교회가 선택한 전도의 길이다. 온누리교회는 미디어와 기술 그리고 문화를 적극적으로 활용하며, 시대와 호흡하는 혁신적인 복음전도의 방식을 계속해서 모색하고 있다.

시대와 호흡하며 복음의 길을 내다

오늘날의 목회 환경에서 미디어는 단순한 도구를 넘어, 소통의 언어가 되었다. 이에 온누리교회는 누구나, 언제 어디서나 검증된 기독 콘텐츠에 접근할 수 있도록 기독 OTT 플랫폼 '퐁당'을 개발해 운영하고 있다. 이 플랫폼은 교회들이 시간과 공간의 제약 없이 성도들을 교육하고 돌볼 수 있는 새로운 길을 열어 주었다. 이제는 누구나 스마트폰 하나로 말씀을 듣고, 신앙의 여정을 시작할 수 있는 시대가 되었다. 이는 단순한 콘텐츠의 공급을 넘어, 복음을 기다리는 이들에게 가장 가까운 방식으로 다가가는 전도의 새로운 길이다. 온누리교회는 그 길을 더욱 넓히기 위해 양질의 전도 콘텐츠를 지속적으로 개발하고, 한국교회와 함께 나누는 사역을 이어 가고자 한다.

특히 최근, 유튜브와 AI를 악용한 이단들의 포교 활동은 우리에게 심각한 경각심을 주고 있다. 거짓을 이기는 유일한 길은 진리를 드러내는 것이다. 온누리교회는 건강한 복음 콘텐츠를 널리 확산시키는 한편, AI 기술을 활용하여 전도에 특화된 챗GPT 기반의 복음 안내 시스템과 '전도본부 챗봇(Chatbot)'을 개발하고 있다. 이를 통해 누구든, 어디서든 복음에 쉽게 접근할 수 있도록 돕고 있다. 이러한 기술과 콘텐츠는 온누리교회만의 자산이 아니다. 앞으로 여러 교회의 검수와 협업을 거쳐, 한국교회 전체가 함께 믿고 활용할 수 있는 전도 플랫폼으로 확장해 나갈 계획이다.

오늘날 현대인에게 문화와 스포츠는 가장 자연스러운 언어이다. 그렇기에 이는 교회와 세상을 잇는 소통의 접촉점이 될 수 있다. 온누리교회는 스포츠선교단체들과 협력해 다양한 스포츠 전도집회를 열며, 일상 속에서 자연스럽게 복음을 전하는 새로운 가능성의 지평을 넓혀 가고 있다.

특히 온누리교회는 오랫동안 차세대에 깊은 관심을 보여 왔다. 차세대의 위기는 곧 한국교회의 위기이기 때문이다. 이에 따라, 차세대를 위한 맞춤형 전도 전략을 끊임없이 고민하고 실천해 왔다. 무엇보다 차세대 전도는 가정과 연결된 사역이라는 점에서, 가족 캠프, 부모 전도집회 등 다양한 사역 팀들과 협력해 한 가정의 변화가 곧 다음 세대를 일으키는 기반이 되도록 돕고 있다.

한편, 세계 속에서 '한국의 이야기'가 복음의 접촉점이 되고 있다는 사실도 주목할 만하다. 한류 열풍은 단순한 문화 현상을 넘어, 복음을 위한 새로운 기회로 열리고 있다. K 팝의 인기는 K 워십, K 가스펠로 이어지며 예배가 사라져 가는 땅에 다시 교회를 세우는 거룩한 도구가 되고 있다. 언어는 달라도 음악은 통하고, 음식은 사랑과 섬김의 마음을 전할 수 있다. 이러한 문화적 자산을 토대로, 온누리교회는 자체적으로 축적한 문화 전도의 노하우와 K 컬처를 접목해 'K 전도컬처'라는 독창적인 전도 전략을 만들어 냈다. 이는 단순한 문화 활용을 넘어, 세상을 향한 복음의 문을 여는 새로운 선교 언어가 되고 있다.

이 땅에 교회가 존재하는 한 전도는 결코 멈출 수 없다. 전도는 열심 있는 누군가만의 일이 아니다. 성도 모두에게 주어진 사명이며, 특별한 능력이 아니라 한 영혼을 사랑하는 뜨거운 마음에서 시작된다. 하나님은 지금도 세상을 향한 그 사랑으로 잃어버린 영혼을 찾고 계신다. 그 하나님 아버지의 마음을 가진 자들이 그 부르심 앞에 일어서고 있다.

바로 그 마음이 우리로 하여금 끊임없이 고민하게 하고, 기도하게 하며, 순종하게 만든다.

"이 시대에 우리는 어떻게 복음을 전할 것인가?"

이 질문에 대한 답은 어쩌면 단순하고 분명하다.

"뱀처럼 지혜롭고, 비둘기처럼 순결하게."

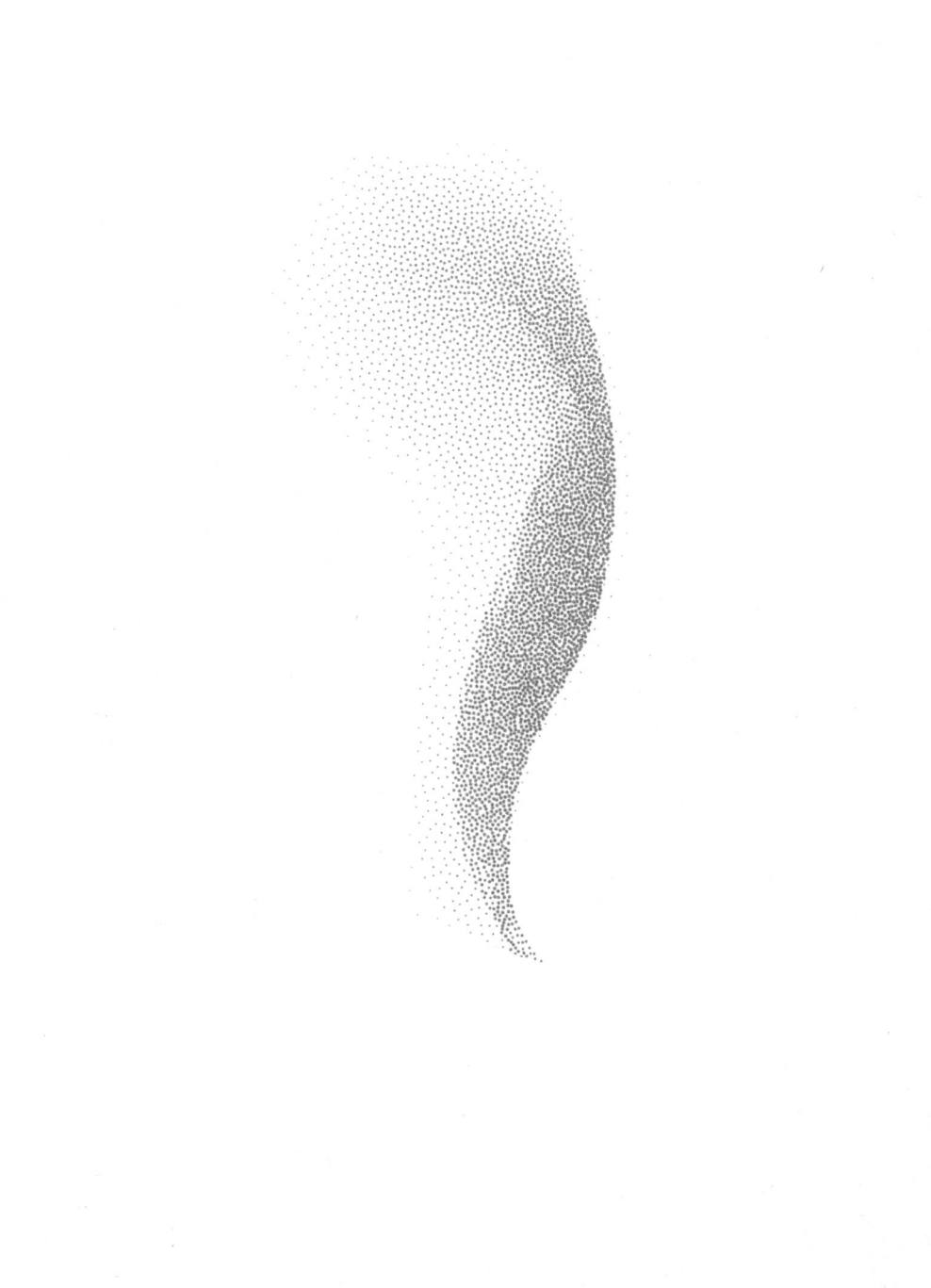

3.
세상의
소금과 빛이
되고자

떠남으로 시작된 선교

온누리교회는 사도행전적 교회를 바라보며 두 가지를 가슴에 품었다. '복음 들고 땅끝까지 이르러 예수 그리스도의 담대한 증인이 되는 것' 그리고 또 하나는 '네 이웃을 네 몸과 같이 사랑하라'는 예수님의 큰 계명을 이루는 것이었다.

하용조 목사는 복음전도만큼 중요한 것은 이 땅의 가난한 이웃을 돌보는 일임을 언제나 강조했다. 가난한 자, 힘없는 자를 돌보는 것은 교회가 마땅히 해야 일이라고 말이다.

온누리교회는 창립 초기부터 선교와 구제에 재정의 3분의 1을 우선적으로 떼어 놓는 원칙을 세웠다. 이는 단순한 재정 배분이 아니라, 하나님 나라를 위한 교회의 사명을 가장 먼저 실천하겠다는 약속이었다. 당시 예배당 건축을 위해 당장 필요한 재정이 적지 않았음에도, 이 원칙은 어떤 상황 속에서도 끝까지 지켰다. 돌이켜 보면, 이 같은 결단이야말로 교회가 교회다워질 수 있는 결정적인 힘이었음을 누구도 부인할 수 없다.

주님의 사랑을 품고 흩어집시다

하용조 목사는 성도들에게 끊임없이 흩어져야 한다고, 세상을 향한 하나님의 마음과 그리스도의 사랑을 전하러 가야 한다고 말했다. 왜냐하면, 사도행전적 교회는 머무는 데서가 아니라 떠나는 데서부터 시작되기 때문이다.

"교회는 흩어져야 합니다. 말씀을 가지고 세상으로 흩어져야 합니다. 교회 안에 머물면 예수님의 눈물을 볼 수 없습니다. 거리로, 병원으로, 감옥으로, 세상으로 나가야 합니다."

이 말은 성도들의 신앙에 큰 도전을 주었다. 은혜받은 이들이 교회 밖으로 나서기 시작했다. 실제로 거룩한 부담감을 갖고 삶의 터전을 정리해 지방으로, 해외로 떠난 성도가 많았다. 그리고 이 말을 따라 많은 성도가 흩어져 농어촌으로, 도시빈민촌으로, 장애인에게, 이주 노동자들에게 나아갔다. 그렇게 사회 곳곳에 예수님의 마음과 눈물이 있는 곳을 찾아 달려갔고, 힘들고 어려운 이들의 손을 잡아 주었다.

이처럼 온누리교회의 섬김은 '떠남'으로부터 시작되었다. 초창기 성도들은 주일예배를 마친 후 버스를 타고 인근 농어촌 지역으로 향했다. 그곳에서 지역 교회들과 함께 예배드리고, 주민들을 섬기며 복음을 전했다. 오늘날 해마다 수천 명의 성도가 국내외로 아웃리치를 떠나는 전통은 이때부터 시작되었다고 할 수 있다. 그 발걸음은 서해안과 경기도의 작은 섬마을까지 이어졌고, 그곳에는 대부분 어려운 환경 속에서 목회하는 미자립 교회들이 있었다.

창립한 지 얼마 되지 않았을 무렵, 1985년 4월〈빛과소금〉창간호에 실린 한 사연을 보고 어도(漁島)를 찾았다. 지금은 서해안 시화 간척지로 인해 사라진 낙도 중 한 곳이다. 그곳에는 10여 가구가 살고 있었고, 형도교회를 세워 개척사역을 시작한 이동모 전도사가 섬기고 있었다. 이 전도사는 사고로 자녀를 잃은 아픔을 겪었고, 사모는 심각한 영양실조로 몸을 움직일 수조차 없는 상태였다. 그럼에도 그는 목회를 포기하지 않았다. 아무도 주목하지 않던 섬마을에서 복음을 붙들고 사명을 지켜가던 그의 이야기에 온누리 성도들은 깊을 감동을 받았다.

성도들은 이 전도사를 돕기 위해 직접 교회 보수공사를 해주고, 농사일을 거들며, 때로는 배를 타고 함께 조개잡이도 하며 땀과 마음을 나누었다. 저녁이면 인근 주민들을 모아 마을 잔치를 열고, 교회학교 아이들은 공연을 통해 예수님의 사랑을 즐겁고 따뜻하게 전했다. 특히 일대일 제자양육을 받은 성도들이 배운 것을 삶으로 실천하기 위해 이 지역을 찾아 직접 말씀을 나누고 제자를 양육하며 섬겼다. 그 결과 전도된 사람들이 점점 늘어 모일 공간조차 부족해지자, 그 자리에 자연스럽게 교회가 세워졌다.

주말이면 10~15명씩 성도들이 짐을 싸서 어도로 들어갔다. 그들은 전도집회를 열고, 함께 예배를 드리며, 마을 곳곳에 복음을 심었다. 의사로 섬기던 성도들은 의료봉사로 아픈 이들을 돌보았고, 미용 기술을 가진 성도들은 이발과 파마로 이웃들을 섬겼다. 그러자 아이부터 어른까지 교회로 찾아오기 시작했고, 무속으로 가득하던 마을이 변화되기 시작했다. 먼지 풀풀 날리는 비포장도로를 매주 달려가면서도, 성도들은 그리스도의 사랑을 삶으로 실천하며, 섬김 안에서 복음의 기쁨을 함께 누렸다.

한편, 강화도 삼산면에 있는 서검도교회는 1989년 무렵 온누리교회와 형제 교회로 결연을 맺은 교회였다. 캐나다에 있는 한 교민이 세상을 떠나기 전, 교회가 있어야 할 곳에 교회를 건축해 달라는 유언과 함께 온누리교회에 헌금을 했다. 그때 마침 서검도라는 섬에서 교회를 세워 달라는 간곡한 요청이 있었다. 서검도는 서해 최북단 민통선 지대에 해병대가 주둔한 곳이었다.

오래전 한 미군부대의 간호장교가 섬마을 사람들을 전도했는데 그때 예수님을 영접한 몇몇 성도가 작은 교회를 짓고 예배를 드려 왔다. 양철 지붕에 시멘트 블록으로 지어진 허름한 예배당이었다. 열악한 이 교회에 오려는 목회자가 없었다. 왔다가도 얼마 있다가는 금방 떠났다. 할 수 없이 동네 주민이던 최재철 목사(당시 집사)가 육지에 나가 신학을 공부하고 돌아와 이 교회를 맡았다.

이런 사정이 전해지자 당시 조항진 장로와 김수웅 장로 등이 서검도로 찾아갔다. 하지만 지금도 배편이 하루 3번 정도뿐인데 그때는 배를 두 번이나 갈아타야 했고, 한번 나서면 서너 시간씩 걸렸다. 게다가 바람이 불고 안개가 끼면 수시로 배가 끊겼다. 그런 어려움 속에서도 강화군청의 도움으로 행정선을 빌려 타고 다니며 10여 명의 온누리교회 성도들이 수차례 섬을 오가며 교회를 건축했다. 서검도교회 성도들도 팔을 걷어붙이고 함께 나섰고 자신들의 새우잡이 배를 이용해 자재를 운반했다. 올해 아흔을 넘긴 조항진 장로는 그때의 일을 이렇게 기억했다.

> "우리가 그 험한 바람을 뚫고 거기에 들어간 이유는 하나였습니다. 외로운 섬 서검도에 교회를 세워 달라고 했어요. '건너와서 우리를 도우라'(행 16:9)고 했던 환상을 보고 마케도니아로 선교 여행지를 급히 바꿨던 사도 바울처럼 우리도 이곳으로 결정했어요. 복음으로 간절한 그 한 사람 때문이었습니다."

그렇게 온누리교회 성도들은 서검도에 작은 교회를 지었고 함께 헌당예배를 드리며 하나님을 향한 찬양이 북한 땅으로 흘러가기를 기도했다. 건물 머릿돌에는 이 교회의 주인이 그리스도라고 적었다. 그리고 주님 오실 그날까지 서로 합심하여 복음사역에 충실하자고 다짐하는 결연패를 나누어 가졌다. 하지만 안타깝게도 그 이후 오랫동안 소식이 끊기고 말았다. 그 사이 최 목사는 맡아 줄 목회자가 없어 팔순이 넘을 때까지 홀로 교회를 지키다가 몇 해 전 소천했다. 현재는 서울에서 온 정용 목사가 교회를 맡고 있다. 청년 시절부터 서검도에 봉사활동을 왔던 정 목사는 이곳에 목회자가 없다는 소식을 듣고 나이 든 성도들이 눈에 밟혀 서울의 큰 교회 부목사 자리를 그만두고 내려왔다. 재정이 어렵다 보니 서울에서 인테리어 공사 아르바이트를 해 가며 목회를 이어 가고 있다. 그때 세워진 교회는 세월이 지나 많이 낡았고 태풍으로 교회 건물 곳곳에 비가 샜다. 얼마 전 강화군에서 노후된 종교시설을 복구해 주는 사업으로 겨우 보수 작업을 할 수 있었다. 정 목사의 헌신으로 20명 남짓한 성도들이지만 이곳에 예배가 멈추지 않고 있다.

박순길 장로는 초창기 온누리교회가 흩어져 섬기던 교회들이 어떻게 지내는지 수소문하던 중에 서검도교회와 소식이 닿았고, 교회의 어려운 사정을 듣고는 올여름 서빙고 공동체가 이곳으로 아웃리치를 떠나 섬기기로 했다.

> "당시 믿음의 선배들이 뜨거운 열정으로 섬겼던 안산과 서해안 쪽 섬들은 대부분 매립되어 사라지고 말았습니다. 이후에 관계가 단절되었는데 후손으로서 돌아보지 못한 것에 미안한 마음이 들었습니다.

하나님의 사랑을 품고 달려간 선배들의 섬김과 헌신이 있었던 곳을 우리가 이제라도 다시 돌아봐야 할 의무가 있다고 생각합니다."

서검도는 북한과 불과 9km가량 떨어진 접경 지역이다. 이 교회는 북한과 중국을 향한 선교의 거점이 되기를 소망하고 있다. 통일 한국을 바라며 기도하고 있는 온누리교회가 하나님의 뜻에 따라 세워진 이곳 서검도교회를 다시 기억해야 할 이유이다.

떠남의 순종으로 세워진 '한동대학교'

온누리교회 1호 장로인 김영길 장로는 창립 멤버 중 한 분이기도 했다. 하용조 목사가 카이스트 교수들에게 성경공부를 가르치고 있을 때, 미국에서 귀국한 김 장로 부부도 함께하면서 목회적 동역자로서 하 목사와의 만남이 시작되었다.

1994년 무렵, 김영길 장로는 포항에 한동대가 설립되면서 초대 총장을 맡아 달라는 요청을 받았다. 사실 평생 과학자로 살아온 그였기에 행정가로서의 삶은 생각도 못했다. 경험도 없는 대학 총장이란 자리에 가족과 주변의 반대도 많았다. 게다가 온누리교회 초대 장로로서 선교 사역에 관여하고 있었고, 한국창조과학회 설립 멤버로 여러 사역을 감당하느라 매우 바쁜 그였다. 그런 그가 한동대를 맡기로 결정한 이유에 대해 아내인 김영애 권사는 이렇게 설명한다.

"하용조 목사님이 설교에서 항상 했던 이야기가, 사도행전적 교회가

> 되기 위해서 7년이 되면 떠나라고 했어요. 말씀을 들으면 행동으로 옮기라고 했고, 가르치거나 배우라고 했어요. 그래서 콜링이 왔을 때 두려움도 있었지만 순종하는 마음으로 한동대로 갔습니다."

떠나라는 말에 아브라함처럼 오직 순종하며 나아간 것이다. 그가 한동대 총장직을 수락했을 때 하용조 목사는 뛸 듯이 기뻐했다고 한다. 이 땅에 세속화되지 않은 순전한 기독교 대학을 만들자는 두 사람의 마음이 서로 통했기 때문이다. 예수 그리스도가 학교의 주인인 만큼 학문과 신앙이 이원화되지 않은 하나님의 대학을 세우고 싶었던 것이다.

그러나 학교를 세워 가는 여정은 결코 순탄치 않았다. 한동대를 설립한 재단기업이 개교한 지 넉 달 만에 문을 닫게 되면서 감당하기 어려운 고난의 연속이 시작되었다. 학교가 문도 열지 못하는 상황이 되자 온누리교회 성도들은 새벽기도회를 열어 한동대를 위해 뜨겁게 기도했고, 교회는 9억 원의 시드머니를 헌금했다. 그렇게 우여곡절 끝에 출발했지만 당장 해결해야 할 재정적 고비들을 수없이 넘겨야 했고, 학교를 향한 주변의 온갖 핍박도 이어졌다. 심지어 총장의 구속 사태까지 겪으며 학교는 존폐 위기에 놓이기도 했다. 그러나 김영길 총장 부부는 바닥까지 내려가는 고통 속에서도 하나님께서 세우시는 학교라는 비전을 붙들고 오직 기도와 믿음으로 이겨 냈다. 학교가 어려움에 처할 때마다 온누리교회 성도들은 한동대와 한 몸이 되어 기도 제목을 놓고 같이 부르짖어 기도했고, 고비마다 재정을 후원하며 도왔다.

하나님은 위기마다 피할 길을 열어 주셨다. 그 기적 같은 인도하심을 보며 김영길 총장 부부는 그 자리가 자신들을 부른 자리임을 매번 확인했다. 과학자로 편한 길을 걸을 수 있었지만 기꺼이 험난한 길을 감내한 이유는, 하나님의 학교를 세워 그곳에서 사도행전 29장을 써 내려가고자 했기 때문이다. 이러한 하나님의 은혜의 여정을 기록한 한동대 이야기가 《갈대상자》라는 책에 담겨 세상에 알려지면서 많은 주목을 받았다.

온누리교회는 한동대가 걸어온 역경의 시간을 함께해 오며 여전히 든든한 지원과 협력을 아끼지 않고 있다. 이재훈 목사는 현재 한동대 제6대 이사장을 맡고 있고, 온누리교회 장로인 최도성 장로가 총장을 맡는 등 영적 리더십과 인적 자원을 제공하며 학교의 정체성과 비전을 확립하는 데 기여하고 있다. 또한 성도들은 하나님 나라의 인재 양성에 동참하고 있다는 자부심을 가지고 장학금 지원과 선교사 자녀 후원 등을 지속적으로 하고 있다. 이렇듯 학교와 교회는 같은 비전을 공유하며 헌신과 섬김을 이어 가고 있다.

한동대의 교육 철학 중 하나가 '배워서 남 주자'이다. 개교 당시부터 이 슬로건을 내걸었던 배경에 대해 김영애 권사는 이렇게 설명했다.

> "온누리교회에서 늘 손해 보는 삶, 져 주는 삶, 희생하는 삶을 살라고 들어 왔습니다. 한동대학교의 '배워서 남 주자' 영성이 여기에서 나온 거예요. '인자가 온 것은 섬김을 받으려 함이 아니라 도리어 섬기려 하고 자기 목숨을 많은 사람의 대속물로 주려 함이니라'(막 10:45). 이 말씀을 온누리교회에서 배운 대로 학생들에게 가르친 겁니다. 우리는 손해 보고 희생하고 낮아지자고 말입니다."

사회와 이웃을 위한 섬김의 가치, 이것이 한동대의 정신을 만들었다. '세상을 변화시키자(Why Not Change the World?)' '배워서 남 주자'라는 교육 철학으로 배운 것을 사회에 기여하는 삶, 세상을 바꾸는 크리스천들이 되기를 소망하고 있다.

한동대가 개교한 지 30년이 되었다. 그동안 많은 졸업생이 배출되어 세계 곳곳에서 그리스도의 제자로 살아가고 있다. 전 세계에서 찾아오는 학교가 되었고, 한동대 출신들이 성장해 온누리교회를 비롯한 한국교회의 주축이 되고 있다.

이렇게 한 가정의 '떠남의 순종'에서 시작된 학교가 한국의 대표적 기독교 대학으로 자리 잡았다. 한동대의 여정은 하나님의 전적인 인도하심과 역사를 증거하고 있다. 그 놀라운 기적과 은혜는 《갈대상자》 속 김영길 총장의 고백에 고스란히 담겨 있다.

> "저는 하나님이 하시는 증거들을 수없이 보았습니다. 한동대의 사명은 조국의 장래를 위한 것입니다. 한동대를 도와준 온누리교회는 우리나라 기독교 대학 교육의 정상화에 새로운 본을 보여 주고 있습니다. 이것이 하나님의 역사 속에 길이 남을 큰 긍지와 보람이라는 것을 믿습니다."

섬김은 섬김을 낳고

가장 낮은 자리로 더 깊게 사랑이 흐르다

섬김은 또 다른 섬김을 낳기 시작했다. 은혜받은 이들의 눈에는 섬겨야 할 이웃이 하나둘 보이기 시작했고, 이들은 누가 시키지 않아도 무엇을 해야 할지 스스로 찾아 나섰다.

어느 날은 봉천동의 작은 교회에 끼니를 거르는 주민들이 있다는 소식을 듣고 쌀과 옷가지를 챙겨 직접 다녀오기도 했다. 1980~1990년대에 도시빈민이 모여 살던 난곡동 일대를 찾아 '공부방'을 연 성도들도 있다. 무허가 판잣집이 다닥다닥 붙은 달동네, 생활고 끝에 부모가 집을 나가고 아이들만 남은 가정이 적지 않았다. 성도들은 그 아이들을 방과 후에 모아 공부를 가르치고, 밥을 챙겨 주었다.

어느 날엔 큐티를 하던 한 성도가 은혜를 받은 뒤 신림동의 한 초등학교에서 250명 가까운 아이들이 점심을 굶고 있다는 소식을 듣게 되었다. 그는 즉시 결식아동을 위한 급식사역을 시작했다. 그 사랑은 누룩처럼 번져 나가, 성도들은 홀로 사는 노인들을 찾아가 연탄을 나르고 집을 청소해 주며, 사랑을 실천했다. 이렇게 눈에 보이는 것부터, 할 수 있는 것부터 하나하나 하다 보니 이 사역은 점차 확장되어 오늘날의 '열린이웃' 사역으로 자리 잡게 되었다.

섬김은 받는 이들만이 아니라 섬기는 이들에게도 더없는 은혜가 되었다. 그리스도의 사랑은 나눈 만큼 돌아왔다. 꿈꾸는 것조차 사치처럼 보이던 빈민촌에서 아이들을 돌보던 한 사역자는, 때 묻은 손으로 빵을 입에 넣어 주는 아이들의 마음에 감동해 지금껏 이 사역을 놓지 못하고 있다. 챙겨 주는 밥 한 끼에 감사해 눈시울을 붉히고, 하루 종일 아무도 찾는 이 없는 적막한 방에 찾아와 말을 걸어 주는 이가 있어 살겠다는 말에, 성도들은 더 어려운 곳, 더 도움이 필요한 곳을 찾아다니며 그리스도의 사랑을 전하고 있다.

특히 온누리교회 성도 중에는 '예수향기회'를 기억하는 이들이 많다. 예수향기회는 주로 거리의 노숙인들에게 식사를 대접하는 공동체였다.

어느 날, 하용조 목사는 미국 맨해튼을 방문하던 중 노숙인들에게 정성껏 음식을 나눠 주는 천주교 수사들의 모습을 보게 되었다. 그 광경은 그의 마음에 깊은 울림을 남겼다.

한국의 서울역, 용산역에서 추위와 굶주림에 지친 채 살아가는 노숙인들이 떠올랐고, 귀국 후 그는 이 사역을 두고 간절히 기도하기 시작했다. 그러던 중 어느 설교를 마친 날 한 부부가 찾아와 40인승 버스를 기증했다. 또 다른 이는 식기세척기를 헌물했고, 누군가는 수년간 모아 둔 쌈짓돈을 헌금했다. 성도들의 이러한 자발적인 헌신이 하나둘 모여 마침내 1994년부터 서울 효창공원에서 무의탁 노인들을 위한 무료급식 사역이 시작되었다. 이른 아침부터 교회 주방에서는 따뜻한 밥과 반찬이 정성스레 준비되었고, 성도들은 그것을 직접 공원으로 날라 손수 대접하며 예수님의 사랑을 전했다.

이 예수향기회사역은 '교회는 예배당이 아닌 거리에서 살아나야 한다'는 것을 여실히 보여 준 사역이었다. 이는 쪽방촌사역인 서울역과 남대문 희망공동체나, 오병이어사역 등으로 이어져 다양한 사회선교의 출발점이 되었다.

특히 밥 한 끼를 해결하고자 직접 교회를 찾아오는 어르신들을 위해 온누리교회는 1층 안내실에서 '천원사역'을 이어 왔다. 어르신들에게 식사비로 천 원씩을 지원하는 이 사역은 한 달이면 1,500명이 넘는 이들이 도움을 청할 정도로 큰 호응을 얻었다. 사역을 담당하던 조영봉 팀장은 "사람이 너무 많아 끝내 도움을 받지 못하고 돌아가는 분들을 보면 가슴이 무너졌습니다"라며 한 사람이라도 더 돕지 못한 안타까움을 전했다.

이들을 섬기던 신섭 장로는 '이 어르신들에게 진정한 행복은 무엇일까?'를 고민하며 하나님께 간절히 기도했다. 그리고 작은 경제적 도움에 머무르지 않고, 목마르지 않을 생수 되신 예수 그리스도를 알게 하는 것, 그것이 진정한 섬김의 완성이라는 것을 깨닫고 교회에 정식으로 건의했다. 그렇게 시작된 것이 바로 오늘날의 '오병이어사역'이다.

이 사역은 매주 월요일, 교회를 찾아오는 어르신들에게 따뜻한 점심 식사를 대접한 뒤, 예배를 드리는 자리로 이어진다. 그 자리에서 말씀을 전하고, 또한 어르신들에게 맞춤형 일대일 제자양육도 병행하고 있다. 삶의 마지막 구간을 복음의 소망으로 살아가도록 돕는 사역이다. 2024년에는 400여 명의 어르신들이 함께 예배에 참여했고, 그중 100명 이상이 일대일 제자양육에 동참하며 복음 안에서 새로운 삶의 이유를 발견하게 되었다.

온누리교회는 지금도 여전히, 돌봄이 필요한 어르신들을 위해 어떻게 더 실질적인 도움을 드릴 수 있을지 지속적으로 콘텐츠를 개발하고, 섬김의 방향을 고민하며 연구를 거듭하고 있다. 그 중심에는 언제나 하나님 아버지의 마음을 닮고자 하는 간절함이 있다.

이렇듯 아주 작은 시작이었던 섬김은, 변화하는 시대, 다양해진 사람들의 필요를 따라, 새로운 방식과 접촉점을 찾아 끊임없는 사랑의 실천으로 이어지고 있다.

2014년, 온누리교회의 긍휼사역은 한 단계 도약하게 된다. 바로 '사회선교본부'로 확대 개편된 것이다. 이전까지 개별적으로 진행되던 여러 사역은 27개의 전문 사역으로 체계화되었고, 보다 전략적이고 구체적인 구조 안에서 섬김과 나눔의 사역이 본격적으로 발전해 나가기 시작했다.

온누리교회 초창기 성도들은 국내 농어촌 지역을 찾아가 주로 개척교회를 섬기며 복음을 전하는 사역에 집중했다. 그러던 중 보다 체계적인 사역을 위해 '농어촌선교회'가 발족되었고, 전국에 있는 미자립 교회 60곳을 선정해 후원과 동역사역에 나서게 되었다. 지금도 온누리교회 성도들은 매달 한 번씩 서빙고와 양재 캠퍼스를 중심으로 전국 각지로 흩어져, 현지 교회들과 함께 예배를 드리고, 봉사와 섬김으로 그리스도의 사랑을 전하고 있다.

하지만 대부분의 농어촌 교회들이 열악한 환경 속에 놓여 있다 보니 단지 봉사만으로는 지속 가능한 도움이 되지 않는 안타까움이 늘 있었다. 성도와 사역자들은 '어떻게 하면 보다 실질적으로 도울 수 있을까?'를 고민하기 시작했고, 그렇게 해서 나온 것이 '장터사역'이다. 농어촌 교회가 직접 생산하고 출하한 농산물을 온누리교회 성도들이 직거래 장터를 통해 구입하고, 농어촌 교회는 그 수익금으로 경제적 자립을 꾀하는 매우 창의적인 사역을 고안해 낸 것이다. 이후 장터사역은 단순한 '구매'가 아니라, 도시 교회와 지역 교회가 복음 안에서 연대하고 협력하는 모델로 자리매김하게 되었다. 또한 교회와 지역 사회가 함께 살아나는 상생의 길, 즉 신앙과 공동체가 함께 자라나는 생명력 있는 선교사역의 물꼬를 트는 계기가 되었다.

최근 농촌 교회의 현실을 보면, 과거에는 주로 연로한 어르신들이 교회의 중심이었다면, 이제는 국제결혼 등을 통해 다문화 가정이 늘어나면서, 지역 구성원의 모습도 점차 다양해지고 있다. 이런 변화 속에서, 교회가 단순히 예배 공동체를 넘어, 지역의 다문화센터 역할까지 감당한다면 그 자체가 복음의 접촉점이 되고, 지역 부흥의 토대가 될 수 있다. 이에 따라 온누리교회의 농어촌사역도 다문화사역을 품는 방향으로 확장되고 있다.

미자립 교회는 비단 농어촌에만 국한되지 않는다. 도시 안에서도 어려운 환경 속에서 사명을 붙들고 목회하는 교회들이 많다. 온누리교회는 이런 교회들이 복음의 사명을 포기하지 않고 나아갈 수 있도록 경제적 후원뿐 아니라, 온누리의 검증된 목회 프로그램과 콘텐츠를 공유하며 함께 걸어가고 있다. 열악한 상황 속에서도 묵묵히 사역을 감당하고 있는 수많은 목회자의 지친 어깨를 두드리며, 온누리교회는 함께 부흥의 길을 모색하는 동역자가 되기를 소망하고 있다.

한 가지 분명한 것은, 어떤 환경에서도 온누리교회는 힘들고 소외된 이웃을 향한 시선을 결코 놓치지 않았다는 점이다. 다양한 사회문제 속에서, 복음의 빛이 가장 절실한 그 현장 한가운데로, 예수님의 사랑을 어떻게 전할 것인지를 끊임없이 고민하며 더 깊숙이, 더 가까이 그들 속으로 들어갔다.

"저는 여러분이 설교만 듣고 끝나지 않기를 바랍니다. 남을 돕는다는 것은 시간을 내는 것입니다. 마음으로만 돕는다면 누굴 못 돕겠습니까? 마음으로만 선교한다면 못 갈 곳이 어디 있겠습니까? 자신의 가장 귀한 것을 내어놓는 것입니다. 하나님은 단 한 분의 아들을 보내셨습니다. 이것이 헌신입니다. 교회다운 교회가 되어야 합니다!"

하용조 목사는 늘 강조했다. 복음은 말이 아니라 '행동하는 사랑'이라고. 그는 사도행전 속 초대교회처럼 서로 가진 것을 나누고, 필요를 채워 주는 삶, 즉 공동체적 나눔의 신앙을 성도들에게 끊임없이 가르쳤다.

이 일을 위해 온 교회가 함께 나서고 있다. 매월 마지막 주일은 '구제봉사주일'로 정하고 캠퍼스별로 '이웃사랑 팀'이 섬김사역을 이끌고 있다. 삼삼오오 조를 이루어 인근의 독거 어르신들을 찾아가 생필품을 나누고, 따뜻한 식사를 챙기며, 손을 잡고 기도해 드린다. 그 소문이 퍼지자 지역 동사무소를 통해 도와달라는 요청이 점점 늘어나고 있다.

수능이 끝난 어느 날, 서빙고 본당 앞 공원에는 파워웨이브 고3 학생들로 북적였다. 시험을 끝낸 학생들이 하고 싶은 것도 많을 법한데, 자발적으로 봉사에 나섰다. 청소를 하고, 연로한 어르신들에게 식사를 전하며, 값진 사랑의 경험을 쌓았다. 그 사랑이 또 다른 생명을 교회로 이끌었다. 비좁은 쪽방촌에서 할머니와 단둘이 살던 한 여고생은 온누리 성도들과의 만남을 계기로 교회에 발걸음을 옮겼고, 지금은 대학부에서 예배드리는 청년이 되었다.

처음 교회에 온 날부터 지금까지 줄곧 성미와 구제헌금을 드려 온 어느 권사는 연로한 나이에도 교통비를 아껴 한 영혼을 향한 마음을 담아 구제헌금을 모아 왔다. 이렇게 저마다의 이유와 사연을 품은 헌금들이 모여 더 낮은 곳, 더 간절한 곳으로 흘러갔다.

또한 성도들이 매달 정성껏 드리는 구제헌금과 물품, 성미는 지금도 도움이 필요한 이웃들에게 따뜻한 손길로 전달되고 있다. 교회 1층 로비에 마련된 구제헌금함에는 헌금뿐 아니라 도움이 필요한 곳에 대한 사연과 의견들이 함께 들어온다. 전국 각지에서 보내오는 청원서들을 보면, 여전히 누군가의 손길을 기다리는 이웃이 많다는 사실을 절감하게 된다. 그래서 교회는 멈추지 않고 그들을 향해 사랑의 손을 계속해서 펴고자 한다.

한 성도가 한 봉사를

2001년부터 온누리교회는 한 사람이 하나의 봉사와 하나의 사역을 하자는 '1인1봉사1사역' 캠페인을 벌였다. 교회와 이웃을 섬길 자원봉사자를 모집하자, 무려 1천 명이 넘는 성도들이 자원봉사 공동체인 '러빙핸즈'에 지원했다. 지금도 온누리교회 곳곳에서 앞치마를 두른 사람들을 종종 만난다. 어린아이부터 어르신까지 남녀노소를 막론하고 자신이 할 수 있는 봉사에 나서고 있다. 누군가는 식당에서 설거지를 하고, 누군가는 청소를, 누군가는 장애우들의 차량을 닦아 준다. 전철역 앞에 나가 휴지를 줍는 성도들도 있다. 보이든 보이지 않든 아름다운 섬김의 손길들이 곳곳에 닿고 있다.

> "집에서는 그렇게 귀찮았던 설거지가 저에게 즐거움이 되었고, 때론 자랑스럽기까지 합니다. 쌓이는 설거지가 힘에 부칠 때도 있지만 맛있게 드시는 분들을 보면 한순간 피로가 사라집니다. 섬김이 뭔지 알게 되니 교회에 뿌리를 내리게 되었습니다"(신미희 성도).

섬김과 봉사의 기쁨은 맛본 이들만이 알 수 있다. 섬기러 갔다가 자신이 은혜를 받고 오는 기적을 경험하는 것이다. 이렇게 온누리교회 성도들은 각자의 은사와 소명을 따라 돌봄의 현장에서 복음을 실천하고 있다. 섬김은 크고 작음을 따질 수 없다. 그 모든 출발점이 그리스도의 사랑이기 때문이다.

추수감사절에 쌀이 필요한 가정이나 기관을 선정해 농어촌 교회에서 구매한 쌀을 전하는 '사르밧 프로젝트'가 있다. 탈북 청소년이 다니는 한 대안학교는 이 프로젝트를 통해 쌀을 받는다. 그곳은 재정이 부족해 정식 학생들만 밥을 먹일 수 있었다. 그런데 이 쌀로 60명의 아이들이 누구든 눈치 보지 않고 밥을 먹을 수 있게 되었다는 소식을 전해 왔다. 그러면서 그 사랑에 감사해 자신들보다 더 어려운 주변 사람들에게 이 쌀을 나누고 있다고 했다.

성미 한 줌, 천 원 한 장, 그 하나가 간절한 이들도 있다. 긍휼은 교회를 통해서 계속해서 흘러가야 한다. 그 흘러간 사랑이 또 다른 주변을 살리고 있다. 하나님은 고아와 과부, 나그네와 가난한 이웃을 돌아보라고 하셨다. 사회적 약자를 섬기는 일은 여전히 교회가 할 일이다. 하나님의 마음은 오늘도 여기에 있기 때문이다.

한 공동체가 한 사역을

'1다락방1사역'도 진행하고 있다. 다락방별로 사역지를 정해서 섬기는 것이다. 온누리교회 성도들은 말씀을 따라 자신들이 살고 있는 지역 사회와 도움이 필요한 공동체를 직접 찾아가 필요를 채워 주고 변화하도록 돕는다. 다락방 공동체는 외국인 근로자, 탈북민, 아동·청소년 등 사회적 약자들을 섬기기 위해, 지역 내 기관이나 여러 교회와 협력해 사역하고 있다.

마포공동체가 있는 공덕동 오거리에는 오래전부터 노숙인 자활 사역을 해오고 있는 산마루교회가 있다. 이 교회는 노숙인을 어떻게 하면 다시 일으켜 사회인으로 돌아가게 할 수 있을까를 늘 기도하며 실천해오고 있는 교회였다. 노숙인들이 서울역에서 나와 치유되고 거듭나서, 자립 자활하게 하는 것. 그렇게 회복된 이들이 다시 노숙인을 돕도록 하는 것이 목표였다.

온누리교회가 산마루교회와 만난 것은 2015년 12월부터였다. 당시 이 교회는 노숙인을 위한 목욕·빨래 시설을 만들 계획을 갖고 있었다. 그 일을 위해 노숙인들 스스로 3년째 100원씩, 500원씩 헌금을 해오고 있던 중이었다.

산마루교회의 이주연 목사는 그때 만난 이재훈 목사의 말에 크게 놀랐다고 했다.

> "그날 처음 만난 이재훈 목사님은 '큰 교회라고 모든 것을 다하는 것은 아니라고 생각한다. 작은 교회가 잘하는 것은 작은 교회가 해야 한다. 자신을 산마루교회 부목사라고 여기고 도울 일이 있으면 말해 달라. 최선을 다해 섬기겠다'고 하는 겁니다. 저는 대형 교회 목사에게서 이런 겸손과 진심은 처음 보았습니다. 그렇게 헤어졌는데, 온누리교회가 비전헌금을 보내왔습니다. 그야말로 오병이어의 기적이었습니다. 이로써 '베데스다 힐링센터'가 세워지게 된 것입니다."

당시 산마루교회는 150명이 넘는 노숙인이 모여 예배를 드렸는데, 예배가 끝나면 의자가 축축하게 젖어 있을 정도였고 냄새도 심했다. 그런데 드디어 목욕과 빨래를 하며 쉴 수 있는 공간이 마련된 것이다.

마포공동체는 노숙인 예배를 위해 다락방별로 주일 새벽에 산마루교회에 가서 노숙인 급식 봉사를 했고, 주중엔 노숙인대학에서 저녁 식사 봉사도 했다. 뿐만 아니라 농번기가 되면 부암동 북악산 언덕에 있는 노숙인 자활을 위한 '사랑의 농장'에 찾아가 냄새나는 퇴비를 나르고, 함께 잡초를 뽑으며 밭을 일구었다. 그리고 '서울역은 우리의 삶의 터전이니, 우리가 치우자'는 '서울역전 밀짚모자 친구들'이라는 사역을 했는데, 매월 마지막 주 월요일마다 아침 7시에 마포공동체와 브릿지33+ 청년들, 산마루교회 교인들과 노숙인들이 함께 모여 서울역 광장을 청소하고 함께 아침 식사를 했다. 코로나19 직전까지 이어진 이 사역은 이재훈 목사와 봉사자로 참여한 정홍원 전 국무총리가 함께하기도 했다.

또한 온누리교회 성도들은 2019년 평창에 산마루교회가 세운 공동체인 산마루예수공동체에 일이 필요할 때마다 찾아가 산을 개간하는 일과 수확하는 일을 도왔다. 그리고 여기 산채 밭에서 나는 산물은 온누리교회가 구입해 주고 있다.

놀라운 것은, 산마루교회가 예수공동체를 세울 때 큰 어려움을 겪기도 했는데, 그때 마침 온누리교회가 비전헌금을 보내서 위기를 넘길 수 있었다고 한다. 이주연 목사는 요청한 적도 없던 이 헌금을 받는 순간, 온누리교회가 살아계신 주님과 동행하고 있다는 것을 실감했다고 고백했다.

지금도 두 교회가 협력하는 긍휼사역은 계속되고 있다. 크든 작든 교회와 교회가 같은 비전을 품고 하나님 나라를 이루어가는 아름다운 연합의 모습이 아니겠는가. 10여 년간 온누리교회와 함께해 온 이주연 목사는 두 교회가 하나님의 선교를 위해 오래도록 기도해 온 것이 있다고 밝혔다.

"주님, 지금 세상은 선교의 언 바다가 되었습니다. 작은 배들은 좋은 배일지라도 얼어붙어서 꼼짝할 수가 없습니다. 온누리교회가 쇄빙선이 되어서 선교의 언 바다에 길을 내게 하시옵소서. 이로써 많은 작은 배들이 선교의 항해를 계속할 수 있게 하시옵소서. 이 땅의 크고 작은 모든 교회가 다 함께 하나님 나라를 이루어 가게 하시옵소서."

눈물과 위로의 자리에

온누리교회 성도들은 섬김이 필요한 곳이라면 어디든 달려갔다. 특히 예기치 못한 대형 사고와 자연재해 등 큰 슬픔과 고통의 현장에 성도들은 한마음으로 찾아가 그들의 눈물을 닦아 주었다.

1988년 10월, 서울 서초동 꽃마을 무허가 천막촌에서 대형 화재가 발생했다. 비닐하우스 마을 전체가 전소되어 무려 1,500여 명의 이재민이 생겼다. 교회가 세워진 지 몇 해 되지 않은 때였지만, 온누리교회는 즉시 긴급구호 팀을 꾸렸다. 열 일 제치고 성도들이 팔을 걷어붙였고, 두 달 동안 현장에 머물며 구호 활동, 화재 잔해 정리, 임시 탁아방 운영 등 실질적인 도움을 아끼지 않았다.

그런 경험치가 있기에 사고 소식이 들릴 때면 제일 먼저 달려간다. 현장에 어떤 아픔과 눈물이 있는지 너무도 잘 알기 때문이다.

1994년 성수대교 붕괴 사고와 이듬해 삼풍백화점 붕괴 사고는 대한민국에 커다란 충격과 슬픔을 안겨 주었다. 참사 희생자 중에는 온누리교회 성도도 있었다. 성도들은 사고 현장으로 달려가 할 수 있는 모든 것을 도왔다. 당시 한국교회는 이러한 재난에 적극적으로 대처하기 위해 20개 교회와 단체들이 모여 한국기독교재난구조협의회를 설립해 힘을 합했다. 성도들은 사고 현장을 방문해 유가족들의 손을 잡고 눈물로 위로했다. 그리고 현장에 대형 천막을 치고 24시간 내내 식사를 챙겼다.

2002년 8월 무렵, 강원도에 불어닥친 태풍 루사는 기록적인 폭우를 퍼부으며 엄청난 인명과 재산의 피해를 냈다. 온누리교회는 수재민들을 위한 헌금과 구호품을 모아 현장으로 달려갔다. 삼척시에 베이스캠프를 차린 복구 팀은 쓰러진 마을을 재건하고 피해를 입은 농가의 일을 도왔다. 수해 복구 현장을 도왔던 이화영 장로는 수해로 모든 것을 잃은 농부들의 얼굴을 차마 볼 수 없었다고 했다.

"첫 수확을 앞둔 농부들의 꿈이 무너진 현장을 보니 눈물이 났습니다. 그곳에서 저는 예수님의 눈물을 보았습니다."

성도들의 마음도 주님의 마음과 다르지 않았다. 청년들은 강원도와 경상도 지역을 아웃리치 장소로 삼아 장기적인 봉사활동을 통해 실의에 빠진 주민들과 지역 목회자들에게 힘을 보탰다.

그런데 2006년 쏟아진 집중호우로 강원도 평창군 전 지역이 또다시 극심한 피해를 입자, 온누리교회는 외부 단체와의 협력뿐 아니라 내부적으로도 재난에 신속하게 대응할 수 있는 체제가 필요하다고 여겼다. 교회 안의 모든 사역 팀을 모아 항상 재난에 대비하도록 '온누리긴급재난구호 팀'을 상설기구로 출범시켰다. 이는 교회가 국가와 사회를 위한 활동에 적극 뛰어들겠다는 의지였다. 이후 교회는 보다 신속하게 복구 지원에 나설 수 있게 되었다. 총 2,300여 명의 성도가 폭염도 아랑곳하지 않고 복구 작업에 동참했다. 침수된 집과 논밭을 복구하며 새벽부터 저녁까지 일하는 성도들의 헌신적인 섬김에 주민들은 큰 감동과 위로를 받았다.

온누리긴급재난구호 팀은 이후 '램프온(Lamp on)'이라는 이름으로 정착했다. 긴급 상황 시 울리는 사이렌처럼 어느 곳이든 구호가 필요한 곳에 달려가 신속하게 돕기 위해 노력했다.

2007년 12월 서해안 원유 유출 사건이 발생했을 때도 피해를 입은 태안 지역의 복구 작업에 긴급 투입되었다. 당시 한국교회의 많은 성도가 찾아가 자원봉사로 나섰다. 온누리교회 성도들 역시 서해안 방제를 위해 1억 7,500만 원의 비전헌금을 모았고, 태안 지역 해변 4곳의 기름 제거에 땀을 쏟았다. 모든 공동체가 돌아 가며 한 달간 봉사에 나서 검게 얼룩진 바위를 닦고 또 닦아 냈다. 봉사활동이 끝난 후엔 피해를 입은 지역 주민들을 초청해 식사를 대접하며 '블레싱 태안' 집회를 열어 위로의 시간을 갖기도 했다.

2010년부터 램프온은 아예 상시 체제로 전환하고 사회를 위한 봉사 기구로 자리 잡았다. 그리고 국내뿐 아니라 아이티와 일본, 네팔 등에서 일어난 대규모 지진에도 발 빠르게 파견해 피해 복구를 도왔다.

온누리교회의 이러한 사역은 여러 사역 팀이 힘을 모아 함께 섬긴다는 데 그 특징이 있다. 특히 의료선교 팀은 재난 지역에 언제나 빠짐없이 동행해 왔다. 교회 초창기부터 의료선교는 예수님의 사랑을 전하는 중요한 사역 중 하나였다. 양의, 한의, 치과, 약사, 간호사 등이 모여 승합차를 끌고 전국 각지를 돌며 환자들을 치료하고 복음을 전했다. 농어촌 지역과 도시빈민, 외국인 근로자들은 이 팀이 언제 올까 기다렸고, 교회 문턱을 넘기 어려웠던 이들은 이를 계기로 마음의 문을 열었다.

불교색이 짙은 어느 마을에서는 조용히 의료봉사만 해달라는 지역 교회의 부탁을 받고 찾아갔는데, 이들의 헌신적인 사랑을 경험한 주민들이 오히려 예수님을 영접하는 일이 일어났다. 이것이 지역 목회자들에겐 더없이 큰 힘이 되었고 이후 매주 의료봉사를 요청하는 교회들이 많아졌다. 이런 은혜의 이야기들이 쌓여 가자 참여하고자 하는 의료인들이 점점 늘어나 여러 팀으로 활동하다가 현재는 '온누리의료센터(CMN)'와 국제 의료 플랫폼 NGO '메디엑세스(MediAccess)'로 체계를 갖추어 선교하고 있다.

하용조 목사의 말대로 온누리교회의 수많은 성도가 교회 밖으로 나선 이유, 그들이 멈추지 않고 섬기는 이유는 단 하나였다.

"우리는 형제의 상처와 약함을 품어야 합니다. 이것은 도덕적인 문제가 아닙니다. 휴머니즘 때문도 아닙니다. 예수님이 그렇게 하셨기 때문입니다."

세상 한복판으로 들어가는 교회

"진정한 교회는 세상과 벽을 쌓고 거룩함만을 부르짖는 것이 아니라 아픔과 고통이 있는 세상 한복판으로 들어가는 교회입니다."

이재훈 목사는 '세상의 한복판으로 들어가는 교회'에 대해 강조했다. 교회가 교회만의 공동체로 머물러서는 안 된다는 것이다. 세상에 대한 관심을 갖고 현실의 문제에 적극적으로 개입함으로써 이 사회가 더 발전할 수 있도록 돕는 존재가 되어야 한다는 의미이다.

2015년 이재훈 목사가 '낮은 곳, 더 낮은 곳으로'(빌 2:5-11)를 선포하면서 온누리교회는 예수님이 성육신하여 이 땅에 오신 것처럼, 예수 그리스도와 함께 아픔과 고통이 있는 그늘진 사회 속으로 깊숙이 들어가 섬기고자 했다.

이 메시지는 온누리교회 사회선교 사역의 방향성을 더욱 분명하게 했다. 교회가 구제와 봉사를 넘어 일터와 지역 사회 등 더 많은 영역에서 사회적 책임을 다해야 하는 일이었다.

이재훈 목사는 전도(해외 선교)와 긍휼(사회 선교)을 교회의 '두 날개'라고 표현했다. 즉 복음을 전해 영혼을 구원하는 일과 사회적 약자와 고통받는 이웃을 섬기는 사회 구원은 결코 분리될 수 없는 사명이며, 이 둘이 균형과 통합을 이룰 때 비로소 교회와 사회가 함께 건강하게 변혁되어 갈 수 있다고 강조했다

이는 빌리 그레이엄과 존 스토트 목사 등이 주도한 복음주의 운동인 '로잔언약'에서도 강조된 바 있다. 로잔언약은 복음전도와 사회적 책임

을 분리할 수 없는 하나의 통합된 사명으로 선언했다. 이는 곧 이재훈 목사의 목회 철학이자, 온누리교회가 지향하는 선교적 방향성과도 닿아 있다.

온누리교회는 이러한 로잔 정신을 적극 수용하며, 이 가치에 따라 교회가 다양한 사회문제들에 관심을 갖고 세상 속에서 하나님의 사랑과 공의를 실천하는 일에 앞장서고자 노력하고 있다. 이는 곧 가난한 자, 포로된 자, 억눌린 자들을 위해 교회가 세상 한가운데로 나아가겠다는 것이다. 특히 사회적 약자를 돌보는 일뿐 아니라, 생명윤리와 인권, 환경과 기후 위기, 창조 질서의 회복 그리고 경제 정의의 실현에 이르기까지 교회가 감당해야 할 시대적 책임이 있다고 보았다.

온누리교회는 선교를 위해 태어났다고 말할 정도로 지금껏 선교적 교회임을 표방해 왔다. 그런데 이재훈 목사는 땅끝만이 아니라 우리가 속해 있는 지역 사회 역시 선교 현장이어야 한다고 강조한다. 선교의 목적은 교회 자체의 확장이 아니라 세상 속에서 하나님 나라를 구현하는 것이기 때문이다.

이를 위해 온누리교회는 다양한 영역에서 이른바 'Loving U'라는 캠페인을 펼쳐 가고 있다. 자신의 편리함과 안락함을 내려놓고 세상을 위해 기꺼이 불편함을 감수하며 낮은 곳으로 가는 것(Uncomfortable), 익숙함을 포기하고 낯선 사람들 속으로 들어가 그들의 필요를 채워 주며 복음을 전하는 것(Unfamiliar) 그리고 하나님의 공의를 실천하기 위해 기꺼이 위험을 감수하며 하나님 나라의 복음을 실천하는 것(Unsafe)이 바로 'Loving U'의 내용이다.

실제로 하나님의 창조 세계를 지키는 청지기로서 자연과 환경을 지켜 나가는 노력을 교회가 먼저 나서서 하고 있다. 교회 안의 카페나 식당에서 쓰레기 배출을 줄이고, 야외에 분리수거통을 설치해 재활용 문제를 해결하며, 분기별로 대중교통 이용으로 '탄소금식운동'을 펼치는 등 일상 속에서 창조 질서를 회복하기 위한 다양한 아이디어를 실천하고 있다.

또한 영세업자와 서민들의 채무가 사회문제로 대두되고 있는 요즘, 과도한 부채로 인해 경제적 어려움에 처해 있는 성도들을 대상으로 솔루션을 제공하는 상담 팀 '부채탈출119'도 운영하고, 심사를 거쳐 긴급자금을 지원해 주는 '행복기금사역'도 운영하고 있다. 올바른 경제 정의에 대한 연구를 비롯해 빚을 갚지 못해 소망을 잃어버린 이들에게 실제적 삶의 회복을 돕는 사역도 하고 있다.

직접 목소리를 내고자 피켓을 들고 거리에 나서기도 했다. 2021년 이재훈 목사는 생명 존중의 입장을 표명하며 낙태 반대 캠페인에 참여했다. 코로나19 기간 동안 펼쳐진 이 캠페인에서 그는 "팬데믹 기간에 생명을 지키기 위해 전 세계가 노력하고 있는데, 코로나로 죽어 가는 생명보다 낙태로 죽어 가는 생명이 더 많다는 것은 모순이다"라고 지적했다.

또한 최근 사회적 이슈가 되고 있는 포괄적차별금지법에 반대하는 1인 시위도 국회 앞에서 벌였다. 대형 교회 목사가 직접 반대 시위로 적극적인 목소리를 내는 것은 매우 이례적이었다. 성경적 진리와 가치에 반하는 사회적 흐름을 바로잡는 것이 교회의 사회적 책임이라고 믿기 때문이다.

어그러진 것을 회복하고, 이 땅을 아름답고 건강하게 세워 가는 일.

세상 곳곳에서 실제적이고 구체적인 변혁이 일어나는 기적. 그 중심에는 언제나 그리스도의 사랑이 있고, 복음의 능력이 있다. 이 모든 것을 가능하게 하는 힘은 바로 복음이다.

온누리교회는 언제나 교회가 세상의 희망이 되기를 소망했다. 세상의 고통과 문제를 품고, 뜨겁게 기도하며, 적극적으로 참여할 때 하나님 나라는 오늘도 이 땅 위에 이루어져 간다. 이것이야말로 '예수님이 찾으시는 바로 그 교회'의 사명이 아니겠는가.

교회가 세상의 소금과 빛이 되는 길, 바로 그 길 위에 온누리교회는 서 있다.

하나님의 마음이 있는 곳에 '온누리복지재단'

1999년 무렵, 하용조 목사는 교회 안에서 진행되던 긍휼사역을 넘어, 보다 전문적이고 체계적인 돌봄사역으로 확장되길 원했다. 단순한 자선이나 일회성 도움이 아닌, 전문 인력과 외부 자원을 연계한 사회복지 체계로의 전환을 고민하기 시작한 것이다. 그 비전의 결실이 바로 '온누리복지재단'이다. 이 재단은 교회가 지역 사회의 신뢰와 공감을 얻으며, 복음과 복지가 조화를 이루는 새로운 사회복지 모델이 되고자 하는 꿈에서 출발했다.

"교회가 지역의 필요에 응답하고, 세상 속으로 복음을 들고 나가는 공동체가 되어야 한다"는 하 목사의 신념이 구체적인 형태로 표현된 것이다.

현재 온누리복지재단은 청소년, 어르신, 장애인, 여성 등 다양한 계층을 대상으로 서울과 경기도 지역에서 총 17개의 시설을 운영하고 있다. 이중에는 온누리교회가 특별히 관심을 쏟는 '다음 세대'를 위한 복지 사역이 있다. 국가 차원의 청소년 복지 정책이나 시설 기반이 제대로 갖추어지기 전부터, 온누리교회는 위기 청소년들을 위한 생활 공간 마련에 선제적으로 나섰다. 지역 아동센터와 청소년 쉼터를 자체적으로 세우고 운영하며, 도움이 절실한 아이들과 청소년들을 품어 왔다. 이 시설은 온누리교회가 교회 밖에 시설을 세우고 운영한 첫 번째 사역이었다.

당시 군포시 금정동 일대의 공장 주변에는 서너 평짜리 작은 월세방에서 어렵게 살아가는 주민들이 많았다. 맞벌이 가정이 대부분이었기에 먼저 돌봄의 손길이 필요한 극빈 가정의 아이들을 위한 공부방과 탁아방, 야학 등을 열었다. 이후 온누리복지재단이 설립되자, 이 지역에 청소년을 위한 쉼터를 세우는 일이 본격화되었다. 특히 한 성도가 자신의 집을 처분해 후원한 헌신이 결정적 계기가 되어, 그 자금을 바탕으로 재건축을 진행했고, 지금의 '하나로쉼터'가 마련되었다. 여기에 더해 청소년자립지원관까지 위탁 운영하게 되면서, 가정 해체로 인해 돌봄을 받지 못한 쉼터 출신 청소년들이 사회에 나가 자립할 수 있는 기반도 함께 마련할 수 있게 되었다.

한편, 장애인에 대한 관심도 꾸준해서 그들이 경제적 생산 활동을 통해 자립할 수 있도록 돕는 사역을 하고 있다. 그 대표적인 사례가 '북서울장애인보호작업시설'이다. 이 시설은 원래 도봉구 번동에서 '번동 코이노니아'라는 이름으로 시작된 온누리교회의 긍휼사역 중 하나였다. 이후 보다 체계적인 돌봄과 지원을 위해 온누리복지재단이 위탁 운영하게 되면서 지금의 이름으로 새롭게 자리 잡았다. 이 사역의 시작은 더 거슬러 올라간다. 성수동 쪽방촌에 봉제공장을 내고 장애인들과 함께 일하던 신영순 선교사가 훗날 북한 선교를 위해 떠나면서 이 사역을 온누리교회에 맡긴 것이 지금까지 이어지고 있는 것이다. 한 선교사의 헌신과 교회의 긍휼이 만나 이어져 온 장애인 자립 사역은 지금도 지역과 시대의 필요 속에서 그 역할을 계속 감당하고 있다.

2018년부터 온누리복지재단은 서울시로부터 '서울역쪽방상담소' 운영을 위탁받아, 서울역 인근 동자동 쪽방 주민들의 자활을 돕기 시작했다. 이 사역은 단순한 행정적 지원을 넘어, 삶의 자리에서 만나는 이웃들과 함께하는 동행의 사역으로 확장되고 있다. 온누리교회 성도들도 자발적으로 '서울역희망공동체'를 섬기며 이 사역에 적극 동참하고 있다.

어떤 쪽방 주민은 봉사자들이 오는 날을 손꼽아 기다리며, 없는 살림 중에도 음료수를 사서 건넸다. 그들의 마음 깊은 곳에 진심이 전해진 것이다. 이처럼 온누리교회 성도들의 헌신과 동역은 교회의 울타리를 넘어, 가난하고 소외된 이웃들과 함께하는 복음의 손길로 이어지고 있다. 이 작은 섬김들이 모여 사회복지의 현장에 그리스도의 사랑을 더하는 큰 힘이 되고 있다.

또한 온누리교회가 추구해 온 생명존중운동과 발맞추어 회복이 필요한 미혼모와 한부모 가정, 취약 계층의 가정을 섬기고 있다. 이는 지원을 넘어, 삶을 회복시키고 공동체 안에서 함께 살아갈 수 있도록 돕는 사역이다. 특히 서초구가족센터 등의 기관을 위탁 운영하며, 아이와 여성, 혼자 사는 이들까지도 포괄하는 세심한 돌봄으로 그 범위를 넓혀 가고 있다. 무엇보다 온누리교회의 다양한 부서들과 긴밀히 연계하여 복음을 전할 수 있는 접점을 곳곳에 마련하고 있다는 점에서 이 사역은 사회복지와 선교가 통합된 모델로 자리 잡고 있다.

이밖에도 어르신들을 위한 사역에도 꾸준히 힘쓰고 있다. 현재 5개의 복지관과 온누리요양센터를 운영하고 있으며, 어르신들이 삶의 마지막 순간까지 주님이 주시는 기쁨 속에서 평안하고 존엄한 노후를 보내실 수 있도록 돕고 있다. 단순한 돌봄을 넘어 존중과 사랑이 있는 노년의 삶, 복음으로 위로받는 삶으로 마무리될 수 있도록 다양한 프로그램과 섬김을 이어 가고 있다.

온누리복지재단은 사회적 약자와 소외된 이웃을 품는 것이 교회의 본질적 사명임을 일깨우고 있다. 이는 '사회복지'라는 통로를 통해 교회가 세상의 더 넓은 영역을 책임지고 섬기며, 더 많은 이에게 그리스도의 사랑을 전할 수 있음을 보여 주는 것이다.

이재훈 목사는 "대형 교회의 사명은 자신을 깨뜨려 나누는 데 있다"고 말한다. 작은 교회들이 힘 있게 일어나도록 돕고, 사회적 약자들을 더욱 열정적으로 섬기며, 하나님과 사회 앞에서 부끄럽지 않은 공동체로 살아가는 것이 그 사명이라는 것이다.

그 시작은 언제나 하나님의 시선이 머무는 곳, 하나님의 마음이 닿는 곳에 교회가 함께 서는 데에서 비롯된다.

세상에 결혼을 외치다

하나님께서 세상을 사랑하신 것처럼, 교회 역시 세상을 향한 관심을 멈춰서는 안 된다. 온누리교회는 오랫동안, 우리 사회가 직면한 다양한 문제를 기독교적 가치 안에서 어떻게 해결하고 도울 수 있을지 깊이 고민해 왔다.

그중 하나가 바로 이 시대가 심각하게 마주하고 있는 '결혼과 출산의 위기'이다. 가정의 개념이 점점 희미해지고, 결혼과 출산을 미루거나 포기하는 것이 당연시되는 시대 흐름 속에서, 교회는 과연 어떤 해답을 제시할 수 있을까?

온누리교회는 가정의 회복이 곧 하나님 나라의 시작이라고 믿으며, 이 사역에 처음부터 깊은 관심을 기울여 왔다. 한국은 이미 수년 전부터 세계 최저 수준의 출산율을 기록하고 있으며, '인구 절벽'이라는 표현이 더 이상 과장이 아닌 현실이 되었다. 국가 차원에서도 다양한 대책이 추진되고 있지만, 이 위기를 근본적으로 해결하기 위해서는 한국교회의 영적 책임과 적극적 참여가 반드시 필요하다고 보았다.

2015년, 가정사역공동체의 김선래 장로를 중심으로 '온누리 저출산 대책 포럼'이 열렸다. 이 자리에서 교회가 저출산 문제 해결을 위해 어떤 구체적인 역할을 감당할 수 있을지에 대한 논의가 본격적으로 시작되었다. 이재훈 목사는 이 사역이 교회 안에 머무르는 것이 아니라, 세상 속으로 나아가야 한다고 강조했다. 그 결실로 '행가래(幸家來)' 즉 '행복한 가정은 미래의 축복'이라는 뜻으로 2017년 '사단법인 행가래운동본부'가 설립되었다. 서울시의 정식 허가를 받은 이 단체는 예비부부, 신혼부부, 청년들을 대상으로 건강한 결혼과 출산의 가치를 전하며 본격적인 사역을 펼쳐 나가기 시작했다.

당시 가장 시급한 과제는, 청년들이 결혼을 준비할 수 있는 실제적인 '장(場)'을 마련하는 일이었다. 이에 온누리교회 가정사역본부는 크리스천 결혼문화 팀과 함께, 매년 결혼 적령기의 청년들과 그 부모를 대상으로 '결혼문화 세미나'를 개최하여 결혼과 출산의 중요성을 알렸다. 세미나에는 결혼 컨설팅, 부모와의 소통, 관계 형성 등 다양한 분야의 전문가들이 참여하여 현실적이면서도 성경적인 결혼관을 제시했다. 특히 결혼에 관심은 있지만 결혼을 망설이는 청년들과 40대 이상의 미혼 청년들을 위한 맞춤형 세미나가 큰 호응을 얻었다.

그러나 좋은 강의만으로는 충분하지 않다. 연애와 결혼을 위해서는 실제로 '만남'이 이루어져야 하지 않은가. 이에 또래 청년들이 자연스럽게 서로를 알아 갈 수 있도록, 실질적인 만남의 기회를 제공하는 '청춘클래스' 프로그램이 시작되었다.

2021년, 온누리교회 청년 공동체와 행가래 팀, 결혼문화 팀이 협력하여 제1기 청춘클래스를 개최했다. 놀랍게도 1기에서 무려 5쌍의 커플이 탄생했고, 그중 한 커플은 결혼까지 이어졌다. 이후로도 매년 청년들의 뜨거운 기대 속에서 프로그램이 열리고 있으며, 매년 의미 있는 만남과 결혼이 만인의 축복을 받으며 성사되고 있다.

온누리교회 청년들뿐 아니라, 전국 44개 교회에서 200명이 넘는 청년들이 '청춘클래스'에 신청하며, 이 프로그램은 교단과 지역을 초월한 사역으로 확장되었다. 이렇듯 청춘클래스는 단순한 만남의 장을 넘어 한국교회 청년사역의 상징적 모델로 자리매김하고 있다.

청춘클래스의 후속 모임도 뜨겁다. 수료생들이 '청클플러스'라는 이름으로 다시 모여 건강한 가정을 함께 꿈꾸고 있다. 매 기수 임원진을 뽑아 자체적으로 후속 모임을 갖고 있는 것인데, 이 통합 모임을 통해서도 자연스럽게 교제와 만남이 이뤄지고 있다. 지금까지 청춘클래스를 통해 탄생한 커플은 총 20쌍 그리고 5명의 소중한 생명이 태어났다. 이는 숫자로는 결코 설명할 수 없는 가정 회복의 아름다운 열매이다.

한편, 청춘클래스에 참여하고 싶어도 제한된 인원으로 인해 신청하지 못한 청년들이 많아서 아쉬움의 목소리가 컸다. 이를 보완하기 위해 행가래는 2024년부터 누구나 참여할 수 있는 '연애코칭스쿨' 프로그램을 새롭게 시작했다. 이 프로그램은 성경적인 연애와 만남의 기준을 배우고, 결혼을 준비하는 내면의 성숙을 돕는 시간으로 운영되고 있다. 이 흐름 속에서, 다음 단계로 '결혼코칭스쿨'이 곧 개설될 예정이다.

이러한 결혼 관련 사역들이 활발하게 펼쳐지고 있는 것은, 이재훈 목사의 분명한 목회 철학에 따른 결과이기도 하다. 이 목사는 두란노에서 운영하는 '결혼예비학교'를 수료한 부부들의 이혼율이 일반 대비 7분의 1 수준이라는 통계를 근거로, 결혼 전 사전 교육의 중요성을 지속적으로 강조해 왔다. 이에 따라 온누리교회는 예비부부를 위한 체계적인 결혼교육사역에도 힘을 쏟으며, 결혼의 시작부터 건강한 가정의 기초를 놓는 일에 앞장서고 있다.

결혼의 다음 단계는 출산과 양육이다. 온누리교회는 이 부분에 대해서도 세심한 돌봄과 배려를 아끼지 않고 있다. 특히 임산부와 육아 중인 엄마들이 말씀 안에서 자녀를 양육할 수 있도록 '헬로맘스쿨'이라는 프로그램을 운영하고 있다. 이 과정에서는 성경적인 태교와 자녀 양육법을 나누며, 부모로서의 지혜와 믿음을 함께 배워 간다. 단순한 정보 전달을 넘어, 신앙 안에서 부모 됨을 준비하고 함께 성장하는 시간이 되고 있다.

이밖에도 온누리교회는 생명을 향한 하나님의 마음을 구체적으로 실천하기 위해 다양한 사역을 시도하고 있다. 부모가 된 기쁨을 알기에 늦기 전에 한 자녀를 더 품는 '한 자녀 더 낳기 캠페인', 생명을 간절히 기다리는 가정을 위한 '불임 부부 인공수정 지원 사업' 그리고 입양에 대한 인식을 바꾸기 위한 '가슴으로 낳는 자녀의 축복 캠페인' 등이 그것이다. 생명 존중에서 비롯된 이 모든 사역의 중심에는 한 가지 분명한 믿음이 있다. 하나님께서 창조하신 가정은 단순한 사회 제도가 아니라, 하나님 나라를 이 땅에 실현하는 거룩한 통로라는 사실이다.

이 사역은 단지 결혼을 장려하고, 아이를 낳도록 독려하기 위한 것이 아니다. 그 출발점은, 이 시대의 무거운 사회적 근심을 하나님의 마음으로 끌어안고 응답하려는 데 있다. 온누리교회는 가정이라는 하나님의 창조 질서를 지켜 내고, 그 안에서 생명의 복음이 이어지도록 돕고자 한다. 결혼을 거룩히 여기고, 생명을 소중히 품으며, 가정의 본질적인 가치를 다음 세대에 물려주는 이 여정은 멈출 수 없는 사명이다. 건강한 한 가정의 모습은 또 다른 누군가에게 행복한 가정을 꿈꾸게 만드는 시작점이 된다. 바로 그 선한 영향력을 기대하며 이 길을 준비하고 있다. 이 땅에 다시 하나님의 생명으로 가득 찬 날이 올 것을 믿으며 말이다.

기독교 교육의 회복을 위하여, '사학법인 미션네트워크'

지금으로부터 140년 전, 아펜젤러와 언더우드 선교사가 이 땅에 들어와 복음을 전하며 한국 기독교의 역사가 시작되었다. 그들이 가장 먼저 한 일은 학교를 세우는 것이었다. 교육을 통해 진리 안에서 사람들을 새롭게 하길 소망한 선교사들의 뜻은, 이후 전국 각지의 수많은 기독교 학교들로 이어졌다.

예수 그리스도를 영접한 초기 신앙인들은 '한 교회가 한 학교를 세우자'는 비전을 품고, 복음의 정신 위에 교육의 기초를 놓았다. 이처럼 기독교 정신으로 설립된 학교들은, 그동안 신앙 안에서 수많은 지도자를 길러 냈으며, 나라가 위기에 처할 때마다 시대를 밝히는 빛과 소금의 역할을 감당해 왔다. 오늘날에도 전국에는 여전히 500여 개의 기독교 학교가 존재하며, 다음 세대를 복음 안에서 세우는 사명을 변함없이 이어가고 있다.

그러나 오늘날 이 땅의 기독교 학교들은 심각한 위기에 직면해 있다. 사립학교의 자율성을 제한하는 각종 법과 제도들로 인해, 기독교 학교조차 자유롭게 예배드리지 못하고 있고, 하나님의 말씀을 온전히 가르칠 수 없다. 예배와 성경 수업은 점차 자취를 감추고, 종교 과목은 일반 교양 수업으로 대체되며, 신앙교육의 본질이 흐려지고 있는 상황이다. 우리는 되물어야 한다. 기독교 학교는 왜 세워졌는가? 그 목적은 분명하다. 학생들을 하나님의 진리 가운데, 기독교적 가치관으로 교육하기 위해서이다. 하지만 평준화 정책과 획일적인 교육 기준 속에서, 기독교 학교의 특수성과 자율성은 점점 무시되고 있으며, 그로 인해 학교가 지녀야 할 정체성마저 서서히 훼손되고 있다.

이러한 상황을 교회는 더 이상 지켜보고만 있을 수 없었다. 2021년, 뜻을 함께하는 기독교 사학 법인들이 모여 '사학법인 미션네트워크'를 창립했다. 140년 한국 기독교 역사상, 전국의 초등학교·중학교·고등학교는 물론 대학교까지 아우르는 기독교 사학 법인 연합체가 만들어진 것은 처음 있는 일이다. 기독교 학교들이 한마음으로 일어나 소중한 믿음의 유산을 지키고 이어 가기 위한 역사적인 연대를 이룬 것이다. 이것은 단순한 조직 결성이 아니다. 다음 세대를 지키기 위한 신앙의 연대요, 하나님의 진리를 다음 세대에 온전히 전하기 위한 거룩한 결단이다.

이재훈 목사는 초대 이사장으로서 이 사역을 주도했다. 기독교 학교가 설립된 본래의 목적대로 학원 선교와 신앙교육의 자율성을 온전히 보장받기 위해서는, 국공립학교와 구별된 별도의 법과 제도의 정비가 절실했다. 다음 세대를 향한 헌신이 한국교회를 하나로 모았고, 그 힘은 최초로 사립학교법에 대한 헌법소원 제기로까지 이어졌다. 이 일에 성도들의 비전헌금과 뜨거운 기도와 아낌없는 후원이 함께했다. 기독교 학교가 하나님의 진리를 변함없이 가르칠 수 있도록 든든한 버팀목이 되어 주기 위함이었다.

무엇보다도, 기독교 학교에서 학생들을 가르치는 교사의 임용권은 매우 중요한 문제이다. 그러나 현재는 교사 임용의 자율권조차 지키기 어려워진 상황이다. 이대로라면 비신앙인은 물론, 심지어 이단들이 교사로 임용되는 것을 막을 방도가 없게 된다. 이에 한국교회는 헌법에 명

시된 교육의 자율성 보장을 위해 사립학교법 재개정을 요구하며 100만 성도 서명운동을 전개하는 등 적극적인 대응에 나섰다. 이는 단순한 법 개정 운동이 아니라, 믿음의 교사를 세우고 올바른 신앙교육을 지속하기 위한 치열한 영적 싸움인 것이다.

또한 올해부터 학생이 과목을 선택해 학점을 취득하는 고교학점제를 시행하고 있는데, 종교 과목은 입시 관련 과목이 아니기 때문에 학생들이 선택하지 않을 가능성이 높다. 그렇게 되면 학교가 기독교 세계관을 전수할 길이 막히게 된다. 이에 대비해 다양하고 창의적인 신앙 과목들을 개발하고, 기독교 세계관을 담은 교과서를 만드는 등 많은 고민 속에 대안을 찾고 있다.

기독교 학교가 세상 앞에 당당히 목소리를 내기 위해서는, 먼저 투명하고 정직한 학교임을 입증하는 일이 필수적이다. 이에 따라 '기독교 사학 자정위원회'를 출범시켜, 신뢰를 얻는 건강한 교육기관으로서 모범을 보이기 위해 노력하고 있다.

기독교 학교를 지킨다는 것은 단순한 보존의 문제가 아니다. 이는 다음 세대를 믿음과 실력을 겸비한 그리스도의 제자로 길러 내는 일이다. 이것은 교회와 학교가 함께 감당해야 할 거룩한 사명이다.

농사를 짓는 데는 1년의 계획이 필요하고, 나무를 심는 데는 10년의 계획이 필요하지만, 사람을 키우는 데는 100년의 계획이 필요하다는 말이 있다. 그래서 교육은 '백년지대계(百年之大計)'이다. 그만큼 교육은 국가와 사회의 미래를 결정 짓는 가장 중요한 근간이다. 비록 당장 눈에 보이는 결과가 나타나지 않더라도, 하나님의 일꾼들이 만들어 갈 하나님 나라를 꿈꾸며, 학교가 학생들에게 올바른 세계관과 신앙의 뿌리를 심어 줄 수 있도록 끊임없는 관심과 기도, 연대가 필요하다.

    기독교 학교를 지키는 일은, 결코 포기할 수 없는 이 땅의 미래에 대한 이야기이다.

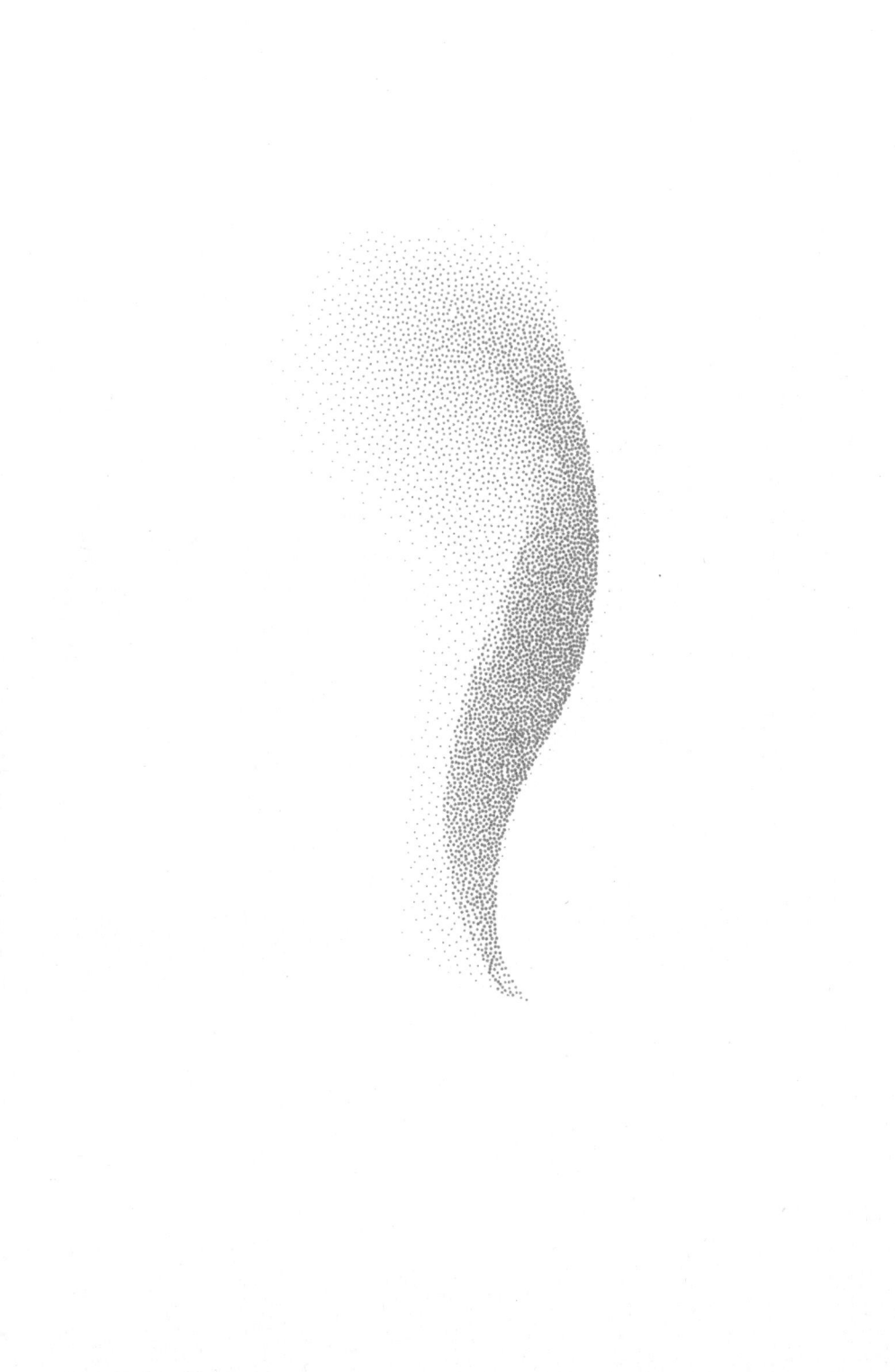

4.
선교를 위한 '따로 또 같이'

선교를 위한 '따로 또 같이'

온누리교회는 창립 초기부터 한결같이 '선교하는 교회'를 표방해 왔다. 단지 선교를 지원하는 교회가 아니라, 교회 자체가 선교의 주체가 되어야 한다는 확고한 정체성을 지녀 왔다. 초대교회의 정신을 품은 '사도행전적 교회'를 꿈꾸며, 온누리교회는 그 비전을 삶으로 살아 내는 여정을 쉼 없이 걸어왔다.

하용조 목사는 하나님의 선교(Missio Dei)에 대한 열정을 교회의 중심 사명으로 삼았고, 그 사명 아래 온누리 공동체의 모든 자원이 쏟아졌다. '2천/1만 비전'을 시작으로, 'Acts29 비전' '예수바보행전' 등 다양한 선교 프로젝트가 온누리교회의 뿌리 깊은 선교 정신을 구체화해 왔다. 이 길은 단지 프로그램의 연속이 아니라, 온누리교회가 존재론적으로 선교적 교회(Missional Church)임을 표상하는 증거였다.

이 사명을 이어받은 이재훈 목사 역시, 선교적 교회의 본질을 굳건히 붙들고 있다. 그는 2015년부터 매년 선교 컨설팅을 시행하며, 온누리교회의 선교사역을 겸손하게 되돌아보고 있다. 외부의 전문가들을 초청해 교회의 선교 방향이 성경적, 전략적으로 옳은 길을 가고 있는지 점검하고, 지속적으로 보완하는 과정을 중요하게 여겨 왔다.

더 나아가 당회 안에 '선교분과위원회'를 신설하여, 지금까지의 선교사역을 체계적으로 정리하고, 중장기적 전략을 세우는 기반을 마련했다. 이는 양적 성장에 치우치기보다, 선교사역의 질적 성숙과 지속 가능을 위한 결정이었다.

온누리교회는 오늘도 '하나님의 선교에 동참하는 교회'라는 정체성을 잊지 않는다. 이는 단순히 사역을 수행하는 차원을 넘어, 교회 자체가 선교적 존재로 살아가는 여정이다. 40년을 지나온 이 길 위에, 선교는 여전히 온누리교회를 숨 쉬게 하는 심장이다.

모달리티와 소달리티의 융합, 선교적 교회의 실험과 실천

온누리교회의 선교적 방향에는 몇 가지 중요한 특징이 있다. 그중 하나는, 교회와 선교단체가 상호 협력하는 독특한 사역 구조를 가지고 있다는 점이다. 이는 단순한 협업을 넘어, 선교학적으로도 의미 있는 실천이다.

이 개념은 선교학자 랄프 윈터(Ralph Winter)가 제시한 '모달리티(modality)'와 '소달리티(sodality)'라는 이중 구조 개념과 연결된다. 모달리티는 연령, 성별에 상관없이 누구나 참여할 수 있는 지역 교회와 같은 포괄적 공동체를 의미하며, 소달리티는 선교에 헌신된 공동체 즉 선교단체를 가리킨다. 윈터는 이 두 구조가 모두 교회의 본질을 담고 있으며, 서로 상보적으로 협력할 때 열방을 향한 복음 전파가 더욱 효과적으로 이루어진다고 보았다.

하용조 목사 역시 이 개념을 현실 속에 적용하며 이렇게 말했다.

"교회가 할 수 없는 일을 선교단체를 통해 할 수 있고, 선교단체의 한계를 교회가 보완할 수 있다."

이러한 통찰은 온누리교회와 두란노서원의 건강한 실험에서 비롯되었다. 교회와 두란노서원이 함께 동역한 것은, 교회와 선교단체가 어떻게 시너지를 낼 수 있는지 실험한 상징적 행보였다. 이는 교회와 파라처치(parachurch, 초교파 선교기관)가 나란히 자라나며 서로를 보완하는 건강한 모델이 될 수 있다는 믿음에서 비롯되었고, 이후 온누리교회의 선교 DNA에 깊이 새겨졌다.

이러한 구조적 통합은 오늘날까지도 온누리교회의 선교 전략에 중요한 토대가 되고 있다. 교회는 전 성도에게 선교적 비전을 심어 주는 모달리티의 역할을 감당하고, 동시에 전문성을 갖춘 선교단체들과의 파트너십을 통해 열방으로 나아가는 소달리티의 역동성을 함께 누린다. 이처럼 온누리교회는 모달리티와 소달리티가 융합된 선교적 교회로서, 이원적이기보다 통합적이며, 기능적이기보다 존재론적으로 선교하는 공동체를 지향해 온 것이다.

온누리교회의 선교 구조와 방향은 이재훈 목사의 목회 철학 속에서도 중요한 위치를 차지한다. 이 목사는 '융합선교'(Convergent Mission)라는 개념을 제시하며, 선교적 교회의 모델을 더욱 구체화하고 확장해 나가고 있다.

융합선교란, 선교학에서 말하는 모달리티(지역 교회)와 소달리티(선교단체)가 하나의 공동 목표를 위해 유기적으로 협력하는 선교 방식이다. 이재훈 목사는 단지 교회와 선교단체가 동역하는 차원을 넘어서, 교회가 가진 다양한 사역 기능과 자원을 적극적으로 선교 현장에 연결하고 공급함으로써, 보다 입체적이고 지속 가능한 선교의 시너지를 이루어야 한다고 강조한다.

또한 융합선교는 교회와 선교단체의 협력에 머물지 않고, 현지 교회 및 동역자들과 네트워크를 구축하는 것까지 포함하는 확장된 선교 전략이다. 선교지는 더 이상 단방향적인 도움의 대상이 아니라, 협력과 동역의 파트너로서 선교의 주체가 되어야 하며, 이를 통해 선교적 돌파(missional breakthrough)가 가능하다는 것이 융합선교의 핵심이다.

이재훈 목사는 이러한 선교 철학 아래, 온누리교회의 모든 사역 자원을 전략적으로 조율하고, 선교지의 필요에 맞게 연계함으로써 지속 가능하고 현장 밀착형의 선교 모델을 구현하고자 노력해 왔다. 이는 '보내는 교회'와 '가는 선교사'를 구분하는 전통적인 틀을 넘어서, 모두가 참여하는 선교 공동체로서의 교회를 지향하는 철학이기도 하다.

온누리교회의 선교는 이제 단지 사역자를 파견하는 것을 넘어, 생명력을 불어넣는 협력 선교 그리고 복음을 함께 살아 내는 연합의 선교로 변화하고 있다. '융합선교'는 이러한 변화의 중심에서, 교회와 선교단체 그리고 열방의 교회가 하나 되어 하나님 나라의 확장을 이뤄 가는 온누리교회의 대표적인 선교적 모델이라 할 수 있다.

'따로, 또 같이', 교회와 선교단체의 융합사역 모델

온누리교회는 현재 14개의 사역본부를 중심으로 교회 내 다양한 사역을 조직적으로 감당하고 있다. 동시에, 온누리교회를 배경으로 설립된 20여 개의 선교 관련 부서와 전문 선교단체들이 각자의 영역에서 독립적이면서도 협력적인 사역을 이어 가고 있다.

이처럼 지역 교회와 전문 선교단체가 공존하며 협력하는 구조는 온누리교회만의 독특한 사역 모델이다. 두 구조는 서로를 보완하며, 선교 현장에서 더욱 강력한 시너지를 만들어 내고 있다. 교회가 선교단체를 품고, 선교단체는 다시 교회와 함께 전략적 돌파를 이루어 가는 이 사역 방식은, 바로 온누리교회의 선교적 실험이자 자산이라 할 수 있다.

대표적인 선교·사역 단체로는 두란노서원, CGNTV, 두란노국제선교회(TIM), 더멋진세상, 온누리M미션, BEE, 에젤선교회, SWIM, 아버지학교, 어머니학교, 창조과학회, 경배와찬양, 메디엑세스, 킹스웨이코리아 등이 있으며, 국내외를 무대로 복음을 전하고, 삶의 현장을 변화시키는 사역을 감당하고 있다.

특히 이 단체들은 선교지에서의 필요와 상황에 따라 유기적으로 연합하고 협력함으로써, 단독으로는 감당하기 어려운 복합적이고 통합적인 사역들을 수행하고 있다. 단체마다 고유의 정체성과 전문성을 유지하면서도, 서로 연결되어 한 몸처럼 움직이는 이러한 구조는 온누리교회가 추구하는 융합선교의 살아 있는 증거라 할 수 있다.

이러한 '따로 또 같이'의 방식은, 독립성과 연합성을 동시에 지닌 선교 생태계로서, 교회와 선교단체가 분절되지 않고 하나의 사명 아래 함께 성장할 수 있음을 보여 준다. 이는 오늘날 선교의 복잡성과 다양성 속에서도 지속 가능하고 유연한 선교 모델로 주목받고 있으며, 앞으로의 글로벌 선교 전략에 있어서도 귀중한 참고 모델이 되고 있다.

콘텐츠 기반의 융합사역, 현장과 교회를 동시에 세우는 힘

온누리교회의 융합선교가 실현되는 구체적인 방식 중 하나는, 온누리교회가 보유한 다양한 사역 콘텐츠를 선교지에 적용하고 연계하는 것이다. 이는 단순한 프로그램 수출이 아니라, 현장 맞춤형 전도·양육 전략을 위한 융합적 적용이라 할 수 있다.

온누리교회는 전도사역, 큐티사역, 일대일 제자양육, 아버지학교, 어머니학교, 각종 성경공부 프로그램, 치유와 회복사역, 찬양사역 등 이미 검증된 사역 콘텐츠를 갖고 있다. 이 콘텐츠들은 선교지에서 전도와 양육, 교회 개척과 성장, 리더십 훈련 등에 다양하게 활용되고 있으며, 현지인 리더들이 세워지고 삶이 변화되는 선교의 열매로 그 가치를 입증하고 있다.

이런 콘텐츠 중심의 융합사역은 온누리교회만의 독창적인 선교 모델을 만들어 가는 과정이기도 하다. 단순히 사역자만 파송하는 것이 아니라, 팀워크와 프로그램의 공유, 온 교회의 사역 경험이 함께 들어가 현장 맞춤형 복음 전파가 이루어지는 것이다. '콘텐츠를 통한 선교적 돌파'는 온누리 선교의 또 다른 전략 축이라 할 수 있다.

이러한 융합적 사역 방식은 선교지에만 국한되지 않는다. 온누리교회 내부에서도 14개 본부와 다양한 부서들이 각자 맡은 사역을 충실히 감당하면서도, 교회의 큰 행사나 사역이 있을 때는 서로 긴밀히 협력하고 유기적으로 연합하고 있다. 이는 사역 간 경계를 허물고, 필요에 따라 서로 요청하고 지원하는 유연한 팀워크로 이어진다.

이처럼 '함께 일하는 문화' '연합하는 시스템'은 이재훈 목사가 강조하는 목회 철학의 핵심이기도 하다. 그는 "사역의 경쟁이 아닌 연합과 공유 그리고 협력 속에서 하나님의 뜻이 더욱 선명하게 이루어진다"는 신념 아래, 온누리 공동체 전체가 한 몸으로 움직이는 교회가 되도록 이끌고 있다.

온누리교회의 선교와 사역은 결국 분산된 사역이 아니라, 통합된 사명으로 나아가는 길이다. 각자의 영역이지만, 하나의 비전 안에서 '따로 또 같이' 그리고 '각자이면서도 하나로' 움직이는 선교적 공동체, 그것이 바로 오늘의 온누리교회를 만든 힘이다.

모두가 함께하는 선교, 성도 중심의 선교 공동체

온누리교회의 선교는 결코 일부 헌신자나 사역자들만의 일이 아니다. 모든 성도가 함께 참여하는 구조 위에 세워져 있다.

오래전부터 온누리교회는 목회의 많은 영역을 성도들에게 적극적으로 위임해 왔다. 이는 단지 인력 보충 차원이 아니라, 교회 공동체 전체가 하나님의 선교에 동참하는 '선교적 교회'로 살아가기 위한 전략적 선택이었다.

이러한 구조 속에서 성도들은 단순한 참여자에서 헌신된 사역자로, 소비자에서 공동 사역자(co-worker)로 변화해 왔다. 예배 안내, 양육, 치유, 선교, 찬양, 교육, 미디어 등 거의 모든 사역에 성도가 주도적으로 섬기고 있으며, 이는 곧 선교의 역동성으로 이어지고 있다.

무엇보다 성도 스스로 자발적으로 헌신하고, 선교의 현장으로 나아가는 문화가 온누리교회의 가장 큰 자산 중 하나이다. 교회는 이를 뒷받침하기 위해 체계적인 훈련 시스템과 동역의 문화를 꾸준히 세워 왔고, 그 결과 많은 성도가 국내외 선교지에서 실제적인 변화와 열매를 만들어 가고 있다.

온누리교회의 선교는 그래서 '보낸 사람'과 '간 사람'이 분리되지 않는다. 모두가 함께 보내고, 함께 가며, 함께 그 사명을 감당하는 공동체적 선교의 모습을 구현하고 있다. 이것이 바로 온누리교회의 선교가 지금까지 지치지 않고 계속될 수 있었던 힘이며, 앞으로도 견고히 이어 갈 비전이다.

복음과 함께 삶을 품다, '총체적 선교'

온누리교회의 선교 방향을 특징짓는 또 하나의 중요한 요소는 바로 '총체적 선교(holistic mission)'의 실천이다. 이는 전통적인 복음전도에 머무르지 않고, 삶의 모든 영역에서 하나님의 사랑을 드러내고자 하는 선교적 비전이다.

그동안 한국교회 안에서는 복음을 전하는 '전도'와 이웃을 섬기는 '사회참여'가 종종 이분법적으로 나뉘어 있었다. 그러나 온누리교회는 이 두 사명을 분리하지 않고, 복음과 섬김이 통합된 선교 즉 '총체적 선교'로 나아가는 길을 선택해 왔다.

이러한 통합의 흐름은 온누리 안팎의 여러 선교단체가 협력하면서 더욱 가속화되었다. 각 단체는 고유의 사역 영역을 살리되, 복음 전파와 사회적 돌봄을 동시에 실현하는 다층적 선교의 실천으로 발전해 왔다.

특히 온누리교회는 NGO 기관인 '더멋진세상'(Better World)을 설립하여, 선교지의 열악한 환경 개선, 의료와 구호, 교육과 자립 지원 등 다양한 프로젝트를 통해 삶의 전 영역을 아우르는 실질적 도움을 실천하고 있다. '더멋진세상'은 온누리 선교의 현장성이 더욱 깊어지고, 복음이 삶 속에 뿌리내리도록 만드는 강력한 통로가 되고 있다.

이재훈 목사 역시 총체적 선교를 온누리교회의 선교적 책임이자, 대형 교회로서의 시대적 책무로 강조하고 있다. 그는 "우리가 교회로서 빛과 소금의 사명을 감당하려면, 세상의 고통과 아픔 속으로 들어가야 한다"고 말한다.

그에 따라 온누리교회는 선교지에서 단지 복음을 선포하는 것을 넘어, 삶을 세우고 마을을 변화시키며 공동체 전체를 섬기는 선교를 지향하고 있다.

온누리교회의 총체적 선교는 오늘날 '선포와 섬김이 함께 가는 선교' '영혼과 육체를 함께 돌보는 선교' '현장과 복음을 연결하는 선교'로 구체화되고 있으며, 앞으로도 온 세상을 향해 복음의 손과 발이 되기 위한 노력을 계속해 나갈 것이다.

조용하지만 강력하다, '촉매가 되는 선교'

최근 이재훈 목사는 '촉매가 되는 선교'라는 개념을 새롭게 제시하며, 온누리교회의 선교 방향을 분명히 했다. 그는 선교가 단순히 해외 사역의 영역에 머무르지 않고, 온누리교회 목회 전반에 촉매 역할을 감당해야 한다고 강조했다. 아울러, 온누리교회의 선교기관과 선교사들은 각자의 사역을 넘어서 다른 선교단체와 현지 교회들을 일으키는 촉매로 부름받았다고 말한다.

이러한 관점은 선교사의 역할에 새로운 정의를 내린 것이다. 선교사가 주인공이 되어 사역을 이끄는 것이 아니라, 현지 교회와 단체들이 사역의 주체가 되도록 돕는 일, 바로 그것이 온누리교회의 중요한 선교 철학이다. 선교사는 돕고, 연결하고, 밀어 주는 '숨은 조력자'로 존재하는 것이다. 이 철학은 실제 사역에서도 구체화되고 있다. 온누리교회는 이주민들이 다수 거주하는 지역을 중심으로 M센터를 개설하고, 다문화 가정을 위한 사역을 이어 가고 있다. 이 사역은 한국교회 전반의 다문화사역에도 자극을 주는 촉매 역할을 하고 있으며, 온누리교회의 선교 철학이 실제 현장에서 어떻게 구현되는지를 보여 주는 대표적 사례이다.

이처럼 '촉매선교'는 온누리교회를 드러내지 않고, 온전한 섬김의 정신으로 현지를 돕는 데 집중한다. 궁극적으로는 그들이 스스로 교회를 세우고 부흥을 이뤄 갈 수 있도록 지원하는 것이다. 섬김의 방향이 조용하고 낮지만, 결과는 깊고 넓다.

온누리교회는 그동안 선교적 실험 공동체로서 다양한 연합과 도전을 시도해 왔다. 그리고 이러한 시도들이 오늘의 온누리교회를 만들어 왔다. '따로 또 같이', 바로 이것이 온누리교회 선교의 정체성이며, 하나님 나라를 이루기 위한 아름다운 협력이다.

이 선교의 발걸음은, 주님 오시는 그날까지 멈추지 않을 것이다.

더 멋진 세상을 위해 하나가 되다

교회와 세상을 잇는다, '두란노서원'

1980년 어느 날, 하용조 목사는 병상에 누워 사도행전을 묵상하던 중 한 장면에 깊이 사로잡혔다. 그것은 사도 바울이 에베소의 '두란노서원'에서 날마다 말씀을 가르치며 제자를 세우는 모습이었다. 그 장면은 단순한 역사적 기록이 아니었다. 하 목사의 가슴에 선명하게 새겨진 사역의 소명이었고, 복음이 문화를 바꾸는 하나님의 비전이었다.

그해 12월, 그는 섬기던 연예인교회를 사임하고 받은 퇴직금으로 '두란노서원'을 설립했다. 말씀을 통해 제자를 세우고, 문화 속에서 그리스도의 복음을 전하고자 한 첫걸음이었다. 이는 단지 출판사를 세운 일이 아니었다. 복음으로 세상을 변화시키기 위한 실험이자 헌신이었다.

이러한 비전은 이미 영국 체류 시절, 존 스토트 목사가 세운 런던현대기독교연구소에서 공부하며 더욱 구체화되었다. 하 목사는 그곳에서 복음이 현대 사회에 끼칠 수 있는 영향력 그리고 복음과 사회적 책임의 통합, 교회와 선교단체의 협력 모델에 깊은 감동을 받았다.

이 경험은 이후 1985년 온누리교회 설립으로 이어지는 중요한 기초가 되었다. 그는 두란노서원을 통해 품었던 '복음으로 세상을 변화시키는' 꿈을, 교회를 통해 삶의 현장 속으로 확장시키고자 했던 것이다. 두란노서원은 곧 말씀과 제자훈련, 복음문화사역의 실험실이 되었고, 온누리교회는 그것을 교회 공동체 안에서 살아 내는 운동의 장이 되었다.

교회와 선교단체가 어떻게 조화를 이루며 하나님 나라를 확장해 갈 수 있는가에 대한 비전은 그렇게 현실 속에서 구체화되기 시작했다.

온누리교회를 창립한 뒤, 하용조 목사는 성도들이 스스로 제자를 양육할 수 있도록 돕는 온누리만의 제자양육 교재 개발에 깊은 관심을 기울였다. 이 일에 아내인 이형기 사모(현 두란노서원 원장)가 함께 힘을 모았다. 마치 한 가정의 부모가 자녀들에게 필요한 것을 책임지고 준비하듯, 두 사람은 밤낮으로 연구에 매진하며 제자양육에 필요한 자료와 콘텐츠를 만들고 다듬었다. 이처럼 두란노서원과 온누리교회는 서로 긴밀히 협력하며, 복음과 제자훈련 그리고 선교의 비전을 함께 품고 걸어왔다.

두란노서원은 설립 초기부터 복음으로 문화를 변화시키겠다는 분명한 비전을 갖고 있었다. 1981년 데니스 레인(Denis Lane) 목사의 강해설교 세미나로 시작된 두란노 바이블칼리지에서는 다양한 신학과 영성 프로그램을 진행했다. 특히 당시 한국교회가 주목하지 않던 성경적 가정사역과 상담사역 등에 관심을 기울이면서 1982년, 한국 최초의 가정사역 세미나를 개최했고, 가정상담연구원과 정신건강상담실도 열었다. 이러한 사역은 온누리교회 성도들의 삶과 가정에도 큰 변화를 가져왔다.

또한 전문 사역자 양성을 위한 강좌를 비롯해 건강한 가정을 세우는 '결혼예비학교'를 운영하는 등 목회자와 성도, 교회를 함께 세워 나갔다. 다른 교회 성도들도 자유롭게 참여할 수 있도록 문을 열었는데, 이는 온누리교회만이 아니라 한국교회 전체를 섬기기 위한 것이었다. 이러한 두란노사역은 한국 기독교계에 큰 영향을 주었고 한국교회가 문화사역을 새롭게 바라보는 계기가 되었다.

두란노서원은 그동안 4,500여 종의 단행본을 발간하면서 한국의 대표적인 기독교 출판사로 자리매김했다. 한국교회에 경건 서적에 대한 지평을 넓히는 한편, 양질의 도서를 번역해 국내에 소개하는 데 힘썼다. 특히 1985년 창간된 월간지〈빛과소금〉은 당시 기독교 매체 중 유일하게 일반 성도를 위한 잡지로 발간되었다. 현재는 크리스천만을 위한 잡지에서 벗어나 비신자들에게도 위로와 희망을 주는 따뜻한 감동의 이야기들이 실린다. 이 잡지는 문체부 우수 콘텐츠 잡지로 선정되기도 했다. 두란노에서 출판된 다수의 도서들도 우수 교양도서로 이름을 올리면서 대중성과 영성을 함께 인정받고 있다.

뿐만 아니라 매일의 말씀 묵상을 돕는 대표적 큐티지인〈생명의 삶〉과 목회자를 위한〈목회와신학〉등 7종의 잡지를 발간하고 있다. 이외에도〈일대일 제자양육 성경공부〉,〈가스펠 프로젝트〉등 다양한 성경공부 자료들과 제자양육 교재를 발간하면서 교회 내 교육과 훈련 사역을 돕고 있다.

시대의 흐름에 맞춰 2022년에는 기독교 출판사 최초로 크리스천 디지털 콘텐츠 플랫폼 '두플러스(duplus)'를 론칭했다. 세계 어느 곳에서나 두란노 콘텐츠를 접할 수 있을 뿐 아니라, 여러 기독교 출판사들의 다양한 콘텐츠까지도 접할 수 있도록 서비스를 제공하고 있다.

또한 두란노는 미국, 일본, 대만, 라틴아메리카 등지에 해외 지사를 세우고,〈생명의 삶〉을 세계 다양한 언어로 번역해 전 세계로 복음을 전하고 있다.

두란노는 온누리교회와 함께 교회의 성장과 성숙을 돕고, 세상의 문화를 변혁시키는 일에 앞장서 왔다. 일본 러브소나타는 물론, 선교지에 각 나라 언어로 번역한 〈최고의 행복〉 전도지와 《일대일 제자양육 성경공부》 등을 공급하고, 세미나와 교육, 문서사역을 통해 교회 내 다른 단체들과도 긴밀히 연합하고 있다.

두란노는 온누리교회가 세워지기 전부터 시작된 선교의 오랜 꿈이었다. 건강한 기독교 콘텐츠를 찾고 만들고 나누면서 세상의 문화 속에 하나님의 문화를 심고자 했다. 지난 온누리교회의 역사 속에서 복음의 실험장이었고, 교회와 세상을 잇는 선교적 플랫폼이었다. 무엇보다 온누리교회와의 연합을 통해 교회와 선교단체의 건강한 융합과 협력의 성공적인 모델이 되었다. 지금도 땅끝까지 복음을 전하는 그 일에 기꺼이 함께 동역하고 있다.

어디서나 모두에게, 선교미디어 'CGN'

2000년 무렵, 하용조 목사는 교회에 들어온 큰 헌금으로 인터넷 방송을 시작하기로 결심했다. 하 목사가 방송을 생각한 이유는 두 가지였다. 하나는 전 세계 1만 3천여 명의 한인 선교사들에게 영적 콘텐츠를 공급하는 교육방송이 필요하다는 거였다. 다른 하나는 각지에 흩어져 외롭게 살아가는 650만 한인 디아스포라에게 복음을 전해야 한다는 것이었다.

이러한 비전을 품고 '온누리TV'라는 인터넷 방송국이 세워졌다. 1대 사장은 손한기 장로가 맡았다. 개국하자마자 반응은 뜨거웠다. 문을 연 지 한 달 만에 방문자 수 100만 명을 기록했고, 이듬해엔 700만 명을 돌파했다. 하루 방문자 수는 최고 2만 5천 명을 넘어섰다. 이는 당시 인터넷 방송으로서는 매우 놀라운 수치였다. 그만큼 복음을 향한 갈급함이 얼마나 깊었는지 알 수 있다.

온누리TV는 단순히 교회 방송이 아니었다. 예배, 세미나, 집회 등을 중계하며 국내외 많은 성도에게 하나님의 은혜를 나누는 통로가 되었다. 뿐만 아니라 당시 온누리TV의 콘텐츠들을 기독교방송인 CBS, CTS에 조건 없이 제공했다.

2005년, 하용조 목사는 여기에 멈추지 않고 더 큰 꿈을 꾸었다. 인터넷이 아니라 위성방송으로 전 세계에서 언제 어디서나 24시간, 365일 복음 콘텐츠를 접할 수 있는 채널을 만들어야 한다고 생각했다. 그 도전으로 CGN TV(현재 CGN)가 시작되었다. 케이블이나 공중파가 닿지 못하는 선교지, 인터넷뿐만 아니라 전화조차 여의치 않은 땅끝 오지에서 사역하는 선교사들에게도 영적 갈급함을 채워 줄 수 있을 거라는 기대 때문이었다.

"복음에 목숨을 건 한 선교사를 위해서라면, 어떠한 대가를 지불해도 아깝지 않다."

이것이 선교를 향한 하용조 목사의 심정이었다. 아무리 돈이 많이 들고 희생이 따른다고 하더라도 주님 오시는 날까지 CGN을 통해 해야 할 일이라고 강조했다.

선교지에서는 위성안테나 한 대가 하나의 교회 역할을 감당한다는 이야기들이 들려온다. 그렇다면 더 많은 곳에, 하나의 안테나라도 더 달아 주는 것이 필요했다. CGN 개국과 함께 선교사들에게 안테나를 달아 주자는 '드림온(Dream-On) 캠페인'을 펼쳤는데 성도들의 후원으로 6개월 만에 100대를 설치할 수 있는 금액이 모였다. '단 한 사람이라도 복음을 듣는다면 포기하지 않겠다'는 이 헌신은 큰 감동 속에서 지속적인 나눔의 은혜가 일어났다. 덕분에 어려운 지역에 있는 선교사들이 무상으로 안테나를 공급받을 수 있게 되었다.

CGN 전 직원은 위성안테나를 설치하기 위해 자비량으로 아웃리치를 떠나기도 했다. 현재까지도 지구촌 곳곳을 찾아가 선교사를 위해 위성안테나를 달아 주고, 이를 대체할 수 있는 셋톱박스 설치 사역에도 힘쓰고 있다. 이는 CGN이 단순한 방송국이 아닌 미디어 선교단체임을 보여 주는 것이기도 하다.

2020년에는 코로나19로 일본 러브소나타 개최가 어려워지자 온누리교회 성도들은 자신의 항공 비용을 후원금으로 전달해 일본인 사역자를 위한 셋톱박스를 설치했다. 지금까지 전 세계 101개국에 1만 1,486대의 안테나가 설치되었고, 8,138대에 이르는 셋톱박스가 보급되었다. 이는 그만큼의 교회가 세워진 것이기도 했다. CGN은 온누리교회가 사도행전적 교회로서 땅끝까지 복음을 전하는 Acts29의 비전을 이루는 데 좋은 발판이 되었다.

또한 5대양 6대주를 선교지로 품고 있는 만큼 선교사들이 가기 어려운 곳까지 복음을 전하겠다는 꿈을 가지고 해외 지사를 개척하고 있다. LA, 일본, 대만, 태국, 인도네시아, 프랑스 등지에 CGN 지사를 설립하고 선교의 교두보 역할을 하고 있다. 한인 선교사들의 영적 재충전을 위해 시작됐지만 현지인들에게 맞춘 미디어 선교를 통해 지금까지도 많은 열매를 맺고 있다.

특히 CGN은 개국 이래 지금까지 한 번도 상업 광고를 하지 않았다. 설교 비즈니스나 영리 추구도 철저히 배제했다. 그 이유는 단 하나였다. 오직 순수 복음 방송만 하겠다는 의지였다. 그것이 CGN이 현재까지도 후원자의 헌금으로만 운영하는 방침을 유지해 온 이유이다. 이 신념이 CGN의 귀한 정체성이 되었다.

지금까지 CGN은 복음의 가치를 담은 감동과 은혜의 프로그램을 수없이 제작했다. 우리 시대 탁월한 해외 목회자들의 설교를 직접 들을 수 있는 기회를 제공했고, 예배와 말씀, 큐티와 묵상, 교육, 간증 그리고 기독 영화와 다큐, 드라마까지 다양한 콘텐츠를 통해 선교사와 성도들의 영적 허기를 채웠다. 그리고 오늘도 더 넓은 세상, 더 깊은 복음의 이야기를 들고 선교지를 찾아간다. 어디서나 모두에게 닿을 수 있는 복음을 전하기 위해 오늘도 온누리교회는 물론 많은 단체들과 연합하여 주님의 도구로 사용되고 있다.

온라인 맞춤양육 서비스, 기독OTT 플랫폼 '퐁당'

온누리교회 안에 새로운 전도 패러다임인 '맞춤전도'를 제안했던 이재훈 목사는 이번에는 '맞춤양육'을 고민했다. 성도의 양육 역시 개인의 눈높이에 맞춘 양육이 필요하다고 생각한 것이다. 신앙 성장은 사람마다 다르기 때문이다. 그런 점에서 이 목사가 구상한 건 병원 모델이었다. 한 사람의 파일이 존재하고 거기에 맞춰 처방을 내리는 병원처럼,

교회 역시 성도들에 따라 신앙에 대한 처방을 해야 한다고 여겼다. 이러한 맞춤양육을 하기 위해서 각 사람에게 필요한 교재와 영상물을 맞춤으로 제공할 수는 없을까? 그 고민 끝에 나온 것이 바로 기독OTT '퐁당(Fondant)'이다.

'퐁당'은 원래 프랑스어로 '흘러넘치다' '빠져들다'라는 의미의 단어인데, 우리말 '퐁당'과 접목해 온 세상으로 복음을 흘려보낸다는 비전을 품고 탄생했다. 물방울 하나가 떨어져 잔잔한 물결을 일으키듯이, 복음의 콘텐츠 하나가 세상에 흘러가 사람들의 삶과 신앙에 파동을 일으키길 바라는 마음이 담겨 있다. 많은 성도가 '말씀에 퐁당' '은혜에 퐁당'하기를 기대하면서 말이다.

'퐁당'은 2021년 CGN이 론칭한 국내 최초의 기독OTT 플랫폼이다. 넷플릭스나 유튜브에 익숙한 세대들이 자연스럽게 접근할 수 있도록 앱과 웹, 스마트TV를 통해 다양한 콘텐츠와 서비스를 전 세계에 무료로 제공하고 있다. 국내외 기독교 영화와 드라마, 다큐, 찬양, 설교, 세미나, 어린이 콘텐츠 등 77개의 오리지널 시리즈를 포함해 3만 5천여 편의 기독교 콘텐츠를 제공하고 있다. 특히 광고와 이단, 유해물 없이 CGN 콘텐츠와 철저하게 검증된 강사와 교단의 콘텐츠만을 서비스하고 있다. 최근에는 영어 등 외국어 지원 기능이 탑재된 '퐁당 글로벌 다국어 버전'을 선보였다. 많은 관심 속에 이용자 수도 17만 명에 이르고 있고, 네크워크 교회는 500여 개에 달한다. 2024년에는 3주년을 맞아 6개국 해외 올 로케이션으로 진행된 특집 다큐멘터리 〈바울로부터〉를 제작해 큰 화제를 모으기도 했다.

무엇보다 퐁당은 '양육'에 집중하고 있다. 사람들이 가장 많이 접하는 유튜브는 구독자의 선호도에 따른 알고리즘에 의해 편향적으로 영상을 제공한다. 구독자가 한번 영상을 잘못 선택할 경우, 자칫 비슷한 영상의 늪에 빠질 수 있다. 하지만 '퐁당' 서비스는 온라인상에서 인공지능(AI)을 활용해 구독자의 신앙 상태와 성향에 따라 추천 영상과 자료를 공급한다. 일종의 '온라인 맞춤양육 서비스'이다. '개인 맞춤'과 '교회 맞춤' 알고리즘으로 움직인다는 것이 퐁당의 장점이다. '개인 맞춤'이란 AI 기술을 활용하되, '보고 싶은 콘텐츠'가 아닌 개인별 신앙 성장과 믿음의 균형을 위해 '봐야만 하는 콘텐츠'를 제공한다는 점에서 기존의 유튜브나 다른 플랫폼과는 전혀 다른 지향점을 가지고 있다고 할 수 있다. 이단과 사이비가 범람하는 시대에서 건강한 신앙의 울타리를 세워 주는 시스템이라고 할 수 있다.

교회가 성도 한 사람 한 사람을 정성스럽게 돌보듯, 이 플랫폼을 통해 사용자의 신앙 여정에 따라 맞춤 콘텐츠를 제공함으로써 균형 잡힌 영적 성장을 돕고자 했다.

이렇게 퐁당은 개인뿐만 아니라 '교회 맞춤'을 통해 각 교회가 자체적으로 플랫폼을 활용할 수 있도록 설계되어 있다. 교회마다 퐁당의 교육 관리 시스템(Learning Management System, LMS)의 운영 주체가 되는 것이다. 각 교회 담임목사의 목회적 필요에 따라 콘텐츠를 선별하고 커리큘럼을 구성해 교회 구성원을 위한 맞춤 교육을 진행할 수 있다. 성도들은 수강 신청 후 해당 콘텐츠를 시청하고 과제를 제출하며, 교회는 그 이력을 바탕으로 균형 잡힌 신앙교육을 추적하고 지도할 수 있다. 이로써 교회는 공동체적 신앙 성장을 실현할 수 있게 된다. 또한 각 교회의 교육 콘텐츠를 '나의 교회 콘텐츠'로 업로드해 독자적인 미디어 라이브러리를 구축할 수도 있다.

무엇보다 이재훈 목사는 퐁당이 추구하는 가치에 대해 4C로 표현했다. '콘텐츠(Contents)는 클라우드(Cloud)에서, 케어(Care)는 커뮤니티(Community)에서'. 즉 성도 각자가 퐁당을 통해 양질의 신앙 콘텐츠를 누리되, 돌봄은 자신이 속한 교회 목회자에게 받자는 것이다. 성도가 자신의 영적 성장을 이룰 수 있는 콘텐츠를 마음껏 이용하되, 교회 공동체 가운데서 건강하게 양육되기를 바란 것이다.

퐁당은 퐁당교회학교 어린이 예배 콘텐츠를 활용하는 교회들이 증가하는 추세에 힘입어 한국교회를 섬기기 위한 다양한 네트워크 사역을 시도하고 있다. 교역자가 부족한 지역 교회들이 교회학교 운영을 할 수 있도록 매주 교회학교 예배 영상과 교안을 제공하는 것이다. 또한 퐁당을 이용하는 교회들이 모여 효과적인 제자양육 방법을 모색하도록 퐁당 컨퍼런스와 아카데미를 열고 있다.

디지털 시대, 콘텐츠는 곧 복음의 통로가 된다. 특히 코로나19를 거치며 한국교회는 새로운 양육 방식과 선교의 돌파구를 찾기 시작했다. 그 흐름 속에서 전통적인 교회 중심 사역을 넘어 미디어와 OTT를 통한 선교 확장이라는 온누리교회의 미래 지향적 선교가 새로운 선교의 방향을 제시해 주고 있다.

AI 기술이 발전하면서 플랫폼은 더욱 정교해질 것이다. 그러나 그 모든 기술 위에는 한 영혼을 향한 하나님의 마음이 있다. 퐁당은 하나님께서 이 시대에 주신 기회이며 도전이다.

모든 땅 모든 민족에게, '두란노국제선교회 TIM'

온누리교회는 창립을 준비하던 시기부터 감비아의 이재환 선교사를 비롯해 여러 선교사를 후원하고 기도하는 모임을 시작했다. 초창기 재정이 어려워 담임목사인 하용조 목사의 사례비가 미뤄지던 시절에도 선교사 후원금만큼은 늦지 않게 보낸 것은 교회가 얼마큼 선교에 진심이었는지를 알 수 있는 대목이기도 하다.

온누리교회는 타 선교단체의 선교사 후원에 그치지 않고 온누리교회 성도들을 직접 선교사로 파송하기 시작했다. 치과의사였던 최선수 집사의 헌신을 시작으로 본격적인 선교사 파송이 이뤄졌고, 1988년 한남동 이상자 권사의 집에서 선교사를 위한 기도 모임인 이른바 '한남동 기도 모임'이 만들어졌다. 매달 교회 리더와 선교사들이 모여 기도하는 이 모임은 선교사들에게 위로의 자리이자 온누리 선교의 든든한 뿌리가 되었다. 이후 선교사를 체계적으로 훈련하고 관리할 조직이 필요해지자 1990년 두란노국제선교회(TIM, Tyrannus International Mission)가 출범하게 되었다.

TIM은 전방개척선교(Frontier Mission)에 특화된 단체이다. 이슬람교, 힌두교, 불교, 공산주의 등 여러 장벽에 가로막혀 복음을 들을 기회조차 없는 미전도 종족에게 전략적으로 선교사를 파송해 교회 개척과 제자양육의 사역을 감당하고 있다.

초창기에는 전문인 선교사들의 참여가 두드러졌다. 의사, 사업가, 교사 등 장로와 집사의 직분을 가진 성도들이 자신의 전문성과 소명을 가지고 선교지에 들어갔다. 이들은 농업, 의료, 교육, 스포츠, 비즈니스 등 다양한 영역을 통해 복음의 문을 열었고, 이러한 접근은 복음이 제한된 지역에서 선교의 중요한 기반이 되었다. 또한 2000년대 들어 온누리교회의 성장과 함께 TIM사역의 지경도 확장되었다. Acts29 비전이 선포되면서 미전도 종족 입양 지역에 선교사를 집중 파송하게 되었고, 도육환 목사의 주도로 '블레싱 사하라 캠페인'을 대대적으로 펼치면서 중동, 아프리카 지역까지 선교 지경이 넓어졌다.

TIM은 현재 '교회개척운동(CPM)'과 '팀 단위 사역(ST제도)'을 통해 공동체 중심의 지속 가능한 선교 모델을 확립하고 있다. 프로젝트를 추진했던 전문인 사역자가 은퇴할 경우 사역이 사라질 위기에 처하자, 단기적 사역의 방향에서 벗어나 건강한 교회를 개척하며 현지인 리더를 세우는 방향으로 사역을 전환해 장기적인 선교의 기초를 마련하고 있다.

특히 온누리교회가 '융합선교'라는 선교 패러다임을 제시하면서 선교지에 팀 사역이 도입되자, 공동의 뜻을 품은 선교사들이 동역하는 시스템이 자리를 잡게 되었다. 또한 온누리교회의 다양한 선교 기관들이 TIM과 연합해, 선교지의 필요에 따라 통합적 사역을 하면서 선교지에 실제적인 변화들이 일어나고 있다. 일본과 인도네시아는 이러한 융합선교의 대표적인 모델이다. 일본에서는 온누리 비전교회를 비롯해 CGN, 아버지학교 등 선교 자원이 연합해 TIM-Japan을 중심으로 전략적인 통합 선교가 진행되었다. 인도네시아에서는 람풍족 사역을 중심으로 현지

교단과 더멋진세상 등이 유기적으로 협력하여 의료, 교육, 지역개발까지 아우르는 사역이 이루어졌다. 이렇게 교회가 세워진 곳에서 사람들의 삶이 달라지기 시작했다.

온누리교회와 TIM은 지난 30년간 한 몸처럼 세계 곳곳에 복음을 전하고 교회를 개척했다. 최근에는 난민과 이주민, 기후 위기, 전쟁 등의 문제가 선교의 지형을 바꾸고 있다. 이런 시대적 흐름을 읽으면서 지금껏 그래 온 것처럼 함께 기도하며, 서로 머리를 맞대고 길을 찾아갈 것이다. 아직 복음을 듣지 못한 30억의 사람들이 있으니 말이다.

하나님 나라를 위한, '더멋진세상'

2010년 여름, 일본 동경에서 투병 중이던 하용조 목사는 오랜 동역자인 김광동 장로(전 주브라질 대사)를 불러 한 가지를 부탁했다.

"온누리교회가 받은 것이 너무 많은데 우리는 세상에 해준 게 없습니다. 장로님이 NGO를 하나 만들어 주세요. 인종과 지역, 종교와 이념을 뛰어넘어 지구촌에 강도당한 자, 헐벗은 자를 위해 아무런 조건 없이 하나님의 사랑을 나눠 주는 그런 NGO말입니다. 이제 우리가 받은 축복을 세상에 나누어야 할 때입니다."

아무런 재정과 인적 자원도 없는 상태였지만, "하나님의 일은 돈으로 하는 것이 아니라 기도로 순종하면 필요한 것을 보내 주신다"는 하 목사의 말에 김광동 장로는 순종함으로 따랐다.

온누리교회 창립 25주년이 되던 해에 하용조 목사는 온 성도에게 나눔을 선포했다. 온누리교회가 받은 크나큰 은혜와 축복이 그저 교회 안에 머물러서는 안 되며, 세상의 고통받는 이웃에게로 흘러가야 한다는 것이다. 이 비전과 메시지에 따라 40일간의 나눔 캠페인이 이어졌고, NGO '더멋진세상'이 탄생하게 되었다.

이듬해인 2011년 3월, 일본의 동북부 지방과 관동 지방이 대지진으로 인해 엄청난 피해를 입었다. 이제 막 이름을 걸고 시작된 NGO였지만, 온누리교회 청년 30명과 함께 일본으로 향했고, 이 사역은 '더멋진세상'의 첫 번째 현장이 되었다.

이때부터 더멋진세상은 교회와 NGO가 함께하는 선교적 사역으로 자리 잡게 되었다. 현재 국제개발 NGO로 활동하며 고난과 위기에 처한 이들을 위해 아동보호사업과 긴급구호, 지역개발, 의료 및 교육지원 등 다양한 인도적 사업을 시행하고 있다.

이러한 더멋진세상의 설립과 사역 뒤에는 많은 도움의 손길이 함께 했고, 무엇보다 외교관으로서의 경험을 하나님께 드린 김광동 장로의 뜨거운 헌신과 노력이 있었다. 외교부 산하 사단법인으로 등록을 마치고, 유엔경제사회이사회(ECOSOC)의 협의지위 기관으로 인정을 받으면서 더멋진세상은 유엔이 인정한 NGO라는 지위를 얻게 되었다. 이로 인해 온누리교회라는 이름으로 갈 수 없는 곳에서도 Acts29의 비전을 펼칠 수 있는 좋은 통로가 되어 주고 있다.

더멋진세상의 핵심 사역 중 하나는 '더멋진마을 프로젝트'이다. 가난하고 열악한 마을에 들어가 우물을 파고, 학교와 보건소를 세우며, 농사를 지을 수 있도록 하는 것이다. 여기에 소득 증대에 이르기까지 총체적 개발을 통해 마을 전체가 자립하도록 하는 것이다. 이렇게 선교지의 열악한 환경을 개선하면서 복음과 함께 삶을 총체적으로 돕는 일을 하고 있다. 이것은 온누리교회가 꿈꾸는 사도행전적 교회와 같다. 한 마을이 변화되는 과정을 통해 사람들이 하나님 나라의 소망을 꿈꾸도록 하는 것이다.

직접 선교가 어려운 많은 기독교 NGO들의 고민이 '어떻게 복음을 전할 수 있을까?' '프로젝트만으로 과연 변화가 가능한가?'이다. 이에 대해 더멋진세상의 정체성은 명확했다. 그것은 예수님이 하신 일을 따라가는 것이다. 이념과 종교를 넘어 가난한 자와 병든 자, 고통받는 이들에게 다가가 위로하고 치유하며 회복시키는 일이야말로 더멋진세상이 감당해야 할 사역인 것이다.

이재훈 목사는 더멋진세상의 역할은 선교의 지평을 넓히는 것이라고 했다. 과거에는 전도가 선교의 중심이었다면 이제는 NGO를 활용한 사회참여와 지역개발, 재난구호가 선교의 한 방향이 되었다고 강조한다. 복음을 받아들이지 않는 지역에는 이런 NGO 활동이 좋은 통로가 될 수 있기 때문이다.

온누리교회의 모달리티와 소달리티가 연합된 사역을 지켜보며 NGO의 필요성을 절감한 여러 교회가 설립 문의를 해오기도 했다. 하용조 목사의 선견적 비전으로 탄생한 더멋진세상을 통해 이러한 선교적 교회의 모델을 새롭게 만들어 가고 있다.

또한 더멋진세상은 선교를 위해 온누리교회의 다양한 단체들을 지원하거나 협력하고 있다. TIM(두란노국제선교회)과 협력해 온누리교회가 입양한 미전도 종족의 마을 개발을 돕고, 성경 교육을 하는 BEE KOREA를 도와 남수단 마을에 교회를 건축하고 식수 문제를 해결했다. 이외에도 CGN과 아버지학교, 두란노서원 등과의 협업을 통해 목회자 훈련과 가족 회복, 일대일 제자양육 교재 번역 등 다양한 선교적 열매를 맺고 있다. 남수단, 기니비사우, 부르키나파소 등 이름도 생소한 땅에 나아가 교회를 세우고, 주일학교를 열었다. 그러자 복음에 문을 닫았던 땅이 더 멋진 마을을 꿈꾸기 시작했다.

특히 기적의 열매 중 하나는 이천선교본부 융합선교 팀과 진행한 공동체성경읽기 PRS(Public Reading Scripture) 사역이었다. 오디오 성경을 보급하고 있는 G&M의 지원을 받아 문맹률이 높은 아프리카 지역에 부족의 언어로 말씀을 전했다. 그러자 그동안 이해되지 않던 성경 말씀이 들리기 시작하고, 교회마다 말씀의 부흥이 일어나며, 강력한 성령의 역사가 일어나고 있다. 현재까지 15개 언어로 번역되었고, 300여 명의 리더가 세워지는 열매를 맺었다. 이렇게 복음의 확장을 위한 전략적 연합은 융합선교가 얼마나 필요한지를 여실히 보여 주고 있다. 이 아름다운 연합이 더멋진세상을 만들어 가는 힘이 되고 있다.

이재훈 목사는 더 멋진 세상은 하나님 나라에 가까운 세상이라고 이야기한다. 세상에서 중요하게 생각하는 가치와는 다른 것이 소중하게 여겨지는 세상, 경제적 이익보다 나눔과 섬김의 원리에 의해 움직이는 세상, 바로 그것이 더 멋진 세상이라고 말이다.

말씀 위에 세우는 선교, 'BEE KOREA'

온누리교회와 'BEE'(Biblical Education by Extension, 성경연장교육원)의 만남은 지난 30년간 전 세계에서 교회 지도자들을 하나님의 말씀으로 훈련시키는 놀라운 열매를 맺었다.

BEE는 훈련이 힘든 공산권 목회자들의 교육 문제를 해결하기 위해 25개 선교단체가 모여서 설립한 단체이다. 이 만남은 1992년, 김사무엘 선교사를 통해 이루어졌다. 당시 중국 교회 지도자들에게 성경공부 교재의 필요성을 절감하던 김 선교사는 한국에서 BEE사역에 협력할 교회를 찾고 있었다. 그때 손을 내민 교회가 바로 온누리교회였다.

당시 하용조 목사는 말씀 위에 세워진 교회야말로 세상을 살릴 수 있다는 신념 아래, BEE를 온누리교회의 양육과 선교의 도구로 적극 도입했다. 말씀 훈련에 대한 뜨거운 열정과 열방을 향한 선교적 비전은 1994년 BEE KOREA의 설립으로 이어졌고, 서울을 베이스로 중국, 동남아, 중동, 아프리카, 남미에 이르기까지 선교의 지평을 넓히는 불씨가 되었다.

세계에는 제대로 말씀을 배워 보지 못해 혼합주의와 이단에 빠져 신앙생활을 하는 크리스천이 너무나 많다. 아프리카 교회가 최근 급속하게 부흥하고 있지만 90% 이상의 목회자가 신학 교육을 제대로 받지 못한 채 목회자가 된 경우이다. 아시아와 남미의 많은 나라도 마찬가지이다. BEE KOREA는 이런 지역에 말씀과 신학을 가르치고, 교회 지도자를 양성하는 사역을 하고 있다.

BEE는 단순한 성경공부 프로그램이 아니다. 이른바 '학교가 학생에게 찾아가는' 방식으로, 복음이 가장 절실한 그곳에 찾아가 말씀을 가르치는 혁신적인 선교 훈련이다. 무엇보다 BEE의 핵심은 '현지화'에 있다. 교재의 번역, 인도자 양성, 행정과 재정의 자립까지 모든 측면에서 현지 교회가 스스로 할 수 있도록 돕는 것이 BEE의 목표이며, 나아가 이들이 세계 선교의 동역자로 세워지는 것을 꿈꾸고 있다. 이는 온누리교회가 추구하는 사도행전적 교회의 사역 방식과 맞닿아 있다.

이미 인도, 카타르, 중국, 미국에서 현지인 지도자들이 BEE사역을 자립적으로 운영하고 있어서 현지화의 가능성을 확인해 주고 있다. 이는 복음이 그 땅에 뿌리 내리고 있다는 방증이기도 하다.

온누리교회는 성도들의 양육과 선교를 위해 BEE를 적극 활용했다. 큐티와 일대일 제자양육을 받은 성도들을 다음 단계로 인도하는 성경 양육 체계로 자리 잡았고, 선교지로 파송할 사역자들을 집중 훈련시킬 성경공부 콘텐츠로도 활용했다. 이처럼 BEE 과정은 선교단체에서 사용되던 교재를 교회 내 양육 프로그램으로 도입하여 정착시킨 좋은 사례이다.

특히 BEE의 소그룹 방식은 말씀 속에서 자신의 삶을 들여다보게 하고, 삶의 방향을 재설정하도록 도왔다. 말씀이 삶으로 이어지는 이 과정을 통해 많은 성도와 현지 리더들이 사역자로 헌신하는 역사가 일어났다.

지금껏 40만 명이 넘는 교회 지도자들이 말씀으로 훈련되었다. 그리고 결코 이 숫자만으로 환산할 수 없는 성령의 역사가 곳곳에서 일어났다. 하나님의 말씀이 교회를 바꾸고, 그 지역과 민족을 바꾸어 가는 일이 지금도 BEE사역을 통해 일어나고 있다. 온누리교회가 BEE KOREA

와 함께한 사역은 말씀의 능력이 얼마나 실제적인지, 그것이 얼마나 선교적인지를 보여 주는 귀한 여정이었다. 앞으로도 온누리교회와 BEE KOREA는 말씀 위에 세워진 열방의 교회를 꿈꾸며, 선교의 연합을 이루어 갈 것이다.

선교사들의 고마운 친구, '에젤선교회'

1995년, 에젤선교회는 '선교사들을 위해 기꺼이 돕는 손이 되자'는 소망으로 첫걸음을 내딛었다. 초교파적 비영리 선교재단으로서, 그동안 수많은 국내외 선교사와 현지 목회자를 후원하고 돌보며 선교 현장의 회복과 지속을 위해 헌신해 온 공동체이다.

에젤은 단순히 재정적인 지원을 넘어서, 선교사 한 사람 한 사람의 마음에 귀 기울이는 동반자가 되고자 했다. 기도와 섬김, 말씀사역을 통해 지치고 외로운 이들의 내면을 어루만지고, 선교사들의 쉼과 회복을 위한 사역에 집중했다.

선교 현장에서 겪는 고독과 갈등 그리고 반복되는 사역의 소진은 때때로 선교사들의 마음을 메마르게 한다. 이를 위해 에젤선교회는 맞춤형 내적치유 세미나를 개발했다. 이 프로그램은 온누리교회의 '샤이닝 글로리'를 토대로 한 '에젤 내적치유 세미나'로 발전되어, 국내외 선교지를 직접 찾아가 선교사들과 현지 목회자들에게 깊은 위로와 회복을 제공하고 있다.

또한 에젤은 선교지에서 날아온 선교사들의 편지를 모은 기도 책자

〈WITH YOU〉를 발간하고 있다. 이 문서사역은 온누리교회의 '온(ON) 편지' 운동에도 영감을 주어 온 교회가 선교사들을 위해 함께 기도하는 문화를 확산시키는 데 기여했다.

코로나19 시기에는 갑작스럽게 귀국한 선교사들에게 숙소를 무상 제공하고 식사를 배달하며, MK(선교사자녀)를 위한 물품 지원, 생일 선물 및 카드 발송 등 작지만 진심 어린 섬김을 꾸준히 이어 갔다. 이러한 손길 하나하나가 선교사들에게는 사역을 이어 갈 수 있는 소중한 힘이 되었다.

에젤선교회는 온누리교회와도 깊은 협력 관계를 맺으며, 선교의 아름다운 동반자가 되어 왔다. 일본에 온누리 비전교회를 세울 당시에는 도시 정탐과 전도 준비에 적극 동참했고, 인도네시아 팔렘방 비전센터의 설립에도 후원을 아끼지 않았다. 또한 온누리교회의 각종 행사에서 자원봉사로 섬기며, 선교적 협력의 실질적인 모델을 몸소 보여 주었다. 특히 2024년 제4차 로잔대회에서는 국제중보 팀에서 세계 복음화와 한국교회를 위한 기도사역에 동참했다.

현재 에젤선교회는 450명이 넘는 선교사들과 중보기도로 동역하고 있으며, 이중 279명의 선교사에게 정기적인 재정 후원을 하고 있다. 특히 두란노국제선교회(TIM) 소속 파송 선교사들이 에젤의 주요 후원 대상이라는 점은, 에젤이 온누리교회와 얼마나 긴밀하게 협력해 왔는지를 잘 보여 준다.

에젤선교회는 언제나 선교사가 도움이 필요할 때 조용히 손을 내미는 따뜻한 친구이다. 그동안 온누리교회의 선교 여정에 동행해 준 든든한 영적 가족이자 믿음의 동역자로, 앞으로도 계속해서 세계 선교 현장을 함께 걸어갈 것이다.

디지털 시대의 선교, 'SWIM'

SWIM(Society for World Internet Mission, 세계인터넷선교협의회)은 1996년, 인터넷이 대중화되기 시작하던 시기에 온누리교회를 중심으로 창립된 인터넷 선교단체이다. 당시 박은조 목사(샘물교회), 김정우 목사(총신대), 이재규 교수(KAIST) 등 교계와 학계의 주요 인사들이 함께 참여해 '인터넷을 통해 사도행전 29장을 써 내려가자'는 비전을 품었다. 이 단체는 기존의 전통 선교 방식으로는 접근하기 어려운 지역에 인터넷이라는 매체를 통해 복음을 전하고자 한 선교적 실험이자 도전으로 시작되었다.

SWIM은 인터넷선교학교를 개설해 인터넷 선교사 양성이라는 새로운 사역을 시도했다. 단지 기술적 교육이 아니라 디지털 언어로 복음을 전할 수 있는 사람, 기독교 콘텐츠를 창의적으로 제작하고 전송할 수 있는 이들을 양성하고자 했다. 이후 중국어, 영어 홈페이지를 개설하고, 묵상지 〈오늘의 양식〉 메일링사역도 펼치며 하루의 삶 가운데 복음을 묵상할 수 있는 영성의 길잡이 역할도 톡톡히 해냈다.

이후 인터넷 방송국과 교회학교 콘텐츠를 제작했고, 주요 대형 교회들과 협력하게 되면서 SWIM은 단일 교회를 넘어서 한국교회의 인터넷 선교 전략을 논의하고 정책을 제안하는 플랫폼으로 발전했다.

무엇보다 인터넷선교 자료실과 데이터베이스를 구축해 자료와 콘텐츠를 지원하면서 선교사들이 현장에서 큰 도움을 받았다. 또한 아웃리치 신청과 선교지 정보가 체계적으로 관리되는 시스템도 갖추어, 선교사역의 효율성도 높일 수 있었다.

특히 코로나19로 전 세계가 이동을 멈춘 그때, SWIM은 선교사 앱을 개발하고 미디어 교육을 제공하면서, 현장 선교사들이 온라인으로 사역을 지속할 수 있도록 도왔다. 튀르키예 이스탄불의 NLS난민교회가 비대면 환경 속에서도 예배가 중단되지 않도록 지원했다.

SWIM과 온누리교회 전도본부가 협력해 열린 난민전도집회에서 샌드애니메이션과 간증 영상 등을 지원했는데, 그곳에 복음의 씨앗이 뿌려지고 예수님을 영접하는 이들이 나타나는 놀라운 성령의 역사가 일어났다.

2021년 이후 SWIM은 온라인과 오프라인, 선교지와 연결하는 융합 선교를 본격적으로 추진했다. 디지털 기술과 현장 사역의 결합, 선교사 양육과 훈련 콘텐츠의 온라인화, 선교지 관리 시스템 등은 온누리교회를 포함한 여러 선교기관과의 협력을 통해 더욱 견고해졌다.

SWIM의 선교는 이제 메타버스, AI, 빅데이터와 같은 새로운 기술을 복음의 도구로 삼아 더욱 고도화된 선교의 장으로 나아가고 있다.

SWIM은 선교를 위한 인프라 역할을 맡으며 앞으로 디지털 세대가 주축이 되는 시대에 기존 선교의 한계를 극복할 수 있는 좋은 선교 모델로서 온누리교회와 협력해 나갈 것이다. SWIM은 디지털 문명 속에서도 복음이 여전히 사람을 변화시키는 능력이 있음을 보여 주고 있다.

모든 성도를 선교사로 세우다, '선교스쿨'

온누리교회는 모든 성도가 하나님께 부르심을 받은 선교사라고 본다. 그래서 이재훈 목사는 선교지라는 말이 없어야 한다고 했다. 지금 우리가 서 있는 곳, 그 삶의 자리가 바로 선교지이며, 그곳에서 그리스도의 담대한 증인으로서 살아가야 한다는 것이다.

선교란 단순히 선교사를 파송하고 후원하는 차원에서 그치는 것이 아니라, 가정과 직장, 사회 그리고 열방에서 모든 성도가 만인 선교사직을 감당하는 교회가 되는 것이다. 선교가 특별한 사람들만의 영역이 아니라 누구든지, 어디에 있는지, '보냄 받은 자'의 정체성을 갖도록 하는 것이 온누리교회의 선교 철학이라고 할 수 있다.

온누리교회는 성도 한 사람 한 사람을 선교적 존재로 세우고자 노력해 왔다. 1994년, '2천/1만 선교 비전'을 선포하고, 이 비전을 구체화하기 위해 이천선교본부가 설립되었다. 이후 선교는 파송만이 아니라, 전 성도가 함께 참여하는 공동체적 선교로 확장되었다. 매년 1만여 명의 성도가 아웃리치를 떠나고 있고, 온누리교회의 선교 DNA를 이해하고 배울 수 있는 다양한 선교스쿨이 운영되고 있다.

선교스쿨은 성도들이 막연하고 멀게만 느껴지던 선교를 가까이서 배우고 삶에서 실천할 수 있는 선교 훈련의 장이라고 할 수 있다.

선교의 이유를 묻는, '와이미션'

대표적인 선교스쿨 중 하나가 '하나님을 기쁘게, 열방이 주를 기뻐하게'라는 슬로건을 내걸고 시작된 '와이미션(Why Mission)'이다. 2002년 김사무엘 선교사의 인도로 시작된 이 훈련은 성도들에게 선교의 문턱을 낮추고 선교의 의미와 은혜를 알리는 입문 학교라고 할 수 있다. 특히 성경 속에 흐르는 선교에 대한 하나님의 마음을 배우는 동시에, '왜 선교를 해야 하는가?'에 대한 답을 찾는 첫걸음이라고 할 수 있다.

'하나님께 선교당한 사람만이 선교할 수 있다'는 와이미션의 메시지는 많은 성도에게 도전을 주며 그들의 삶의 방향을 바꾸었다. 이 과정에서 하나님을 뜨겁게 만나고, 하나님의 관점으로 세상을 다시 보게 되었다. 열방을 향한 하나님의 눈물에 감동이 되어 기꺼이 자신의 삶을 드리게 되는 거룩한 회심이 일어났다. 선교는 몇몇 헌신자들의 사명이 아니라 모두의 일상 가운데 실천해야 할 사명임을 깨닫게 된 것이다. 지금까지 100기 이상 개설되는 동안 누군가는 직접 선교사로 헌신했고, 누군가는 가정과 직장에서 선교사적 삶을 살아가고 있다.

와이미션은 2013년 이후 온누리 양육의 필수 과정으로 지정되었고, 임직 후보자, 양육 리더, 새가족들까지 폭넓은 참여가 이루어지고 있다. 또한 온누리 캠퍼스교회를 비롯해 해외 비전교회와 선교 현장까지로도 확장되면서 선교의 기본기를 세우는 출발점이 되고 있다. 20여 년간 이어져 온 와이미션은 이제 온누리교회만의 훈련이 아니라 한국교회 전체가 공유할 수 있는 선교 입문 플랫폼이 되어 선교는 선택이 아닌 그리스도인의 정체성임을 전하고 있다.

현지인이 중심에 서는, '총체적 선교스쿨'

또한 소그룹으로 진행되는 선교 훈련 팀도 있다. 2009년, '총체적'이라는 생소한 이름으로 시작된 작은 기도 모임이 지금은 선교의 한 축을 담당하는 선교스쿨로 성장했다. 선교를 더 깊이 알고 싶다는 열망으로 모인 몇몇 성도가 매주 화요일 아침 기도회와 토요 스터디를 자발적으로 시작했다. 당시 그들은 '총체적 선교'라는 개념에 매료되었고, 이른바 CHE(Community Health Evangelism) 팀을 만들어 이에 대한 탐구에 나섰다. 그때 HOPE 선교단체 전 대표이자 한국 선교에 CHE를 도입한 민요섭 선교사와 연결되어 본격적인 훈련을 받았다.

CHE는 국제 CCC 출신 선교사인 스탠 롤랜드(Stan Rowland)가 우간다의 한 마을에서 시작한 선교 전략이다. 그가 꿈꾼 것은 단지 복음의 전파만이 아니었다. 삶의 전 영역에 복음이 스며들어 공동체를 변화시키는, 총체적 선교의 실현이었다. 그는 당시 서구 선교가 막대한 자원과 인력을 쏟아부어도 현지에 변화가 일어나지 않는 현실을 보고 깊은 회의를 갖게 되었다. 그리고 모든 민족으로 제자를 삼으라는 말씀 속에서 선교는 선교사가 아니라 현지인이 주체가 되어야 한다는 것을 깨달았다. 선교지(Community, 지역 사회)의 현지인들을 세워 그들 스스로 삶의 총체적 영역에서 필요를 발견하고 해결할 수 있도록 돕는 것, 그럴 때 성경적으로 건강한(Health) 선교(Evangelism)가 일어난다는 사실을 발견한 것이다. 가난과 질병, 교육, 환경, 공동체의 문제 등 인간 삶의 전 영역에 하나님의 복음을 전함으로써 현지인들이 문제를 해결하며 공동체를 변화시키는 방식인 것이다.

이러한 총체적 선교를 배우고자 하는 성도들이라면 누구나 초청해 비전 세미나를 열기 시작했고, 이후 장기선교사훈련(OSOM) 중인 예비 선교사들에게도 이 훈련이 제공되어 선교지에서 현지인과 함께 선교를 이루어 가는 법을 배우고 있다.

2017년부터는 '하우미션스쿨'이라는 소그룹 CHE 훈련이 도입되어 각 캠퍼스로 확산되었고, 최근에는 온라인으로도 운영되며 전 세계에서 참여 가능한 열린 선교 훈련으로 발전하고 있다.

출발부터 그랬던 것처럼 CHE 팀은 여전히 새로운 도전을 시도하고 있다. 이는 한국교회가 총체적 관점으로 선교를 바라보고 선교의 주인공을 하나님과 공동체로 전환시키도록 하기 위함이다.

텐트메이커를 세우는, '온누리 전문인선교학교'

전문인을 위한 선교 훈련 팀도 있다. '온누리전문인선교학교(OPMS)'는 하나님께서 주신 재능과 전문성을 가지고 선교적 삶을 살아가는 텐트메이커 사역자가 되는 것이 훈련의 목적이다.

교육, 농업, 비즈니스, 문화예술 등 각자의 전문 영역에서 하나님 나라를 확장하고자 모인 이들이 훈련을 통해 세상 속에 흩어진 선교사로 살아가도록 교회가 구조적으로 뒷받침하고 있다. 실제 OPMS는 온누리교회의 일만 사역자 또는 두란노국제선교회(TIM)의 전문인 자비량 선교사 파송과도 연결되어 있다.

특히 코로나19 이후 온라인으로 전환되며 국경을 넘는 훈련이 가능해졌다. 미국, 일본, 인도 등 해외 거주 성도들도 훈련에 참여하기 시작했고, 국내에서도 현장 참여와 온라인 중계를 병행하는 새로운 방식이 정착되었다. 지금까지 500여 명의 수료생이 배출되었고, 이중 60여 명이 선교사로 헌신했다.

2024년에는 청년 공동체와의 연합을 통해 훈련생 중 60% 이상이 청년으로 구성되면서 청년들이 선교적 꿈을 키우는 데 좋은 훈련의 장이 되었다. 현재 국내외 캠퍼스교회와 비전교회에서도 OPMS에 대한 관심이 커지고 있고, 부산수영로교회 등 다른 교회에서도 이를 벤치마킹한 프로그램이 진행 중이다.

내가 가진 직업, 재능, 경험 이런 것이 선교에 사용될 수 있을까? 그 해답이 되는 선교스쿨이 바로 OPMS이다.

나이를 묻지 않는다, '갈렙선교학교'

나이와 환경을 뛰어넘어 누구든지 선교사로 살 수 있음을 보여 주는 귀한 프로그램이 있다. '갈렙선교학교'의 시작은 시니어사역에서 출발했다. 하지만 지금은 연령의 제한 없이 모든 세대를 위한 선교 훈련장이 되었다.

갈렙선교학교는 나이와 환경, 능력과 배경을 뛰어넘어 모든 성도가 선교사의 삶을 살아갈 수 있도록 돕는 맞춤형 선교 훈련 과정이다. 성경 속 갈렙처럼, 나이와 상관없이 하나님이 약속하신 땅을 향해 담대히 걸어가는 사람들을 훈련하기 위해 이 프로그램이 만들어졌다.

갈렙선교학교가 특별한 이유는, 이 훈련이 '헬퍼'를 세우는 데 초점을 맞추고 있다는 데 있다. 훈련생들이 자신에게 맞는 사역을 찾을 수 있도록 교육과 의료, 이주민과 난민, 탈북민 등 6개의 선교 영역으로 플랫폼을 구성해 선교사를 지원하고 동역할 수 있도록 하고 있다.

선교는 이제 더 이상 멀고 어려운 일이 아닌, 삶의 연장이다. 특별한 사람이 아니라, 부르심에 순종한 이들의 몫이다. 세상은 자격을 따지지만 하나님은 순전한 헌신을 받으신다. '나도 선교할 수 있을까?' 묻는다면 갈렙선교학교에서는 이렇게 대답해 줄 것이다.

"당신이 바로 하나님이 부르신 갈렙입니다."

어려도 선교한다, '차세대선교'

아이들도, 청소년도 하나님의 선교에서 예외가 될 수 없다. 온누리교회는 선교적 교회로서 다음 세대를 선교의 주체로 키워 가는 데 많은 노력을 기울여 왔다. 차세대선교 팀은 다음 세대가 세계를 품고 살아가도록 돕기 위해 다양한 선교스쿨과 체험 프로그램을 운영하고 있다.

아이들은 경험을 통해 배운다. 선교지 탐방과 일일 선교체험 캠프, 다문화 가정 자녀들과의 통합 프로그램 등을 통해 선교를 체험하고 배움으로써 자신들도 선교사임을 일깨우고 있다. 하루 동안 타 문화 음식을 먹어 보고 가상으로 선교지 상황을 체험하며, 또한 선교 유적지 탐방을 통해 땅끝까지 복음을 전한 이들의 이야기를 직접 듣고 배우게 된다.

특히 최근에는 선교사 자녀(MK)들을 미래의 선교사로 세우는 훈련에 집중하고 있다. 부모의 사역을 돕는 차원이 아니라 선교사로서의 정체성을 갖고 성장하도록 돕고 있다. 이 훈련을 받은 MK들 중에는 실제로 청소년기부터 선교 헌신을 결단하고 선교지로 돌아가는 사례도 있다. 차세대 선교 훈련은 눈에 띄는 결과로 나타난다. 선교를 일찍 경험한 아이들은 세상을 보는 시야와 이웃을 바라보는 태도가 달라진다. 이러한 다음 세대가 선교의 주역으로 성장할 수 있도록 인도하고 있는 것이다.

온누리의 DNA를 나누는 공간, '비타민C컨퍼런스'

이렇게 한국교회 성도들을 선교에 동참하게 하는 선교스쿨 외에도 해외 교회에 온누리교회의 영적 DNA를 나누는 국제동원 팀 사역도 있다. 특히 국제동원 팀의 '비타민C컨퍼런스'는 온누리교회의 목회 철학과 사역 모델을 세계 각국의 교회와 나누기 위한 협력 사역이다.

이 사역은 2011년 온누리교회의 모든 사역을 배우고 싶다는 중국 목회자들의 요청으로 시작되었다. 중국 선교를 갈망하는 목회자들의 문의가 쇄도하자 '온누리교회 사역 모델 벤치마킹 과정'을 만들기로 했다. 하지만 보안이 필요한 중국의 상황을 고려해 '비타민C컨퍼런스'라는 이름으로 사역을 시작하게 되었다. 인체에 필수적인 영양소인 비타민처럼 교회에 본질적으로 필요한 복음의 핵심을 전하자는 의미인 동시에, 'Change Church China(중국 교회를 변화시켜 선교 중국으로 나아간다)'의 의미를 담았다.

간절한 만큼 배우고자 하는 열망도 컸다. 중국의 목회자들은 핍박과 어려움 가운데서도 참석해 눈물로 중국의 복음화를 꿈꾸었다. 이 사역은 이후 중국 외에도 아시아와 중동, 남미, 아프리카 등 다양한 국가로 확산되었고 지금까지 총 20회의 컨퍼런스를 개최하여 16개국에서 2천여 명의 선교사들이 참여했다.

2020년 코로나19 시기에는 온라인으로 '비타민C스쿨'를 열었다. 지역과 시간의 경계를 넘어 32개국에서 100여 명의 선교사들이 훈련에 참여했으며, 이를 통해 온누리교회의 영적 DNA를 전 세계와 나눌 수 있었다.

사역의 핵심은 세계 교회와의 연합이며, 온누리교회의 사역을 총체적으로 나누는 것에 있다. 선교사들은 온누리교회의 양육 프로그램을 배우는 동안, 서로간의 영적 교제를 통해 사역의 방향을 새롭게 배우고 세우는 기회로 삼았다.

중국을 대상으로 시작한 비타민C컨퍼런스가 주님의 인도하심을 따라 세계로 확장되었다. 이로 인해 언젠가는 '선교받는 교회'에서 '선교하는 교회'로 변화하는 역사가 일어날 것이라 굳게 믿는다.

비타민C컨퍼런스의 대상이 중국에서 아시아, 아프리카로 확대되자 '글로벌INTO컨퍼런스'로 이름이 변경되어 지금도 계속해서 이어지고 있다. 자신의 민족과 나라가 변화되기를 간절히 원하는 목회자들이 여전히 있기 때문이다.

온누리교회의 선교 철학은 수치가 아닌 영향력으로 설명되어 왔다. 한 명의 성도가 일상에서 선교사로 살아갈 때, 가정이 변화되고, 직장이 변하며, 지역이 하나님의 나라가 되어 간다. 온누리교회는 바로 이러한 변화를 꿈꾸며 다양한 맞춤형 선교스쿨을 개발해 왔다. 이들 선교스쿨은 성도들이 하나님의 마음을 깨닫고, 선교적 삶으로 나아가는 출발점이 된다. 선교는 하나님을 만난 그 자리에서 시작되기 때문이다.

지금도 많은 성도가 선교 교육에 동참하고 있고, 각각의 스쿨은 성도들이 선교에 눈을 뜰 수 있도록 돕고 있다. 어디에 있든 자신이 선교사임을 성도들이 고백할 수 있도록 돕는 것, 이것이 온누리 선교스쿨의 궁극적인 목적이다.

하나님은 우리 모두를 선교사로 부르신다. 그 부르심에 순종할 때 하나님은 우리의 평범한 일상을 선교지로 바꾸신다.

선교는 혼자 하는 일이 아니다

선교는 혼자 하는 일이 아니다. 몇몇 헌신된 이들의 몫만도 아니다. 가는 선교사와 보내는 선교사, 현장에서 땀 흘리는 이와 조용히 손 내미는 이들이 함께 엮어 가는 아름다운 연합이다.

온누리교회는 창립과 함께 첫 선교사를 파송하며, 선교가 헌신한 개인의 일이 아닌 모든 성도의 공동 사명임을 일찍부터 선포했다. 선교지의 상황을 함께 나누고 기도하며, 누구나 그 사명을 자신의 것으로 받아들일 수 있도록 온 교회가 함께 걸어왔다.

매년 1월, 온누리교회는 첫째와 둘째 주에 전 성도가 참여하는 선교헌금 작정의 시간을 갖는다. 모은 헌금은 선교사들의 생활비와 사역비로 지원되며, 여러 선교기관에도 아낌없이 전해진다. 또한 880여 명에 이르는 현장 선교사들을 위한 멤버케어와 다양한 지원사역 역시 계속되고 있다.

선교사를 돕는 이 사역이 얼마나 귀하고 아름다운가. 복음의 부르심을 받고 먼 땅으로 나가는 이가 있다면, 그 옆에는 눈물로 기도하며 조용히 손 내밀어 자기 것을 나누는 이들이 있다. 그들의 헌신이 있기에 복음은 더욱 힘차게 뻗어 나가고 있다.

열방을 세우는, '중보기도'

온누리교회 선교의 시작과 끝은 언제나 기도였다. 선교지에서 일어나는 놀라운 기적과 부흥의 역사는 언제나 기도의 뜨거운 자리에서 싹 텄다.

1998년 가을, 서빙고 공동체의 여성 순을 중심으로 몇몇 여성이 모세 기도실에 모였다. 김현미 목사의 인도로 교회를 위해, 나라를 위해, 복음을 듣지 못한 열방과 선교사를 위해 무릎을 꿇었다. 그 작은 무리가 10명, 20명, 30명으로 점점 불어났다. 처음에는 매월 한 번 모임을 가졌으나, 기도의 응답을 경험하게 되자 매주 모이기 시작했다. 눈이 오나 비가 오나, 그 기도의 불꽃은 꺼지지 않았다.

이 작은 불씨는 곧 24시간 릴레이 기도로 번져 나갔다. 이듬해부터 200여 명의 중보기도자들이 시간별로 조를 짜서 선교지를 위해 끊김이 없이 기도하는 전통이 온누리교회 안에 깊이 뿌리내렸다.

양재캠퍼스에서는 2002년 이상규 목사와 함께 금요철야예배가 시작되었고, 30~40대 젊은 여성 100여 명이 매주 화요일 오전 가정과 교회, 선교지를 위해 기도하는 귀한 시간이 마련되었다.

2006년, 이천선교본부를 위한 중보기도 모임이 조직되면서 기도 사역은 한층 체계화되었다. 화요일부터 금요일까지 요일별로 조직된 중보기도 팀은 한시도 쉬지 않고 기도방을 지키며 집중적으로 기도했다.

기도 팀은 선교본부에서 보내오는 기도 제목에 따라 전략적으로 기도했고, 긴급한 선교지 소식이 전해지면 곧바로 중보의 불길을 지폈다. 기도의 지경은 더욱 넓어져, 공동체 결연 선교사, TIM 선교사, 선교사 가족을 위한 기도로 확장되었고, 모임을 벗어나 일상 가운데서도 기도는 계속되었다.

코로나19가 닥쳤을 때도 기도는 멈추지 않았다. 오히려 모든 것이 멈춘 선교지의 어려움을 아파하며 더욱 기도의 자리를 지켰다. 대면 모임이 중단되자 온라인으로 다시 연결되어, SNS 기도방에서 1일 1선교사 집중기도와 매일 아침 8시부터 오후 5시까지 이어지는 릴레이 중보기도가 활발히 진행되었다. 이 기도는 현장에서 힘겹게 버티는 선교사들에게 큰 위로와 힘이 되었다.

그 기간 동안 권역별 중보기도 팀이 탄생했다. 몽골, 튀르키예, 아랍·페르시아권 등 각 지역과 민족을 품은 기도자들이 모여 뜨거운 기도 운동을 펼쳐 나갔다.

누군가 기도하고 있다는 사실만큼 큰 위로가 또 있을까. 중보기도만큼 선교를 위한 강력한 무기가 또 있을까. 중보기도는 선교사들이 고난 속에서도 사역을 이어 가는 크나큰 동력이 되고 있다.

오늘도 선교사를 위한 중보기도가 이어지고 있다. 이름 없이 빛 없이, 수많은 중보자들이 기도의 자리에서 하나님의 선교를 감당하고 있다. 기도할 때, 선교는 하나님이 하신다는 그 믿음으로 말이다.

선교사를 위한 전인적 돌봄, '멤버케어사역'

선교사와 교회는 하나님의 선교를 이루기 위해 세워진 한 팀이다. 그렇기에 교회는 선교사를 끝까지 책임지고 돌봐야 할 사명을 가지고 있다.

현장에서 고군분투하는 선교사의 걸음 걸음을 돕고, 그들이 겪는 크고 작은 필요를 세심히 살피는 일, 사역에 지친 그들이 다시 일어나 맡겨진 길을 힘차게 걸어갈 수 있도록 조용히 등을 두드려 주는 일이 바로 선교사 멤버케어사역이다.

온누리교회의 멤버케어사역은 선교사의 삶과 사역 전체를 아우르는 돌봄이다. 육체와 마음, 가족까지 아우르는 전인적 돌봄이다. 특히 리트릿과 힐링캠프를 마련해, 선교사들이 지친 몸과 마음을 내려놓고 쉼과 위로를 누릴 수 있도록 배려한다. 또한 바쁜 현지 사역과 열악한 환경 탓에 누리지 못했던 음악회, 영화 관람 등의 문화적 돌봄도 함께 진행되어 삶에 작은 기쁨을 더한다.

무엇보다 선교사들의 건강 문제는 긴급한 지원이 필요한 부분이다. 온누리 의료케어 시스템을 통해 병원 연계, 해외 원격 의료 상담, 영양제 지원 등을 제공하며, 때로는 진료와 수술까지 지원하고 있다. 2023년부터는 한방 치료도 더해져 더욱 폭넓은 건강 돌봄이 가능해졌다.

이 돌봄은 점차 선교사 가족으로까지 확대되고 있다. 입원이나 상을 당한 가족을 신속히 돕고, 병환이 있는 부모를 두고 떠난 선교사를 대신해 병원 돌봄까지 살피고 있다. 또한 떨어져 있는 부모를 대신해 군 복무 중인 선교사 자녀(MK)의 면회를 다녀오는 등 세심한 관심과 사랑을 전하고 있다.

멤버케어는 선교사의 영적·정서적·육체적 회복을 위한 전인적 돌봄이다. 구석구석 예수님의 마음이 닿아, 선교사들이 힘과 위로를 얻길 바라는 간절한 마음으로 오늘도 이어지고 있다.

선교사와 성도를 잇는, 〈온(ON)편지〉

온누리교회가 첫 선교사를 파송했을 때, 하용조 목사는 선교지 상황과 기도 제목을 교회 주보에 실어 모든 성도와 나누었다. 성도들은 그 기도 제목을 붙들고 선교사를 위해 뜨겁게 기도했다. 당시 선교사의 기도 제목은 손에서 손으로 전해지는 선교지 편지가 유일한 소통 수단이었다.

두란노국제선교회가 설립되면서, 기도 모임은 파송 국가별, 후원 공동체별로 조직되어 각 모임에서 기도 제목을 자체 제작하거나 교회 주보에 실어 배포했다.

1994년 〈온누리신문〉이 창간되어 선교사의 기도 제목이 신문에 실리기 시작했으나, 파송 선교사 1천 명을 넘기면서부터 더는 지면으로 담기 어려워졌다. 이에 별도의 선교사 기도 책자가 탄생했는데, 그것이 바로 〈온(ON)편지〉이다.

2014년 〈온(ON)편지〉는 계간지로 첫걸음을 뗐다. '온누리'의 약자이자, 선교 현장의 '온-coming' 소식을 담은 이름으로, 선교사들의 생생한 현장 소식과 기도 제목을 싣고 성도들에게 전달되기 시작했다.

디지털 시대에 맞춰 온라인 파일로도 제작되어 가정과 골방 곳곳에 기도의 불씨를 지폈다. 이후 〈온(ON)편지〉는 2개월에 한 번 발간되는 격월간지로 자리 잡았다.

책자 제작은 선교본부 간사들이 주도하지만, 편집과 디자인, 일러스트까지 온누리교회 성도들의 자발적 재능기부로 이뤄진다. 20대 청년부터 60대 장년까지 다양한 세대가 함께 모여 만든 〈온(ON)편지〉에는 성도들의 뜨거운 선교 동역의 마음이 고스란히 담겨 있다.

"처음엔 디자인으로만 섬기려 했지만, 어느새 매일 아침 선교사님의 편지를 읽고 기도하는 시간이 제 일상이 되었습니다. 외로운 선교사님들께 힘이 되고, 더 많은 기도의 동역자가 생기길 바라는 마음입니다. 이 섬김은 할수록 책임감과 뜨거운 마음이 생깁니다."

이처럼 〈온(ON)편지〉는 성도와 선교 현장을 잇는 든든한 중보기도의 다리가 되었다. 미주, 중동, 아프리카, 국내 등 6개 권역으로 나누어 선교사들의 소식과 기도 제목이 전해진다. 그 속에는 선교사들의 눈물과 고난, 외로움이 배어 있으며, 사역의 열매보다 자신의 연약함을 고백하며 하나님의 손길을 구하는 이야기가 담겨 있다. 그리고 그런 가운데서도 만난 하나님의 은혜와 기적의 역사가 뜨겁게 전해진다. 기도 제목이 곧 선교 현장임을 알기에, 성도들은 눈물로 기도하며 선교에 힘을 보탠다.

〈온(ON)편지〉의 역사는 곧 온누리교회 선교 공동체의 역사이기도 하다. 선교 소식지를 넘어 선교와 교회를 잇는 네트워크로 성장했고, 데이터를 기반으로 선교 전략을 세우는 디지털 플랫폼으로 확장되는 새로운 시도를 이어 가고 있다. 선교지에서 온 편지는 수많은 기도자를 일으켰고, 그 기도자들이 보내는 뜨거운 중보는 다시 선교지로 가는 편지가 되어 수많은 선교사들을 일으키고 있다.

한편, 이재훈 목사는 〈온(ON)편지〉 출간과 더불어 온누리교회 창립 30주년을 맞아 지난 30년간 이어온 선교 현장의 이야기들을 간증집으로 출간할 것을 제안했다. 선교지에서 하나님께서 행하신 일들을 기록으로 남기고 성도들도 선교지에서 일어나고 있는 일들을 알 수 있게 하자는 의미에서였다.

2015년 선교사 간증집《예수 바보, 사랑에 빠지다》가 처음 출간된 이후 지금까지 10권의 간증집이 나오게 되었다. 선교지의 눈물과 감동, 복음을 위해 광야에 길을 내는 땀과 헌신, 여성 선교사들과 선교사 자녀들의 이야기까지 불꽃 같은 선교의 간증들이 담겨 있다.

이 책은 '작은 예수 40일 새벽기도회'에 참석한 성도들에게 매년 배포해 오고 있다. 성도들은 하나님과 동행하는 선교사들의 간증과 고백을 통해 선교에 더욱 열정을 품게 되었고, 선교사들은 자신들의 이야기를 온누리교회 성도들과 나누며 따뜻한 위로를 받았다. 이렇게 서로가 자신이 서 있는 자리에서 사도행전 29장을 써 나가는 작은 예수들로 재헌신하는 계기가 되었다. 온누리교회의 많은 선교사는 결코 혼자가 아니며, 늘 동행하시는 하나님 그리고 뒤에서 돕는 성도들과 함께 걷는 선교의 여정임을 다 함께 깨달아 가고 있다.

가장 빛나는 달란트, 선교를 위한 '재능기부'

2017년, 온누리교회 선교헌금 작정 기간에 조용히 시작된 작은 움직임이 있었다. '누구나 자신이 가진 것으로 선교에 동참할 수 있다'는 도전이었다. 각자의 전문성과 삶의 경험을 나누기 시작한 이 사역이 바로 재능기부였다.

"저는 교사입니다. 선교사 자녀들의 학습을 도와드리고 싶어요."
"운전을 잘하는데, 차량 지원이 필요하면 기꺼이 돕겠습니다."

이렇게 작지만 진솔한 고백들이 모여 하나의 귀한 사역으로 자리 잡았다. 이전에도 공동체 차원에서 선교를 돕는 이들이 있었으나, 재능기부 팀은 교회 차원에서 성도들의 동역을 공식적으로 이끌어 냈다는 점에서 의미가 크다.

재능기부자들은 Communication(통번역·미디어·IT), Service(숙소·차량 지원), Healing(의료·상담), Teaching(MK 교육)의 네 그룹으로 나뉘어 조직되었다. 각 분야별로 리더가 세워지고, 체계적인 사역 구조가 마련되었다. 선교기관과 협력 방안도 논의되었으며, 가이드북 제작과 연결 프로세스 구축으로 재능기부가 원활히 이루어질 수 있도록 힘썼다. 또한 사례를 공유해 필요와 공급이 더욱 풍성해지도록 했다.

교사 그룹은 선교사 자녀(MK)를 위한 학습과 정서적 돌봄을 겸한 '빛을 나누는 학교' 프로그램을 기획했다. 이 프로그램은 학습캠프에서 시작해 국내외 상시 스쿨로 확장되며, 아이들에게 지식과 사랑의 빛을 전하고 있다.

2019년, 네팔 포카라로 떠난 아웃리치에서는 현지 선교사와 자녀들에게 기적 같은 시간이 펼쳐졌다. 부흥전도집회, 한국어 교육, 음식 체험, 이미용과 체육 활동까지, 각각의 재능을 지닌 성도들이 하나 되어 준비한 사랑의 선물이 펼쳐진 것이다.

현장에 직접 가지 못하는 경우, 온라인으로 연결해 교육과 상담을 이어 갔다. 코로나19 기간에는 IT 재능기부자들이 '온커넥트' 플랫폼을 개발해 온라인 지원이 가능한 시스템을 구축하기도 했다.

2022년 이후, 재능기부 팀은 더욱 실용적이고 다양하게 진화했다.

MK 교육 팀은 다문화 가정과 중도 입국 자녀를 위한 프로그램으로 확장되었고, 차량 지원은 성도 차량 공유를 넘어 렌트 비용 지원까지 체계화되었다.

무엇보다 귀한 것은, 이 모든 사역이 여전히 자발적으로 이루어지고 있다는 점이다. 자신이 가진 의료 기술, 언어 능력, 가르치는 재능을 기꺼이 헌신하며 온누리 선교의 든든한 기둥이 되고 있다.

온누리교회의 선교는 이렇게 수많은 숨은 동역자와 함께 이루어진다. 기도의 골방을 지키는 중보자들, 선교사의 지친 마음을 어루만지는 돌봄자들, 기도 제목을 엮어 선교지에 전하는 이들 그리고 자신의 재능과 경험을 아낌없이 내어놓는 모두가 하나님의 선교를 완성해 가는 동역자들이다.

온누리교회 선교의 역사는 바로 '함께함'의 역사이다. 그리고 그 역사가 가능했던 것은 성도 한 사람 한 사람의 마음에 임하신 성령님의 동행 덕분이다. 누군가는 떠나고, 누군가는 보내며, 또 누군가는 기도와 재정으로 동참한다. 그 누구도 선교의 외곽에 머무르지 않는다. 모두가 부르심 받은 선교사이며, 선교의 동역자이기 때문이다.

모자이크 교회, '온누리M미션'

2024년 현재, 국내에 체류하는 외국인은 263만 명에 이른다. 정부가 인구 절벽과 지역 소멸에 대한 대안으로 이주민 정책을 쓰면서 많은 이주민이 국내에 정착하게 되었다.

온누리교회는 이주민들이 한국에 막 들어오기 시작하던 때부터 이주민사역을 시작했다. 그런데 독특한 점은 온누리교회 이주민 선교는 성도들에 의해서 먼저 시작되었다는 점이다.

1992년 산업연수생제도로 외국인 근로자들이 국내에 들어오기 시작했다. 당시 구로공단과 성수동 일대에서 외국인 근로자들이 의료보험 혜택도 받지 못하고 어려운 형편에 처한 것을 보고 온누리교회 성도들이 바자회를 열어 외국인 근로자들을 돕기 시작했다. 이를 계기로 '성수동 기도 모임'이 만들어졌는데, 이 모임에 참석하던 성도들이 외국인 근로자들을 찾아가 복음을 전했다. 노방전도를 하며 만나게 된 이들을 일대일 제자양육으로 양육하며 돌보기 시작했다. 목동에 공간을 마련하고 외국인 근로자들을 위한 예배와 성경공부를 하는 동시에 컴퓨터 교실도 운영했다. 매주 금요일 천안 동신섬유에서 일하는 7명의 스리랑카인 연수생들을 대상으로 제자양육을 했고, 주일에는 이들을 온누리교회로 데려와 함께 예배를 드렸다.

이주민에게 선교사를 파송하다

이 사역이 점차 활성화되자 1995년 무렵, 온누리교회는 외국인 근로자 사역인 '온누리미션(현재 온누리M미션) 사역 팀을 정식으로 구성하고 강동진 전도사를 담당 교역자로 임명해 본격적인 이주민사역을 시작하게 되었다.

온누리미션의 첫 예배 공동체로 서빙고에 미얀마예배가 개척되었다. 이후 네팔, 파키스탄, 몽골, 이란, 러시아, 아랍어 예배가 순차적으로 개척되었다. 이렇게 이주민 성도들이 늘어나자 온누리교회는 2005년 온누리M센터를 개원하면서 본격적으로 전문화된 이주민 선교를 추진하게 되었다. 이재훈 목사는 이주민, 난민 선교가 이 시대 온누리교회가 집중해야 할 시대적 소명이라고 선포했다.

온누리M센터는 한국뿐 아니라 전 세계에서 가장 큰 규모의 이주민 선교단체로 성장했다. 이렇게 온누리교회 이주민 선교를 이끈 데는 두 가지 동력이 있었다. 첫 번째는 2016년 안산시 원곡동에 4층짜리 온누리M센터 건물을 헌당한 일이다. 이 건물은 오직 다문화 예배와 이주민 사역을 위해 건립된 것으로 수많은 이주 외국인과 청소년들이 예배를 드리고 있고, 한국 사회에 적응할 수 있도록 한국어 교육과 의료, 상담사역이 이뤄지고 있다. 온누리M센터가 의미 있는 것은 기존에 이주민들을 교회로 인도하는 방식에서 이제는 교회가 이주민 속으로 들어가는 선교 방식을 택했다는 것이다.

두 번째는 이재훈 목사가 이주민사역을 온누리교회가 감당해야 할 시대적 소명으로 선포한 이래, 국내 이주민과 다문화사역을 위해 선교사를 파송하기로 결정한 일이다. 그동안 선교사는 해외로만 파송하는 것으로 인식했다. 그러나 국내 외국인 이주민들도 타 문화 선교의 대상이기에 이들에게도 선교사를 파송해야 한다고 생각한 것이다. 또한 이주민들을 사역의 대상으로만 여길 것이 아니라 이들도 온누리교회의 한 지체로 여기는 문화가 중요하다는 것을 성도들에게 주지시켰다.

이를 계기로 온누리교회는 안산을 넘어 남양주, 평택, 화성, 김포, 서산, 군산, 천안, 음성 등지에 'M센터'를 세워 적극적으로 사역을 감당하고 있고, 언어별 예배가 계속해서 개척되어 현재 15개 언어별 예배 공동체가 40개 만들어졌다. 이는 다른 교회들에도 도전을 주어 많은 교회가 다문화사역에 나서고 있다.

2016년부터 노규석 목사(현재 김태완 목사 담당)가 온누리 M미션 담당 목사이자 온누리M센터 통합목사로 취임하면서 사역이 점차 확장되었고, 다문화 차세대 사역이 체계화되었다.

온누리M센터를 대표하는 사역은 Harvest 추석 연합 수련회이다. 추석 때마다 600~700명의 이주민들이 참여하는데, 보통 10개의 언어로 통역 설교와 찬양을 한다. 예배와 함께 국가별 문화 행사도 진행되는데 그야말로 지구촌 축제 한마당이 된다. 또 하나 주목할 것은 매월 8월에 진행하는 연합 세례식이다. 감동적인 것은 매년 30~40명의 이주민들이 세례를 받고 있다는 것이다. 특히 다문화 가정 자녀들을 위한 예배가 세워지고 있다는 점은 하나님의 놀라운 선교사역이 여기에서 이루어지고 있음을 보게 된다.

이러한 온누리교회 다문화사역의 특징이 있다면 첫째는 팀 사역이다. 한 사람에게 의존하는 사역이 아니라 성도와 목회자, 선교사가 함께 팀을 만들어 사역한다. 그렇다 보니 목회자나 선교사가 바뀌어도 사역은 지속성을 가지고 진행될 수 있었다. 지난 30년간 이어져 온 온누리M미션에는 수많은 봉사자가 함께했고, 그들의 헌신으로 인해 아름다운 열매들을 맺어 왔다.

둘째는, 누구에게나 열려 있다는 점이다. 무슬림이든, 힌두교인이든 온누리M센터는 예수님의 이름으로 모두를 환영하고 맞이한다. 이런 사랑으로 인해 이주민들이 부담 없이 온누리M센터를 찾고 있다.

셋째는, 총체적 선교를 하고 있다는 점이다. 많은 성도가 이주민들에게 예수님의 사랑으로 복음을 전하고 있다. 이러한 복음전도는 온누리교회 다문화사역의 우선순위이다. 그러나 이와 동시에 한국어 교육, 차세대 교육, 문화교실, 무료 의료 진료와 법률상담 등 이들의 실제적 필요를 돕는 총체적 선교를 함께 진행한다. 이것은 단지 예배에 참석하는 이들만이 아니다. 이주민 누구나 이러한 도움을 받을 수 있다. 특히 결혼한 다문화 가정의 여성과 자녀들이 정서적으로 마음을 나눌 곳이 없다는 데 착안해 다국어 상담실을 개설하고, 외국인 목회자의 사모들, 현지어가 가능한 여성 선교사 등 총 12명으로 팀을 구성해 다국어 상담을 하고 있다.

이러한 노력은 이주민들에게 예수님이 어떤 분인지를 바로 보여 주기 위한 것이다. 그것의 시작은 진정성 있는 섬김과 사랑이다. 최근 많은 교회가 다문화 가정과 유학생, 외국인을 대상으로 한 사역에 관심을 갖고 있다. 이주민들을 사역의 대상으로 보는 것이 아니라 하나님께서 이웃으로 보내 주신 한 사람, 한 친구로 만나는 것이 필요하다.

온누리교회의 이주민 선교 방향에도 변화가 있었다. 초창기 이주민 선교는 복음을 전하고 제자로 양육해 본국으로 역파송하는 것을 목표로 했다. 당시 외국인 근로자와 유학생들이 3~4년 후면 떠났으므로 그들이 돌아가 복음을 전하는 선교적 디아스포라가 되도록 양육하는 것을 강조했다. 그렇게 된다면 해외에 나가지 않더라도 세계 선교의 기회가 될 것으로 보았다.

그런데 다문화 가정과 난민들이 한국 정착에 우선순위를 두면서 이재훈 목사는 이주민 선교 방향을 전환했다. 다양한 외국인들을 온누리교회의 성도로 받아들이고 이들과 함께 예수 그리스도의 몸 된 교회를 이루는 이른바 '모자이크 교회'에 대한 비전을 선포했다. 과거 이주민을 선교의 대상으로 여기던 관점에서 이제는 이주민을 함께 교회 공동체를 이루는 일원으로 바라보는 관점으로 전환된 것이다. 모자이크 교회는 한국인만을 위한 교회가 아니라, 사도행전의 안디옥교회와 같이 다민족, 다문화, 다언어로 구성된 다양성 속에서, 예수 그리스도 안에서 하나 됨을 이루어 가는 교회를 말한다. 이는 현재 온누리교회의 모든 M센터와 국제본부에서 20개 언어별 예배를 드리는 2천 여 명의 외국인 성도들이 한국 성도들과 함께 온누리교회 성도로서 교회를 섬기고 선교에 동참하고 있다는 데서 드러나고 있다.

한국 사회는 이주민 인구가 전체 인구의 5%를 넘어서는 다문화 사회가 되었다. 앞으로 10년 후면 500만 명에 이를 것으로 보고 있다. 이런 추세라면 교회 안에 10%가 이주민과 그 자녀들로 구성될 것이다. 이들이 교회와 사회를 이끌어 갈 멋진 동역자가 될 것이다.

이재훈 목사는 "온누리교회의 정체성은 모든 민족을 품고 함께 공동체를 이뤄 가는 것이며, 다양한 나라에서 와서, 함께 모여 예배드리는 이들이 바로 온누리교회"라고 역설했다.

성경의 사도행전적 교회는 이방인을 품는 교회였다. 여러 가지 이유로 삶의 터전을 떠나는 이주민들이 전 세계 2억 명이 넘는다. 해외로 나가 선교하는 일만큼 우리에게 보내신 이들을 품는, 안으로의 선교 역시 이 시대에 매우 중요한 사역이다. 사도행전적 교회를 꿈꾸는 온누리교회가 이 땅에 찾아온 이주민들을 섬기는 것은 너무도 당연한 사명이다.

세계 선교의 사명에 답하다

지난 2024년, 한국 기독교에 매우 의미 있는 행사가 열렸다. 세계 기독교인들의 관심 속에 제4차 로잔대회가 9월 22~28일 인천 송도컨벤시아에서 개최되었다. 전 세계 200여 개국에서 5,394명이 참가한 기독교 축제로 한국교회 역사에 한 획을 긋는 행사였다.

이재훈 목사는 2017년부터 '한국로잔위원회' 의장으로 섬기면서 한국교회 안에 로잔운동에 대한 관심과 참여를 이끌었고, 한국에서 열린 이번 로잔대회 준비를 위해 4년 넘게 힘을 쏟았다.

로잔운동은 미국의 복음주의 지도자인 빌리 그레이엄 목사와 영국의 신학자 존 스토트 목사가 주축이 되어 1974년 스위스 로잔에서 시작된 세계복음주의 연합운동이다. 당시 이 대회에 150개국이 참석해 하나님의 말씀을 듣고 기도하며 세계 선교를 위해 헌신할 것을 결단했다. 이때 '온 교회가 온전한 복음을 온 세상에 전하자'라는 슬로건을 내세우며 복음전도와 사회적 책임을 통합하는 총체적 선교 개념과 온 교회를 세상으로 보내시는 하나님의 선교 개념을 제시했다. 복음과 선교, 사회참여를 토대로 하는 로잔언약을 발표함으로써 세계복음주의 교회들의 선교운동의 방향을 이끌었다.

복음전도를 통해 개인의 회심과 구원을 우선적으로 강조하면서도 정치적, 사회적인 정의를 실현하고 참여하는 것은 선교에 있어서 매우 중요한 과제임을 천명한 것이다. 1차 대회 이후 세부 주제별로 사회 선교와 문화 참여, 창조 세계의 회복, 인권과 정의 등 다양한 이슈들을 논의하며 세계 복음화를 위한 전략 수립과 사회적 실천을 위해 노력해 왔다.

이재훈 목사는 이러한 로잔운동의 정신을 따라 온누리교회의 선교적 방향을 정리해 나갔다. 한국교회의 전통적인 이분법인 영혼 구원과 사회 구원은 구분될 수 없고, 복음전도와 사회적 책임은 교회가 해 나가야 할 하나의 사명이라고 강조했다. 이 두 가지가 균형과 통합을 이룰 때 교회와 사회에 건강한 변혁을 일으킨다고 설명했다.

로잔대회는 스위스 로잔에 이어 1989년에 필리핀 마닐라에서, 2010년엔 남아프리카공화국 케이프타운에서 개최되었다. 그리고 2024년에 한국에서 제4차 로잔대회가 열리게 된 것이다.

특히 로잔운동이 50주년을 맞는 해에 한국에서 열린 만큼 더욱 특별한 의미를 가진 대회였다. 대회 공동조직위원장으로 섬긴 이재훈 목사를 중심으로 온누리교회는 인력과 재정, 기도 등 전폭적인 지원을 하며 섬겼다.

현장 참가자뿐만 아니라 온라인으로도 100여 개국에서 2천여 명이 참여했다. 생중계로 시청한 이들은 3만 5천여 명에 이르렀다. 게다가 다양한 영역을 섬기고자 들어온 500여 명의 다국적 스태프와 1,950명의 한국 스태프 및 자원봉사자, 165명의 언론인, 1,800여 명의 방문자와 기도자 등 총 9,800여 명이 현장에 참여한 대규모 국제 대회였다. 뿐만 아니라 인근에 있는 인천온누리교회에서는 대회 기간 동안 7천여 명이 중보기도로 참여했다. 이는 지금까지 역대 대회 중 가장 많은 참석자와 중보기도자들이 참여한 기록이 될 것이다. 참가자들은 많은 봉사자의 헌신에 감동했고, 한국교회의 연합된 섬김은 세계 교회에 좋은 본보기가 되었다.

전 세계 복음주의 지도자들과 신학교, 선교단체, 목회자들이 함께 모여 말씀을 듣고 기도하며 하나님의 선교 명령에 어떻게 순종하고 헌신할지를 논의했다. 참가자들은 인종과 언어, 교파, 문화를 초월해 그리스도 안에서 하나가 되는 감동과 은혜를 누렸다. 무엇보다 성령의 뜨거운 은혜를 경험하며 성령의 능력 없이는 선교도 없다는 사실을 다시 한 번 확인하는 시간이었다.

특히 이번 대회에서는 '핍박과 선교'라는 주제 아래 핍박받는 50개 나라를 위해 기도하는 시간을 가졌다. 신앙의 자유가 없는 곳에서 목숨을 걸고 주님을 바라보는 이들을 위해 전 세계 교회가 합심해 기도했다. 박해받는 지역에서 온 참가자들은 혼자 견디는 것이 아니라 많은 이가 함께하고 있다는 사실에 큰 위로를 얻었다.

한 나라에서 100여 명의 지도자들이 감시의 눈을 피해 참석했다. 지난 대회에는 참석 예정인 목회자들을 모두 붙잡아 가두면서 한 명도 참석하지 못했다고 한다. 그런데 이번에는 그러한 삼엄한 감시를 뚫고 온 것이다. 본국으로 돌아가는 즉시 구속될 것이라는 말을 듣고 왔다는 이야기를 나누면서도 그들의 표정은 기쁨으로 가득했다. 고통 속에서도 타협하지 않는 그들의 간증은 큰 울림을 주었다. 사도행전에서도 예루살렘 교회가 박해를 받았을 때 사람들은 사방으로 흩어졌지만, 그 흩어진 곳마다 교회가 세워졌고 거기서 제자를 삼았다.

월드와치리스트(World Watch List, WWL) 발표에 따르면 전 세계 3억 6,500만 명 이상이 기독교인이라는 이유로 박해와 차별을 받고 있다고 한다. 북한은 기독교 박해 국가 1위에 올라 있다. 이날 세계 기독교인들은 더 이상 북한을 외면하지 않기를 전심으로 기도했다.

이번 로잔대회에서 나온 중요한 개념 중 하나는 '다중심적 선교'이다. 사도행전에서 예수님은 예루살렘과 온 유대와 사마리아와 땅끝까지 가라고 하셨다(행 1:8). 여기에 언급된 네 개 지역은 전 세계를 표현한 것이며, 이 지역을 순차적이 아닌 동시다발적으로 가라고 하셨다. 이것을 이루는 방법은 모든 성도가 자신의 자리에서 선교사로 살아갈 때 바로 다중심적 선교가 이루어질 수 있다. 그러므로 모든 성도가 모든 나라, 모든 지역에서 선교의 사명을 다하도록 부르심을 받은 것이다.

이번 로잔대회 주제는 '교회여, 함께 그리스도를 선포하고 나타내자'이다. 모든 성도는 세상 가운데 예수 그리스도가 온 세상을 통치하신다는 사실을 선포하고, 그것을 우리의 삶을 통해 나타내도록 부름을 받았다.

이재훈 목사는 복음을 전하기만 하는 것이 아니라 가난한 자들을 구제하는 것도 바울의 선교사역이었음을 상기시켰다. 한국에 온 선교사들도 말씀을 가르치는 동시에 병원과 학교를 세웠다. 복음을 전한다는 것은 사회적 책임이 포함되어 있음을 다시 한번 이번 로잔대회에서 그 의미를 되새겼다. 이외에도 서울선언문에는 급변하는 세상 속에서 정의와 환경, 창조 세계의 돌봄과 성정체성에 대한 복음주의의 입장을 담았다.

희년을 맞은 50주년 로잔대회를 한국에서 개최하게 된 것은 한국교회를 향한 하나님의 특별한 부르심이다. 로잔운동은 복음을 통해 모든 영역에서 하나님의 통치가 온전히 임하게 하는 것을 목표로 하고 있다. 온누리교회는 이러한 로잔운동의 정신을 따라 세상의 빛과 소금으로 살아 내는 선교적 교회가 되고자 더욱 노력할 것이다.

이외에도 이재훈 목사는 2011년부터 2년마다 한 번씩 개최하는 KGMLF(Korean Global Mission Leaders Forum)라는 선교 포럼을 통해 온누리교회의 선교사역을 보다 심화하고 세계 선교 이슈에 발맞추고자 노력하고 있다. 이 국제선교학술대회를 온누리교회가 맡아 후원하면서 선교본부장인 김홍주 목사가 이끄는 이천선교본부를 중심으로 힘을 다해 섬기고 있다. 국제적으로 권위가 있는 학자들이 모여 주요 이슈를 심도 있게 다루고 그 결과물을 한국과 미국에서 동시에 출판하고 있다. 여기에서 발표되는 선교 정책들은 온누리교회 선교사역에도 크게 영향을 미치고 있다.

한국교회는 현재 활동 중인 선교사가 2만 5천여 명에 이를 정도로 세계 선교에 크게 기여하고 있다. 그런데도 언어적 한계로 인해 그 경험과 사역을 국제 무대에 알리지 못하고 있는 실정이다. 그런 점에서 이재훈 목사가 국제 선교 대회에서 중요한 역할을 담당하고 있는 것은, 한국 선교가 갖고 있는 선교적 경험과 노하우, 도전들을 나누는 동시에 한국 선교를 국제 선교계에 알리는 좋은 통로가 되고 있다. 이렇듯 온누리교회는 선교적 교회로서 세계 선교의 흐름에 적극 동참하며 책임감을 갖고 동행하고 있다.

미주

*바울은 그리스도인들이 이날을 지키는 것에 대해서 아무도 판단하지 말 것을 가르치고 있다. 그날은 그저 '장래 일의 그림자'에 불과하기 때문이다(골 2:17). 그렇기 때문에 사도는 갈라디아 사람들이 여전히 '날과 달과 절기와 해'를 지키는 것을 보고 그가 그들 가운데서 '수고한 것이 헛될까' 두려워하고 있는 것이다(갈 4:10-11). 그리고 그는 로마 사람들에게 날을 구별하는 것이 미신적인 행위임을 선언하고 있다(롬 14:5).

고대의 안식일이 나타내었던 바 그 참된 안식은 바로 우리 주님의 부활로 말미암아 그 목적이 성취되었다. 그러므로 주님이 부활하신 그날이 그 그림자를 종결지은 것이요, 따라서 그리스도인들에게 그 그림자와 같은 의식을 고집하지 말도록 경계하고 있는 것이다. 그렇다고 내가 '일곱'이라는 숫자에 집착하여 교회를 그것으로 묶어 두고자 하는 것도 아니다. 나로서는 미신이 개입되지 않는다면 교회들이 다른 날을 엄숙히 지정하여 모임을 갖는다 할지라도 그것을 정죄하지 않을 것이다. 그 교회들이 권징과 선한 질서의 유지를 고려하여 그렇게 정했다면 나는 얼마든지 용인할 것이다.

- 장 칼뱅, 《기독교강요》, 원광연 옮김, CH북스, 489-490.